数字媒体系列教材

数字媒介传播概论

刘 静 陈红艳 编著

清华大学出版社
北京

内 容 简 介

本书从数字媒介的发展与传播应用的升级出发，首先对数字媒介传播的概念及特性进行了界定，其后分别从理论及实务层面介绍了数字媒介的技术类型、表现形态、传播结构与功能、基础理论与传播模式、传播效果、传播控制与管理、传播应用等。全书以数字媒介传播为核心，采用传播学研究框架，不仅聚焦于数字媒介各种表现形态的传播机理和传播价值及其效能测评，更加重视传统传播理论在数字媒介环境下的升级与完善，并对数字媒介专属传播模式进行了有益的探索，在数字媒介传播的营销应用、社群沟通、产品开发等实务环节也提供了明确的思路。

本书每章都配有思考题，另外配有课件，可作为高等院校数字媒体艺术、数字设计、新媒体等数字媒体专业的专业基础课教材，也可作为新闻学、传播学、广告学、视觉传达、动漫设计、媒介经营与管理等专业的选修课教材，还可供数字媒介传播理论与实务爱好者阅读参考。

版权所有，侵权必究。举报：010-62782989，beiqinquan@tup.tsinghua.edu.cn。

图书在版编目（CIP）数据

数字媒介传播概论/刘静，陈红艳编著.—北京：清华大学出版社，2014（2021.5重印）
（数字媒体系列教材）
ISBN 978-7-302-35227-3

Ⅰ.①数… Ⅱ.①刘… ②陈… Ⅲ.①数字技术-应用-传播媒介-教材 Ⅳ.①G206.2

中国版本图书馆 CIP 数据核字(2014)第 014289 号

责任编辑：冯　昕
封面设计：傅瑞学
责任校对：王淑云
责任印制：杨　艳

出版发行：清华大学出版社
网　　址：http://www.tup.com.cn, http://www.wqbook.com
地　　址：北京清华大学学研大厦 A 座　　邮　编：100084
社 总 机：010-62770175　　邮　购：010-62786544
投稿与读者服务：010-62776969，c-service@tup.tsinghua.edu.cn
质量反馈：010-62772015，zhiliang@tup.tsinghua.edu.cn

印 装 者：北京鑫海金澳胶印有限公司
经　　销：全国新华书店
开　　本：185mm×260mm　　印　张：10　　字　数：241 千字
版　　次：2014 年 3 月第 1 版　　印　次：2021 年 5 月第 11 次印刷
定　　价：32.00 元

产品编号：057122-02

作者简介

刘静,出生于1976年2月,甘肃兰州人,中国传媒大学广告学专业本科,上海大学影视艺术与技术学院硕士,1998年起任上海工程技术大学艺术设计学院广告系教师,2006年起任广告系副主任。主要研究方向为新媒介与整合传播、媒介受众调研等。近年来发表相关论文《中国广告业的数字化进程》(《中国广告》2007.1)、《整合营销传播环境下广告媒介的创意应用》(三联书店论文集《变化》2012.10)、《移动互联时代商业资讯的掘金密码》(《中国风险投资》2011.9)、《社交网络广告定向推送的原理创新与价值运用》(《科学时代》2013.5)、《网络用户单一来源数据对广告业务的意义与价值》(《科学与财富》2013.6)等。建有校级精品课程一门。参编上海市优秀教材《会展策划》。

陈红艳,出生于1977年12月,湖北宜昌人,华中师范大学新闻学本科,现当代文学硕士,2003年起任上海工程技术大学艺术设计学院广告系教师。主要研究方向为传播理论、媒介经营管理等。近年来发表相关论文《论互动式广告装置的创意设计》(《装饰》2012.10)、《略论会展传播中的媒体公关策略》(《中国科技信息》2002.4)、《媒介符号环境与广告传播》(《新闻前哨》2002.4)、《论当代社会阶层分化对大众传播的影响》(《社会》2003.1)、《论"媒介符号环境"对广告传播效果的影响及对策》(《大众传媒》2001.2)、《新媒体环境下广告人才培养的思考》(《教育与职业》2010.2)等。参编上海市优秀教材《会展策划》。

前 言

伴随技术进步及媒介经营理念的升级,基于数字媒介技术的创意应用已经全面渗入至影像、动画、电影、书籍、报刊和因特网产品等多个文化创意产业类型之中,正在以及将会深刻改造公共绘画、广告、展览展示、平面及影像设计、咨询、游戏以及远程教育等多个公共媒体系统。数字媒介因其特有的交互式媒介属性、直效传播机理和无可争辩的效果价值认定机制而备受学界与业界的关注与认可。目前,全球诸多相关行业都致力于将发展重点从依托传统媒体介质的创意应用及产品研发向依托数字媒体介质的创意应用及产品研发转移,这就要求我们尽快梳理清晰数字媒介传播的机制与价值,衡量数字媒介产业的规模及发展前景。以上海为代表的全国重点城市都将大力发展文化创意产业作为当下及未来产业转型的重要突破口。依托国家级文化产业基地,扶持网络视听、数字出版、动漫游戏等新兴产业发展的思路必将在近期内促成我国媒体环境的加速更新,为我国媒体领域的全面数字化升级提供条件和契机。

与此同时,2012年版《普通高等学校本科专业目录》的出台也对诸多新兴领域的高等教育作出了指导,在将设计学升级为一级学科之后,许多院校都创造性地开设出专门适应于数字媒介环境的数字艺术相关专业,但是,以往重技术轻原理的教学经验在面对全新的媒介环境时往往难以实现学习者对不同环境下理论的对接性理解。因此,特别需要有针对性地进行理论介绍、对比、延展和应用指导的教材和读物,帮助学生实现共同依托于数字媒介环境的传播学研究领域与营销领域、创意设计领域之间的相互理解与认识,从而实现产业价值的全面提升。

有鉴于此,上海工程技术大学通过2013年内涵建设专项资金重点扶持了数字媒介专题建设项目"三维数字媒体交互设计与技术研究"(项目编号:B-8932-13-0118),本书即为该项目系列教材中的一本。本书力求做到结构清晰、内容丰富、资料新颖、深入浅出、兼具理论性与实务性,对数字媒介的相关技术、传播机制、效能测评、传播模式、传播监控、传播应用均有详细介绍和阐释。本书主要有以下特色:①规范的传播学研究框架,全面涵盖传播研究范畴中的传者、受者、载体、内容、传播过程、监测、噪声控制等全部领域;②专属的数字媒介研究视角,完全从数字媒介出发,不包含其他媒介技术支持下的媒介形态传播机制;③融会贯通的章节布局,从技术到理论再到商业应用和社会管理,融汇数字媒介多个层面的问题与内容。

本书共分8章,其中第1~2、6~8章由刘静负责编写,第3~5章由陈红艳负责编写,全书图示由周凡、杨阳负责制作,PPT 课件由余俊杰、糜闻镔、周敏捷负责制作,由刘静负责全书统稿。由于数字媒介发展迅速,行业应用层出不穷,数字媒介传播行为涉及知识面广泛,加之作者研究力度有限,本书作为阶段性研究成果难免存在疏漏甚至偏误,还请同行及读者批评指正,并欢迎各种形式的交流研讨。来信请发:sueslj@126.com。

编者

2013 年 12 月

目 录

第 1 章　数字媒介传播概述 ··· 1
　　1.1　数字媒介传播的内涵 ··· 2
　　1.2　数字媒介传播的特性 ··· 4
　　1.3　数字媒介传播的综合优势 ·· 6
　　小结 ·· 6
　　思考题 ··· 6
　　参考文献 ·· 6

第 2 章　数字媒介技术 ·· 7
　　2.1　数字媒介的支撑性技术群 ·· 9
　　　　2.1.1　计算机技术 ·· 9
　　　　2.1.2　网络技术 ·· 10
　　　　2.1.3　移动通信技术 ··· 13
　　2.2　数字媒介的应用性技术群 ·· 14
　　　　2.2.1　搜索引擎技术 ··· 14
　　　　2.2.2　数据库技术 ·· 17
　　　　2.2.3　云计算技术 ·· 20
　　　　2.2.4　LBS 技术 ··· 22
　　　　2.2.5　流媒体技术 ·· 22
　　　　2.2.6　人机交互技术 ··· 23
　　　　2.2.7　虚拟现实技术 ··· 24
　　小结 ·· 24
　　思考题 ··· 25
　　参考文献 ·· 25

第 3 章　数字媒介的表现形态 ·· 26
　　3.1　数字广播电视电影 ··· 26
　　　　3.1.1　数字广播 ·· 26
　　　　3.1.2　数字电视 ·· 28

  3.1.3 数字电影 ……………………………………………………… 31
  3.1.4 数字 3D ………………………………………………………… 35
 3.2 数字出版物与 APP …………………………………………………… 37
  3.2.1 数字报纸 ……………………………………………………… 37
  3.2.2 数字杂志 ……………………………………………………… 40
  3.2.3 数字图书馆 …………………………………………………… 42
  3.2.4 数字出版 APP ………………………………………………… 47
 3.3 数字游戏与动漫 ……………………………………………………… 49
  3.3.1 数字游戏 ……………………………………………………… 49
  3.3.2 数字动漫 ……………………………………………………… 51
 3.4 数字社区 ……………………………………………………………… 53
  3.4.1 社交网络系统 ………………………………………………… 53
  3.4.2 即时通信系统 ………………………………………………… 57
  3.4.3 传统公共社区升级——数字社区 …………………………… 59
 小结 ……………………………………………………………………… 61
 思考题 …………………………………………………………………… 61
 参考文献 ………………………………………………………………… 62

第 4 章 数字媒介传播的结构与功能 ……………………………………… 64

 4.1 数字媒介传播的结构 ………………………………………………… 64
  4.1.1 传者与受者 …………………………………………………… 64
  4.1.2 数字信息/讯息 ……………………………………………… 66
  4.1.3 数字媒介 ……………………………………………………… 70
  4.1.4 数字媒介传播效果 …………………………………………… 71
 4.2 数字媒介传播的功能 ………………………………………………… 72
  4.2.1 作为大众媒介传播的一般功能 ……………………………… 72
  4.2.2 依托新媒介技术的传播功能 ………………………………… 76
 小结 ……………………………………………………………………… 83
 思考题 …………………………………………………………………… 84
 参考文献 ………………………………………………………………… 84

第 5 章 数字媒介传播的理论基础与传播模式 ………………………………… 85

 5.1 数字媒介传播的理论基础 …………………………………………… 85
  5.1.1 麦克卢汉的媒介理论 ………………………………………… 85
  5.1.2 英尼斯的媒介理论 …………………………………………… 87
  5.1.3 梅罗维茨的媒介情境理论 …………………………………… 88
  5.1.4 梅尔文·德弗勒的媒介依赖论 ……………………………… 89
  5.1.5 哈贝马斯的公共领域理论 …………………………………… 91
  5.1.6 两级传播理论与六度分隔理论 ……………………………… 92

   5.1.7 保罗·莱文森的数字媒介理论 ·· 93
   5.1.8 尼葛洛庞帝的数字化生存理论 ··· 94
   5.1.9 霍夫曼与纳瓦克的超媒体传播理论 ··· 95
  5.2 数字媒介传播模式 ··· 96
   5.2.1 大众传播的一般模式 ·· 97
   5.2.2 数字媒介传播的特殊传播模式 ··· 102
 小结 ·· 108
 思考题 ·· 108
 参考文献 ·· 108

第 6 章 数字媒介传播效果 ·· 109
  6.1 媒介传播效果的研究历程 ··· 109
  6.2 媒介传播效果的研究方法与困境 ··· 110
  6.3 数字媒介传播效果测评指标 ··· 113
   6.3.1 数字广播电视系列 ··· 115
   6.3.2 网络及数字社区系列 ·· 118
   6.3.3 数字出版及 APP 系列 ·· 121
  6.4 数字媒介传播效果测评模型 ··· 121
 小结 ·· 126
 思考题 ·· 126
 参考文献 ·· 126

第 7 章 数字媒介传播的控制与管理 ··· 127
  7.1 数字媒介传播控制 ·· 127
  7.2 数字媒介传播管理 ·· 130
   7.2.1 数字媒介管理内容 ··· 131
   7.2.2 数字媒介管理技术 ··· 133
   7.2.3 数字媒介管理思路 ··· 134
 小结 ·· 137
 思考题 ·· 137
 参考文献 ·· 138

第 8 章 数字媒介传播应用 ·· 139
  8.1 口碑传播 ·· 139
  8.2 互动传播 ·· 142
  8.3 精准定向传播 ··· 145
  8.4 跨屏整合传播 ··· 147
 小结 ·· 150
 思考题 ·· 150
 参考文献 ·· 150

第1章

数字媒介传播概述

人类文明经历几千年的发展,信息传播已经与衣食住行并列成为当代社会最普遍的社会行为。在过去的两三百年间,学者致力于从学理的高度厘清传播的种类、机制、内容形态以及流转机制,通过与心理、行为、社会、审美、文化等多个领域的研究手段和研究成果相结合,传播学的学科范畴、研究对象、研究手法等逐渐清晰,在大量专门研究和逻辑探索之后形成了今天传播理论的基本框架和观点。传播研究是多门传统学科和新兴技术知识整合的产物与结晶,并且呈现出极强的进一步融合的发展趋势。传播学大师施拉姆(W. Schramm)于1982年在北京讲学期间就作过大胆的预测:在未来的一百年中,分门别类的社会科学都会成为综合之后的一门科学。在这门科学里面,传播学的研究会被各门学科的学者格外重视,会成为所有这些科学中的基础。

在传播研究的领域,无论是否秉持所谓"技术决定论",有一种看法却是普遍共识,那就是在人类传播的发展道路上,传播的渠道、内容、效果以及对生活形态的影响力几乎无一例外地源自媒介技术升级,虽然媒介技术升级通常并非是以改造媒介传播生态为出发点的,但实际的结果却是每一次大规模的媒介技术升级都具有划时代的意义,其影响力逐渐渗透到社会生活的方方面面,也包括对传播生态环境的重大改造,而这种改造还将进一步加深社会生活的变迁。造纸术、印刷术、摄影摄像术、无线电技术无不一次又一次地引领人类传播进入新的领域与空间。1946年美国宾夕法尼亚大学的莫尔电工学院绝对想不到他们创造的世界第一台电子数字计算机"ENIAC"将会具有怎样的意义。在多年之后,延续着电子计算机这一概念而诞生的各种技术会将人类的历史从工业时代逐渐推向数字智能时代。而到了1950年,通信研究者已经普遍认识到计算机存在的真正价值在于机器互联后的信息共享。随后在1960年,美国国防部出于冷战考虑提出应当建立ARPA(Advanced Research Projects Agency)网。1973年,ARPA网扩展至英国和挪威地区,形成了互联网的最初规模。1985年,基于数据库模型人机系统的管理信息系统诞生,信息传播的全新形态已具备了它完善的技术支撑和逻辑理念。1990年后,互联网传播迎来了应用上全面发展的春天,万维网(World Wide Web)、网页浏览器、电子商务、电子政务等互联传播技术如雨后春笋般出现,并取得了长足的发展。1995年,微软之父比尔·盖茨从其价值1亿美金、耗时7年的豪宅上获得灵感,在一本名为《未来之路》的书中提出物联网(Internet of Things)的概念。到1999年,物联网的概念被正式定义。人们开始意识到,基于信息传感设备与互联网技术产生的物联网有可能真正实现物理世界与虚拟数字世界的完美融合,信息传播即将超越自我、人与人、人与组织机构的层级认识极限,向人与物的发展阶段进发。2006年,谷歌发起一项名为"Google 101计划"的项目,其目的在于通过开设一门程序开发课程来引导学生们进行"云"系统的程序开发项目。随着项目的不断扩大与深入,最终使得Google与IBM联手在2007年10月将全球多所大学纳入类Google的计算"云"计划(即与"Google 101计划"相仿的"云"计算系统开发项目)之中。几乎是同一时期,2006年初具有世界智能互联意义的Web 3.0概念出现在Jeffrey Zeldman的一篇关于批评Web 2.0的文章中,至此,更具有突破性的技术应用前景逐渐呈现。所有这一切发生在过去70年间的技术变革,对人类社会科学技术的全面发展、经济政治军事格局的深刻变化、社会文化交流的全面提升都具有无可置疑的价值。

而几乎与此同时,传播学研究领域的学者们也敏感地把握住了这一次媒介技术升级的价值,无论是20世纪60年代具有科幻预言属性的麦克卢汉的地球村理论,还是80年代梅罗维茨所描述的电子媒介情境,又或是梅尔文·德弗勒和桑德拉·鲍尔-洛基奇提出的媒介依赖理论,都带有预测性地渲染出一种几十年后才全面浮现的传播生态图景。另外,基于这一次媒介技术升级的浪潮,哈贝马斯从哲学的高度提出了公共领域的概念,强调了新技术媒介在塑造公共领域形态上的重大意义。到了20世纪90年代,保罗·莱文森明确将因特网视作"一个大写的补偿性媒介",他认为网络技术补救了电视、书籍、报纸、教育、工作模式等的不足,并且描绘了数字地球村的美好情境。1995年,尼葛洛庞帝的《数字化生存》一书出版,此书的流行和传播对21世纪数字信息时代的启蒙和发展产生了深远的影响。按照尼葛洛庞帝的解释,人类生存于一个虚拟的、数字化的活动空间,在这个空间里,人们应用数字技术从事信息传播、交流、学习、工作等活动,这便是数字化生存。至此,在技术及应用不断拓展的同时,关于媒介的数字化升级以及传播数字化的认识已经全面呈现,应当如何界定全新技术支撑下的媒介概念,又应当如何描摹这种媒介传播的内涵与外延,正在成为当前研究领域的重点,本书也正是以此为目标,力图在能力范围之内为专业读者提供学习和思考的路径,为完善数字媒介传播理论作出有益的探索。

1.1 数字媒介传播的内涵

1. 数字媒介的定义

结合数字媒介的技术特征,当前国内普遍比较认可的对数字媒介的定义是:"指以二进制数的形式记录、处理、传播、获取过程的信息载体,这些载体包括数字化的文字、图形、图像、声音、视频影像和动画等感觉媒介,和表示这些感觉媒介的表示媒介等,通称为逻辑媒介,以及存储、传输、显示逻辑媒介的实物媒介。"本书对数字媒介的界定格外强调这种信息载体的全面数字化,即内容生产数字化、传输渠道数字化以及发送/接收终端数字化。从表现形态上来说,数字媒介就是以计算机技术、互联网技术和通信技术为基础技术,已经或者正在试图以全面数字化形态生存的媒介生态圈的统称。图1-1即为这种界定的综合表达。

本书将以上数字化生存媒介统称为数字媒介,简单来说,数字媒介必须同时具备以下3个基本特征,即,第一,内容生产数字化。传播内容直接或者间接以0-1形式进行生产以

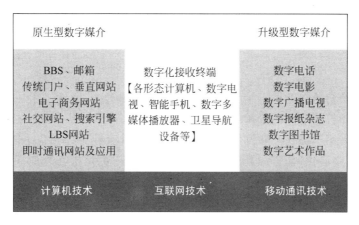

图 1-1　全面数字化媒介生态圈

及存储,信息的编码过程通常依托计算机技术实现;其次,传输渠道数字化。传播进程全面依赖数字化渠道,当然完全可能存在多级传播过程中数字化渠道消失的可能,但整个传播过程是由数字化渠道主导的;第三,发送/接收终端数字化。发送/接收终端必须能够以 0-1 形式将生产内容予以发送和接收,并实现数字化解码。凡是同时具备这 3 个基本特征的媒介形态,都属于本书所谈的数字媒介的范畴。基于此,数字媒介传播也就是专指以数字媒介为传播平台的传播行为的统称。

2. 数字媒介传播的内涵与外延

人类的媒介开发和使用是一个不断融合、渐次分化、日益膨胀的过程。每一种新媒介几乎都能够实现对之前所有传统媒介的功能融合。而且,每一种新媒介也都难以全面消灭传统媒介,实现在媒介生态圈一统天下的局面,结果往往是媒介出现渐次分化,形成多种不同的形态。另外,媒介开发和使用上的日益膨胀又是必然的趋势,无论是应用形态还是接触的信息总量都呈现较往日更多的情形。因此,根据传播的媒介运用与传播范围,人类的传播活动也具有相似的过程。传播被界定为 3 个不同的层次,即人际传播、组织传播和大众传播,其中人际传播是依赖人的感知器官,以语言、姿态、动作、神情等媒介进行传播的一种人与人之间的直接传播;组织传播以人际传播为基础,依赖一定的组织形式在组织关系内部进行传播;大众传播则是以大众媒介为渠道,涵盖人际传播和组织传播的面向社会最广大受众的传播。数字媒介传播从媒介运用和传播范围来看是一种以大众传播为主体,涵盖人际传播和组织传播的具有高度补偿性的传播。所谓高度补偿性的传播,是指它具有一种先天的优势,可以同时实现多种不同层级的传播功能,并且可以实现它们相互间的顺畅转换,从而在时间和空间上实现多元并存的传播。

虽然数字媒介的界定看似清晰,但是数字媒介用户的每一个学习者却仍旧会面临各种其他概念的干扰,诸如新媒体传播、超媒体传播、多媒体传播等,这些概念有些出自著名学者的阶段性研究认知,有些出自人们的共同理解,有些具有清晰明确的界定,而有些也相当含糊。另外,还会面临一些已经被普遍认可和应用的概念,诸如网络传播、社交网络传播等,这些概念与数字媒介传播之间确有某些领域存在重叠,这主要是因为数字媒介当中本来也包含社交网络以及传统网络,因此,特别需要学习者时刻把握这些概念间的相互关系,寻找到明确的立足点并坚守基本的界定范畴。

1.2 数字媒介传播的特性

1. 去中心化

"去中心化"最初是一个源于结构主义心理学研究的提法，原指随着主体对客体的相互作用的深入和认知机能的不断平衡、认知结构的不断完善，个体从自我中心状态中解除出来的过程。后来被借用于描述互联网发展过程中形成的社会化关系形态和内容产生形态，它不仅是指相对于"中心化"而言的新型网络内容生产过程，更是指互联应用中社会关系形态变化的趋势。当前，从数字媒介生态圈的整体传播特性来看，去中心化都是最典型的全体化特征之一。也就是说，不仅是社交网站，数字电视、即时通信工具等都已普遍具有去中心化的传播特征。

从传播结构上看，多点交互的数字媒介传播结构不仅模糊了传者和受者的角色，也最大限度地扩充了互动传播的路径。传统媒介由于结构属性而存在的传者中心优势正在消减，取而代之的是每个用户个体的声音在逐渐放大。以社交网站为例，每个用户都可以是信息的发布者，在一般传播行为上拥有了与传统媒介环境下中心传者相等的话语权与传播权。另外，渠道的多样性达到了前所未有的程度，即便是在一种数字媒介领域，进一步细分的媒介渠道数量也出现了爆炸式扩容。以数字电视为例，若干倍于传统模拟电视信号的数字频道大大弱化了以往主导性的中心媒介渠道的重要性，中心化传播的原有结构正在被打破。

从传播内容上看，由于数字媒介的技术属性，使得数字内容生产、存储、传输的便利性普遍增强，因此，内容呈现更加多元，表现形式更加丰富，生产成本大幅降低，这就使得 UGC 成为可能，并创造出更加大量的内容。UGC 是指 User Generated Content，即用户原创内容，简单来说就是用户将自己原创的内容通过数字互联平台进行展示或者提供给其他用户的全过程。内容的形式可以是文本、音频、视频、图片、链接等，YouTube 等网站都可以看作 UGC 的成功案例，社区分享是 UGC 的主要应用形式。如此大量的用户原创内容必然稀释过往中心传者的内容浓度，这也从另一个层面促进了数字媒介传播的去中心化。综合来说，在数字媒介传播过程中，权威的坍塌和自我意识的不断强化似乎也回应了心理学研究中关于去中心化的最初界定。

2. 群组结构

数字媒介作为基于计算机技术、网络技术和通信技术的媒介形式，用户的群组结构已经相当普遍，无论是数字电视用户还是社交网络用户以及数字多媒体播放器的用户，由于数字信息交互和数据库技术在这些媒介形态上的普遍应用，用户基于兴趣、爱好以及使用习惯而形成的群组结构已经非常鲜明。有学者将数字时代用户的群组结构描述为一种六度空间，更有数字媒介通过用户研究提出当前数字媒介环境下的最精简社交关系是 3.8 人，暂先不论这些观点正确与否，但就用户关系上来看，数字媒介传播环境下的确出现了所谓"重新部落化"的趋势，群组结构不仅成为主流，而且结构的方式也区别于过往。

在传统传播环境下，传受双方角色鲜明，受者也可能形成群组结构，但形成群组的方式通常是不自主的，比如学校课程，这是一种组织传播，受者表现出的群组结构并不能令每一个身处其中的个体满意，因此传播效果也往往不尽如人意。但是在数字教育领域，以"淘宝同学"的教育服务目录为例，有学习兴趣的用户可以直接选择加入主体不同的数字课堂，最终虽然还是以课堂教学的形式展开传播,但数字媒介平台上的群组结构方式大大提升了用户个人主动性的价值,这样的群组结构在传播效果上的优势不言自明。

不仅结构方式不同以往,数字媒介传播中的群组结构的应用价值也被大大提升。群组信息、传播内容与传播进程都可以进行数据库管理,同时可以实现群组信息向个人信息的细分拆解以及基于不同关键字引导的个人信息向群组信息的不同维度的整合。这种基本的群组结构相较于传统的受众分群更加人性化,具有进出自由的特性,同时在管理上也可实现更高程度的智能化。

3. 技术依赖

伴随人类传播媒介的技术升级,越是新兴媒介,用户及经营者在其开发、应用、管理上的技术依赖就越严重,数字媒介传播的多个领域对于数字媒介技术的依赖尤为突出,的确可以说,技术创造媒介,媒介即是信息。

有关技术依赖,不仅表现在媒介经营者对数字媒介传播应用的大规模开发上,更重要的表现在用户的使用习惯上,越来越多的用户正逐步沉溺于数字媒介所提供的海量信息及使用便利之中,不仅在媒介接触行为上形成了依赖,甚至在认识世界和思考问题中也表达出对数字媒介及其技术的过分依赖。这也是当前对数字媒介传播环境表达批判态度的主要着眼点。数字媒介的交互传播属性、丰富海量的内容、灵活的社交结构和群组关系,使得用户对其依赖日盛,甚至到了没有它就无所适从的程度。由于数字媒介已经渗透至社会生活的各个层面,可以覆盖学习、工作、生活的各个角落,切实影响政治、经济、军事、文化以及全球交流,因此,数字媒介技术依赖也成为数字媒介传播的又一主要特性。

还有一点不容忽视,那就是有关数字媒介传播的管控。在过去的大众传播时代,针对任何一种传播媒介的传播管控都强调来自法律机制、伦理道德和自我约束的多重作用。有关数字媒介传播,虽然仍旧看重多元化的管控办法,但更多是将希望寄托在技术的进一步开发和完善上,研究者从未像今天这样对媒介传播进程的技术监测和控制管理寄予厚望,相关的技术性管控办法的开发和探索也成为数字媒介传播研究的重点。

4. 碎片化

碎片化(Fragmentation),原意为完整的东西破成诸多零块,由此应该说,碎片化并不等同于多元化,因为多元化的基础是结构的,而碎片化则打破了应有的结构,成为各自零碎的多个,对碎片化的研究最早见于20世纪80年代"后现代主义"的研究文献中。

传播的多元化可能表现在内容上,也可能表现在传播的进程中,同样,碎片化传播也有多重意义上的体现。如果让一个普通用户描述自己一天的媒介接触行为,其过程可能是相当复杂的。首先,接触的媒介种类众多,传播活动在多种媒介终端上多次转换;其次,接触的内容以小微容量信息为主;再次,长时间不变换使用媒介的情况很少出现;最后,对传播信息的整体认知更多是来自于多种渠道下多角度信息的自行拼贴组合。因此,碎片化可以表现为传播内容上的零碎,也可以表现为更多地使用零碎时间参与信息传播,还可以表现为用户群体细分上的个性化标签的多样性,以及处理信息时对信息碎片的自行拼贴等。

针对数字媒介传播过程中出现的碎片化特征,媒介用户首先习惯并接受了这种与以往完全不同的媒介使用体验,并且,作为用户生产内容的主体,用户很快意识到这种碎片化传播机制的优越性,比如其在传输速度、流转频率、反馈数量上的大幅提高。同时,用户个体的独立的使用习惯汇聚成一种社会风潮,又进一步推进了信息生产和传播手法上的碎片化。

以往媒介使用上的诸多行为习惯,如长时间阅读、听一场完整的音乐会都变得越来越少见。行为的变化产生出新的需求,于是内容生产上也出现了主动应对碎片化的回应,诸如长篇文字图片化、新闻短讯化、短讯标题化等,还有大量新的数字艺术表现形式应运而生,如微电影、小篇幅电视剧、小游戏、单曲 CD 等。

1.3　数字媒介传播的综合优势

总体来说,基于数字媒介技术的先天优势,数字媒介传播也呈现出诸多优于传统传播之处。首先,数字媒介传播可以承载海量的传播内容,并通过强大的数据处理能力实现信息的筛选、重组和修订,任何一个用户,无论以何种方式接入数字媒介,都可以以前所未有的便利性使用这些海量信息,应该说,数字媒介传播提供给用户的信息容量是相当充分的,其后所要做的,是尽可能地提升用户在检索、应用、再次传播上的便利,以便将海量信息的优势发挥到最大。其次,数字媒介传播确保了传播主体的个性化和多样化,用户关系更为平等,传播主体的自主性和自由出入更为彻底。这一优势不仅可以吸引更多传统媒介传播环境中处于话语权尾部的用户积极参与其中,还可能改写传播的走向和力量。第三,数字媒介传播是真正意义上可能实现全交互模式的传播,交互渠道通畅多样,交互机制完备配套,交互手法日趋智能化,不仅可以实现人际传播,还可以实现人机交互,并且有望实现人物互联,实现全球智能化传播。

小　　结

本章作为本书的开篇一章,主要对数字媒介以及数字媒介传播作出了基本的概念界定,提出了数字媒介的定义以及 3 大基本特征,即内容生产数字化、传播渠道数字化以及接收终端数字化。同时进一步确定了数字媒介传播的特性,即去中心化、群组结构、技术依赖以及碎片化。全书将紧紧围绕本章对这两个基本概念的界定展开,因此,学习者也应该特别注意对概念的理解。

思　考　题

收集资料,就社交网络传播、多媒体传播、新媒体传播等概念的具体指向与含义进行课堂讨论,并梳理出其与数字媒介传播之间的概念关系。

参 考 文 献

[1] 博伊德-巴雷特,纽博尔德.媒介研究的进路[M].汪凯,刘晓红,译.北京:新华出版社,2004.
[2] 麦克卢汉.理解媒介——论人的延伸[M].增订评注本.何道宽,译.南京:译林出版社,2011.
[3] 莫利,罗宾斯.认同的空间——全球媒介、电子世界景观与文化边界[M].司艳,译.南京:南京大学出版社,2001.
[4] 百度百科.去中心化[EB/OL].[2013-08-09].http://baike.baidu.com/view/479321.htm.

第 2 章

数字媒介技术

依托麦克卢汉对于媒介的理解和认识，媒介被描述为"人的延伸"，这可以理解为媒介一定具备人的感官认知扩大化的能力，而这种能力是基于媒介的技术属性。同时，媒介被界定为一种认识世界、认识自我的"新的尺度"，任何一种新媒介的诞生，都会带来新的"尺度"，新的尺度之下，时间、空间、经验、知识都会重新搭建并实现爆炸性的延展，从而扩大人类的认识范畴，改变人类社会的方方面面。

单纯从媒介形态的变化中已经不难看出媒介技术的升级带给人类世界的尺度延展，人类数千年的文明与知识通过传统造纸术和雕版印刷术得以传承和流布，在这些技术性媒介发展不全面的史前时代，人类世界的所谓"尺度"无论在哪一个维度来看都是含混不清的；近现代印刷技术、大规模造纸技术和基础影像技术的普及推进了报纸杂志等媒介物的广泛发行，这深刻地改造了人类社会的政治、经济、文化以及交流；其后，广播技术不断发展，并实现了有线到无线的跃升，这一媒介技术与同时代的电影拍摄技术从诞生之日起就见证了当代世界诸多重大事件，并存留了大量影音记录；电视技术的发展更是成为 20 世纪举足轻重的创造性发明，其对当今世界的全方位影响有目共睹。进入 21 世纪，媒介技术的创新更是一日千里，计算机技术、互联网技术、通信技术的全面提升，单是从媒介实体的日新月异上即可观其推进力量的巨大。

同时，我们必须看到，媒介技术并不单单只是改造和开发不同的媒介形态，更是在技术推进的过程中创造出更加丰富、立体的媒介生态圈。媒介生态圈是多种媒介经营性实体共生共存并能共同实现文化传播、经济成长、政治贡献等多种功能的复合的动态沟通系统。这一系统内运行着复杂的规则和标准，参与其中的成员出于各种不同的考量推进着变革的不断深入。单纯从经营性媒介的发展历程来看，几乎所有的经营性媒介，无论是出版机构、报社、杂志社，还是电台、电视台、网站，都有着基本类似的发育成长过程。首先，新技术带了新的媒介形态；接着，令人好奇而欢欣鼓舞的媒介形态会在很短的时间内形成爆炸式的扩容并聚合成区别于传统媒介的新媒介群落，一时之间出现许多同类型技术下的媒介产物以及经营上的探索者，这一发展阶段中，探索者主要的注意力都集中在商业价值的开发和延展上，谁先找到那把关键之匙，谁就成为领袖；再接着，媒介开始出现内容和功能上的差异化，这通常是一种自主选择，基于经营者的技术认知、资本水平以及兴趣和爱好，当然，也取决于经营者对媒介价值的思考深度。这一阶段，新媒介群落将会逐渐出现领导者、追随者和失败者，功能、技术、内容上的区分日趋明显，传播主题和风格逐渐形成，媒介对传播环境的重大影响开始显现；至此，媒介的实体化发展之路正式启程，整个媒介生态圈中又增添了新的成员，原有的规则和秩序必然改弦更张，媒介生态圈又步入新的时代。整个发展进程上的推进如图2-1所示。

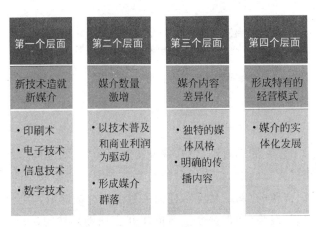

图 2-1　媒介发展的四层次结构

媒介技术的价值还不仅于此，回顾人类世界的发展，有一点毋庸置疑，那就是媒介技术的创新升级在开发媒介形态、营造媒介生态圈的同时，更加改造和拓展了人类的思考轨迹和认识方法，这一尺度延伸的价值远高于媒介实体升级本身。即便抛开麦克卢汉的泛媒介观点，只是单纯地按照经典传播学理论对媒介的描述，也不能否认媒介对人类存在方式的深刻影响。从"人过留名，雁过留声"的口碑时代到史官铁笔的刻板时代，从"便士报"的大众阅读时代到沙发土豆的电视时代，从构想地球村的广播时代到全民数字化生存时代，人类的思考轨迹和认识方法在媒介的作用之下不断变化：从简单到复杂，从单一到多元，从个体到互联，从缓慢到高速，从天真到世故，从信任到怀疑，从冷静到狂热，等等若干，不曾休止。无论是艺术创作还是商业应用抑或生活服务工具的开发，媒介技术的每一次跃升都在不知不觉间深刻影响着人类的原有"尺度"，最终带来全新的体验，而这些体验又进一步推进了人类对更新尺度的欲求。

以上对于技术价值的描摹旨在强调任何一种媒介在初创—发展—成型—影响世界的过程中对技术的仰赖和反哺，进入数字媒介的时代亦然。本书中对数字媒介的界定紧紧围绕三个重点：首先，媒介内容生产全数字化，也就是说，完全采用数字技术进行内容制作与加工，在内容生产的选择、组织、策划、创意等多个环节均依托数字化的认识和经验；第二，传输过程全数字化，包含传统传输技术的数字化升级以及全新的数字化传输平台建设；第三，接收终端全数字化，无论接收终端的具体表现形态还是功用，其技术属性必须是完全数字化的。综合具备以上三种特性的媒介才是本书所谈的数字媒介。

当前，数字媒介方兴未艾，支撑数字媒介运行的技术复杂多样，基于不同的认识和目的，技术的分类方法和概念归属也有不同的看法。本书针对数字媒介的技术介绍主要将其分成支撑性技术群和应用性技术群两大类。

2.1 数字媒介的支撑性技术群

支撑性技术群，顾名思义，是指在数字媒介运行中起到支撑性作用的不可或缺的基本技术，主要包括计算机技术、网络技术和移动通信技术。其中计算机技术主要承担着数字媒介内容生产以及终端接收的职能，可以说，没有计算机技术的飞速发展，媒介的数字化生存就无法实现。网络技术和数字通信技术主要承担数字传输的职能，无论是在传输效能上还是在传输质量上都确保了数字媒介相对于其他传统媒介形态的优越性。

2.1.1 计算机技术

1. 定义

本章所介绍的计算机技术是包含计算机基础技术和常见应用技术的统称。广义来说是指通过使用计算机快速、准确的计算能力、逻辑判断能力和人工模拟能力，就问题对象进行定量计算和定性分析，以解决复杂系统问题的综合型手段和工具。

2. 职能

落实到数字媒介研究领域，数字媒介支撑性技术群中最重要的计算机技术主要承担媒介内容生产和终端接收的职能。在内容生产环节，计算机技术为数字电影、数字音乐、数字出版、数字广告、数字社区、群组数据库、数字个人图谱管理等提供了最基础的技术支撑，从根本上改变了以上传播内容的生产方式。接收终端的智能化发展也是计算机技术的主要体现，数字 DVD、数字打印机/复印机、平板电脑、智能手机、移动阅读设备、移动音乐设备、移动导航设备等，实际上也是计算机技术发展的重要终端成果。计算机技术为数字媒介传播传受双方使用以及传播内容生产提供了最为重要的支撑。

3. 价值

当前计算机技术在数字媒介传播环境中的主要价值表现在以下几点。

1) 强大的数值计算能力

在科学研究、工程设计、创意作品呈现、社区管理等常见应用中，存在着大量烦琐、复杂的数值计算问题，解决这样的问题经常是人力所无法胜任的。而高速度、高精度地解算复杂的数学问题正是计算机的特长。因而，时至今日，数值计算仍然是计算机应用的一个重要领域，这也是计算机技术最最基本的价值所在，它为所有衍生技术提供了最基本的支撑。

2) 有效的数据处理能力

数据处理是指利用计算机来加工、管理和操作各种形式的数据资料。数据处理一般总是以某种管理为目的的。与数值计算有所不同，数据处理着眼于对大量的数据进行分类、综合和分析处理。一般不涉及复杂的数学问题，只是要求处理的数据量极大而且经常要求在短时间内处理完毕，主要借助计算机的逻辑能力。这种能力在数据库管理、群组监控、数字社区建设上功用巨大。

3) 长效的实时控制能力

实时控制也叫过程控制，就是用计算机对连续工作的控制对象实行自动控制。要求计算机能及时搜集信号，通过计算处理，发出调节信号对控制对象进行自动调节。过程控制应用中的计算机对输入信息的处理结果的输出总是实时进行的。实时控制在工业生产自动化、农业生产自动化、航空航天、军事等方面应用十分广泛，在数字媒介环境下也是媒介通道正常运作的保障。

4) 智能化的辅助设计能力

即常说的 CAD(Computer Aided Design)，这种技术已广泛地应用于机械、船舶、飞机、大规模集成电路版图等工业产品方面的设计，近年来也广泛使用在服装、家具、小型个人交通工具等生活产品的设计生产环节。利用 CAD 技术可以提高设计质量、缩短设计周期、提高设计自动化水平。CAD 技术发展迅速，其应用范围日益扩大，又派生出许多新的技术分支，如计算机辅助制造(CAM)、计算机辅助工艺计划(CAPP)等。

5) 多种形态的模式识别能力

模式识别是一种计算机在模拟人的智能方面的应用。当前计算机技术所能实现的模式识别种类众多，比较常见的包括根据频谱分析的原理，利用计算机对人及事物的声音进行分解、合成，使机器能辨识各种语音，或合成并发出声音的声音模式识别技术；又如，利用计算机来识别各类图像，甚至人的指纹、面容等图像识别技术；还有更为先进的行为识别甚至心理识别技术等。模式识别能力为数字媒介开拓出诸多传统媒介完全无法实现的功能及内容形态，也大大改造了媒介使用的方法。

6) 普及性的图像、文字处理能力

图像、文字处理包括图像、文字信息的产生、修改、编辑、复制、保存、检索和传输，这类计算机技术具有相当的普及性，是实现数字艺术设计、办公自动化、电子邮件、计算机会议和计算机出版等新技术的必备技术。由于当前全球化的基础计算机应用能力的普及，使得掌握图形处理、图像音频处理、文字处理等技术成为相当简单的事情，由此在数字媒介普及和应用上具有特别突出的典型性。

7) 新颖的教育教学能力

计算机在教育中的应用是通过科学计算、事务处理、信息检索、数据管理等多种功能的结合来实现的。这些应用包括计算机辅助教学、知识信息系统、自然语言处理等。计算机辅助教学生动、形象、易于理解，是提高教学效果的重要手段之一。当前，计算机的这种能力已经为全球数字化生存提供了全新的学习渠道和方法。

2.1.2 网络技术

1. 内涵

网络技术实际上与计算机技术、通信技术同属信息技术的范畴，网络技术主要包含相关协议、接入技术和应用技术三大部分。网络技术的最广泛应用即互联网(Internet)，又称因特网，即广域网、城域网、局域网及单机按照一定的通信协议组成的国际计算机网络。互联网是指将两台计算机或者两台以上的计算机终端、客户端、服务端通过计算机信息技术的手段互相联系起来的结果，人们可以与远在千里之外的朋友相互发送邮件、共同完成一项工作、共同娱乐。同时，互联网还是物联网的重要组成部分，根据中国物联网校企联盟的定义，物联网是当下几乎所有技术与计算机互联网技术的结合，让信息更快更准地收集、传递、处理并执行。

2. 发展现状

1) 互联网协议

互联网协议包括三层，分别是最底层的 IP 协议，第二层的确保高质传输的 TCP 协议和确保高速传输的 UDP 协议,以及常用的应用层协议,如 DNS、FTP、HTTP、POP3 等。简单来说,互联网协议的内涵包括:首先,互联网具有全球性;其次,互联网上的每一台主机都具有一个标明身份的 IP 地址;第三,所有主机都依托某种应用层协议实现逻辑链接。可以说,网络协议是网络世界和数字化生存的基本规则。

2) 网络连接技术

网络连接技术,即 Internet 接入技术,是用户与互联网间连接方式和结构的总称。任何需要使用互联网的计算机必须通过某种方式与互联网进行连接。互联网接入技术的发展非常迅速:带宽由最初的 14.4kb/s 发展到目前的 100Mb/s 甚至 1Gb/s 带宽;接入方式也由过去单一的电话拨号方式,发展成现在多样的有线和无线接入方式;接入终端也开始朝移动设备发展,并且更新更快的接入方式仍在继续研究和开发中。

根据接入后数据传输的速度,Internet 的接入方式可分为宽带接入和窄频接入。其中常见民用宽带接入主要包括:①ADSL(非对称数字用户线路)接入,速度可以达到下载最高 12Mb/s,上传最高 1Mb/s;②VDSL(超高速数字用户线路)接入,速度可以达到下载最高 55Mb/s,上传最高 19Mb/s;③光纤接入,接入带宽最高可达 1000Mb/s(常用);④无线(使用 IEEE 802.11 协议或使用 3G 技术)宽带接入,1.5M~540Mb/s;⑤电力线通信接入,主干速度可以达到数百兆,最终用户速度可以达到 11Mb/s;⑥有线电视上网(通过有线电视网络)接入,接入带宽 3M~34Mb/s;⑦人造卫星宽带接入;⑧依托光线传输的宽带接入,即 Lifi 等。同时,常见民用窄频接入形态包括:①电话拨号接入,接入带宽 9600~56kb/s;②窄频 ISDN 接入,接入带宽 64/128kb/s;③GPRS 手机上网,接入带宽最大 53kb/s;④UMTS 手机上网,接入带宽 384kb/s;⑤CDMA 手机上网,接入带宽最大 150kb/s;⑥3G;⑦开发中的 4G 等。

3) 网络应用技术

网络应用技术在此指称所有与网络应用相关的技术。随着互联网自身技术的不断完善和硬件设施的飞速发展,网络应用技术也正在向着更多样、更复杂的方向延展。

其中 Web 技术是最常用的网络应用技术,它是用户向服务器提交请求并获得网页页面的技术总称。这一技术可以分为两个发展阶段,即俗称的 Web 1.0 和 Web 2.0。第一阶段多是属于一些静态应用,例如获取 HTML 页面,或者与服务器进行简单的交互,比如用户登录,查询数据库,提交数据等。Web 2.0 则更注重用户的交互作用,用户既是网站内容的浏览者,也是网站内容的制造者。这些 Web 2.0 技术主要包括:博客(BLOG)、内容简易聚合(RSS)、百科全书(Wiki)、网摘、社会网络(SNS)、对等网络(P2P)、即时信息(IM)等。

Web 2.0 是互联网的一次理念和思想体系的升级换代,由原来的自上而下的由少数资源控制者集中控制主导的互联网体系,转变为自下而上的由广大用户集体智慧和力量主导的互联网体系。当前普遍应用的 Web 2.0 模式下的互联网应用具有以下显著特点:①用户参与与分享。与 Web 1.0 网站单向信息发布的模式不同,Web 2.0 网站的内容通常是用户发布的,使得用户既是网站内容的浏览者也是网站内容的制造者,这也就意味着 Web 2.0 网站为用户提供了更多参与的机会,例如博客网站和 Wiki 就是典型的以用户创造内容为指导思想,而 Tag 技术(用户设置标签)将传统网站中的信息分类工作直接交给用户来完成。②信息聚合与升级。信息在网络上不断积累,不会丢失,同时还能实现分类、修订和升级。③以兴趣为聚合点的社群。在 Web 2.0 模式下,聚集的是对某个或某些问题感兴趣的群体,可以说,在无形中已经产生了细分群体,实现了麦克卢汉在 50 年前所预想的所谓"重新的部落化",这种部落化不再是以血缘或者律法为依据,甚至超越政治、经济和文化。④开放的平台,活跃的用户。平台对于用户来说是开放的,而且用户因为兴趣而保持比较高的忠诚度,他们会积极地参与其中。Web 2.0 更加注重交互性,不仅用户在发布内容过程中实现与网络服务器之间交互,而且,也实现了同一网站不同用户之间的交互,以及不同网站之间信息的交互。

3. 使用情况

中国网络用户规模呈现持续快速发展的趋势。2013 年 7 月 17 日,中国互联网络信息中心(CNNIC)在京发布第 32 次《中国互联网络发展状况统计报告》(以下简称《报告》)。《报告》显示,截至 2013 年 6 月底,我国网民规模达到 5.91 亿,较 2012 年底增加 2656 万人。互联网普及率为 44.1%,较 2012 年底提升 2%。在新增加的网民中,使用手机上网的比例高达 70.0%,高于使用其他设备上网的网民比例。值得一提的是,我国互联网在农村普及速度较快,半年期新增网民中农村网民占到 54.4%。在 2013 年上半年的互联网发展中,手机作为上网终端的表现抢眼,不仅成为新增网民的重要来源,在即时通信、电子商务等网络应用中均有良好表现。与此同时,截至 2013 年 6 月底,我国手机网民规模达 4.64 亿,较 2012 年底增加 4379 万人,网民中使用手机上网的人群占比提升至 78.5%。3G 的普及、无线网络的发展和手机应用的创新促成了我国手机网民数量的快速提升。

截至 2013 年 6 月底,我国即时通信网民规模达 4.97 亿,比 2012 年底增长了 2931 万,是各应用中增长规模最大的应用;使用率为 84.2%,较 2012 年底增加了 1.3 个百分点,使用率保持第一且持续攀升,尤其以手机端的发展更为迅速。手机即时通信网民规模为 3.97 亿,较 2012 年底增长了 4520 万,使用率为 85.7%,增长率和使用率均超过即时通信整体水平。

《报告》显示,相较于 2012 年,各网络娱乐类应用的网民规模没有明显增长,使用率变化不大,整体行业发展放缓。手机成为各类应用规模增长的重要突破点。手机网络音乐、手机网络视频、手机网络游戏和手机网络文学的用户规模相比 2012 年底分别增长了 14.0%、18.9%、15.7%和 12.0%,保持了相对较高的增长率。

作为近年来涨幅迅速的互联网应用,电子商务类应用在手机端应用中发展迅速,其中手机在线支付网民规模增幅较大。《报告》显示,截至 2013 年 6 月底,我国使用网上支付的网民规模达到 2.44 亿,与 2012 年 12 月底相比增长 2373 万,增长率为 10.8%。其中,手机在线支付网民规模较 2012 年增长了 43.0%。此外,手机购物、手机团购和手机网上银行等也有较大增长。

4. 价值

网络技术对于实现媒介数字化升级意义巨大,应该说网络技术既是数字技术的成果又是推动力。网络技术在数字媒介环境营建上的重大价值可以从以下几个方面思考。

1) 传输的安全性和有效性

印刷媒介产品生产过程烦琐,传递耗时耗力;传统声光磁电介质又很容易受到自然条件的影响,传输过程中很容易出现自然噪声,对于传播过程中的加强设备有很多要求,不同介质间的格式转换操作复杂,信息损耗严重。网络技术在传输的安全性、完整性、时效性上都具有无可比拟的优势。

2) 传受双方的定位

互联网协议的价值在于采用数字化的形态界定了数字媒介环境下每一个传者和受者的唯一身份,并且传受双方之间的关联平台,不管依托哪一种应用协议,其在逻辑上也是完全可以追溯的,这也就是说数字化传播的信道以及数字化传播过程中的传者和受者都具有可供数字化管理和服务的可能。传统媒介形态下,传者往往比较容易界定,但受者往往无法一一界定,甚至难以进行群组化的服务与管理,这就使得传受双方实际上存在相互认知的不协调。

3) 多重接入

当前多种多样的网络接入技术开创出多网合一的数字化全媒介可能,电话线、窄频网线、光纤宽带、有线电视线,甚至电力接入线都可以实现网络接入,当然,还可以直接借助无线设备接入网络。这不仅可以实现传统媒介形态(如电视、电话等)的数字化升级,更重要的是,多网合一的数字化全媒介时代不是简单的媒介经营实体集团化,而是扩展了媒介平台的参与者,打破了传统上对于媒介主体的认识。多重接入,理论上还能够实现资源的更有效利用,从而更大幅度地降低媒介使用成本。

4) 广泛应用

经过近十年的发展,Web 2.0 中任何一种技术的衍生物都已经成为当前数字传播中的常见介质。博客及微博不仅造就了诸多文化现象和商业神话,同时也在传播学界掀起了诸如"自媒体"等新概念的讨论;维基百科、百度百科、互动百科等网络用户共同参与建设的超规模线上百科平台,其传播速度、传播效能、应用领域都是纸质媒介无可比拟的;社交网络更是将麦克卢汉提出的"地球村"、"重新部落化"等媒介概念鲜活地呈现出来,其在改写传媒环境和传播形态上的意义已被广泛接受和认可;P2P 技术支持下的即时通信软件长期以来为用户提供的手机通信、文字、语音、文件交流已经成为日常工具,P2P 技术支持下的游戏软件、文件共享软件以及种类多样的虚拟货币及其在金融领域的创造性发展都已经日趋广泛;而即时通信技术对于中国的媒介用户而言意义更加非凡,技术水平、用户量以及应用普及性在全球的网络技术应用领域都处在前沿,从早期的 QQ、YY 语音、新浪 UC、百度 Hi,到后来的移动飞信、阿里旺旺等,再到现在的微信等,即时通信技术不仅应用于个人用户、企业用户,更成为电子商务的有力辅助,价廉物美,具有明显的成本优势。

2.1.3 移动通信技术

1. 定义

所谓移动通信技术,简单来说就是支持通信双方有一方或两方处于运动中的通信技术,包括陆、海、空移动通信。移动通信技术经历过声光磁电等多种介质形态,当前的主流技术已经依托数字传输原理。

2. 发展历程

过去的 30 年,正是使用模拟识别信号的移动通信向数字移动通信升级的阶段,业内常用代别来标识这种变化,因此有所谓 1G、2G、3G、4G 的说法。具体来说即指:①1G,模拟制式的移动通信系统,得益于 20 世纪 70 年代的两项关键突破——微处理器的发明和交换及控制链路的数字化。AMPS 是美国推出的世界上第一个 1G 移动通信系统,充分利用了 FDMA 技术实现国内范围的语音通信;②2G,风靡全球十几年的数字蜂窝通信系统,20 世纪80年代末开发。2G是包括语音在内的全数字化系统,新技术体现在通话质量和系统容量的提升。GSM(Global System for Mobile Communication)是第一个商业运营的2G系统,GSM采用TDMA技术;③2.5G,2.5G在2G基础上提供增强业务,如WAP;④3G,3G是移动多媒体通信系统,提供的业务包括语音、传真、数据、多媒体娱乐和全球无缝漫游等。NTT和爱立信1996年开始开发3G(ETSI于1998年),1998年国际电联推出WCDMA和CDMA2000两个商用标准(中国2000年推出TD-SCDMA标准,2001年3月被3GPP接纳);⑤4G,4G是真正意义上的高速移动通信系统,用户速率20Mb/s。4G支持交互多媒体业务、高质量影像、3D动画和宽带互联网接入,是宽带大容量的高速蜂窝系统。

3. 移动互联网

移动互联网是移动通信和互联网融合的产物,继承了移动随时随地随身和互联网分享、开放、互动的优势,是整合二者优势的"升级版本",即运营商提供无线接入,互联网企业提供各种成熟的应用。移动互联网(Mobile Internet,简称MI)是一种通过智能移动终端,采用移动无线通信方式获取业务和服务的新兴业态,包含终端、软件和应用3个层面。终端层包括智能手机、平板电脑、电纸书/MID等;软件包括操作系统、中间件、数据库和安全软件等;应用层包括休闲娱乐类、工具媒体类、商务财经类等不同应用与服务。随着技术和产业的发展,未来,LTE(长期演进,4G通信技术标准之一)和NFC(近场通信,移动支付的支撑技术)等网络传输层关键技术也将被纳入移动互联网的范畴之内。

移动互联网被称为下一代互联网Web 3.0。移动通信和互联网成为当今世界发展最快、市场潜力最大、前景最诱人的两大业务,移动互联网的优势决定其用户数量庞大,截至2012年9月底,全球移动互联网用户已达15亿,2013年预计将达17亿,其中中国移动互联网用户将超过8亿。基于移动互联网技术衍生出的移动社交、手机在线游戏、手机电视、移动数字阅读器、移动定位服务、移动搜索、移动广告等,不仅可以为媒体运营商带来丰厚的利润,同时也将更为深刻地改造当前的传播环境以及媒介生态关系。

2.2 数字媒介的应用性技术群

数字媒介上展开的诸多传播行为比以往任何一种媒介生态下的传播行为都更依赖于技术的支持,当用户在使用、内容生产甚至在传播过程中所有编码解码的手法都成为一种习惯之后,这些庞杂而又不断更新的技术常常被忽略。本节主要提取当前数字媒介环境下的一些常见的应用性技术进行介绍,这些技术中有些是2.1节中提到的支撑性技术的分支或衍生,有些是相对独立的技术概念,还有一些是随着技术进步被不断提升和改造的传统技术。希望读者在阅读的过程中也可以深入地思考这些技术对数字媒介生态圈的意义与价值。

2.2.1 搜索引擎技术

在介绍搜索引擎技术之前,先要说说检索,检索原本是指从文献资料和已有信息的集合中查找自己需要的信息或资料的过程。为了进行检索,通常需要对资料进行索引,也就是采用某种系统编号或代码进行资料的多重标注,从而方便寻找、圈定和提取。传统文献资料一般提取题名、作者、出版年、主题词、内容属性等作为索引,而在数字媒介时代,不仅可以轻松实现传统检索条件下所有可能的检索,更可以实现对全文的检索,即文中每一个词都能成为检索点。在数字媒介平台上进行检索主要有两种方式：目录浏览和使用搜索引擎。目录浏览是指用户可以根据自己的需要点击目录，深入下一层子目录，从而找到自己需要的信息。这种方式便于查找某一类的信息集合，但是精确定位的能力不强，因此，这种检索技术已不是主流。搜索引擎是目前最为常用的一种网络检索工具。用户只需提交自己的需求，搜索引擎就能返回大量结果，并且呈现出来的结果是按照与检索提问的相关性进行排序的。

1. 定义

搜索引擎是指根据一定的策略、运用特定的计算机程序搜集互联网上的信息，在对信息进行组织和处理后，为用户提供检索服务的系统。一个搜索引擎由搜索器、索引器、检索器和用户接口4个部分组成。搜索器的功能是在互联网中漫游，发现和搜集信息；索引器的功能是理解搜索器所搜索的信息，从中抽取出索引项，用于标识文档以及生成文档库的索引表；检索器的功能是根据用户的查询在索引库中快速检出文档，进行文档与查询的相关度评价，对将要输出的结果进行排序，并实现某种用户相关性反馈机制；用户接口的作用是输入用户查询、显示查询结果、提供用户相关性反馈机制。

2. 分类

1) 全文索引

全文搜索引擎是名副其实的搜索引擎，国外代表有Google，国内则有著名的百度搜索。它们从互联网提取各个网站的信息（以网页文字为主），建立起数据库，并能检索与用户查询条件相匹配的记录，按一定的排列顺序返回结果。根据搜索结果来源的不同，全文搜索引擎可分为两类，一类拥有自己的检索程序（Indexer），俗称"蜘蛛"（Spider）程序或"机器人"（Robot）程序，能自建网页数据库，搜索结果直接从自身的数据库中调用，Google和百度就属于此类；另一类则是租用其他搜索引擎的数据库，并按自定的格式排列搜索结果。

2) 目录索引

目录索引虽然有搜索功能，但严格意义上不能称为真正的搜索引擎，只是按目录分类的网站链接列表而已。用户完全可以按照分类目录找到所需要的信息，不依靠关键词进行查询。目录索引中最具代表性的莫过于Yahoo、新浪分类目录搜索。

3) 元搜索引擎

元搜索引擎（META Search Engine）接受用户查询请求后，同时在多个搜索引擎上搜索，并将结果返回给用户。在搜索结果排列方面，有的直接按来源排列搜索结果，有的则按自定的规则将结果重新排列组合。

4) 其他非主流搜索引擎形式

（1）集合式搜索引擎：该搜索引擎类似元搜索引擎，区别在于它并非同时调用多个搜索引擎进行搜索，而是由用户从提供的若干搜索引擎中选择。

（2）门户搜索引擎：AOL Search、MSN Search等虽然提供搜索服务，但自身既没有分类目录也没有网页数据库，其搜索结果完全来自其他搜索引擎。

（3）免费链接列表：一般只简单地滚动链接条目，少部分有简单的分类目录，不过规模要小很多。

3. 工作原理

1) 第一步：检索跟踪

搜索引擎工作的第一步就是根据各自专属的特定规律进行网页链接的跟踪，从一个链接跟踪另外一个链接,不同的搜索引擎拥有各自不同的检索跟踪程序,如"蜘蛛"(Spider)程序或"机器人"(Robot)程序,因此,这一过程常被形象地描述为蜘蛛爬行或者机器人跟踪。搜索引擎的检索跟踪是被输入了一定的规则的,它需要遵从一些命令或文件的内容。如果检索程序文件不允许,那么便不能跟踪链接。同时,检索跟踪也需要理解 HTTP 返回码、nofollow 标签、mate 标签等。另外,当前的网络环境下,还有一些搜索引擎检索跟踪程序无法做到的事情,比如要求注册的站点、Flash 里的链接、图片里的链接等。就现有的技术而言尚无法实现对其的初步跟踪,因此也就无法实现有效的检索。

2) 第二步:抓取存储

这一步主要完成检索程序跟踪链接到网页,并将跟踪的数据存入原始页面数据库的工作。其中的页面数据与用户浏览器得到的 HTML 是完全一样的。搜索引擎在抓取页面时,也进行一定的重复内容检测,一旦遇到权重很低的网站上有大量抄袭、采集或者复制的内容,很可能就不再跟踪。这就是为什么有一些采集站的数据量很大,但是收录量很低的原因。不过,大部分的去重工作,还是在预处理阶段进行。

3) 第三步:预处理

这一步搜索引擎将会对抓取回来的页面进行下列预处理。

(1) 提取文字:现在搜索引擎的排名,还是主要以文字内容为基础。之前抓取到数据库里的原始页面文件,需要进行文字提取,去除页面中的标签、脚本程序、图片等无法用于排名的内容。当然,搜索引擎也会提取从浏览器中发现的标签文字、图片注释文字、Flash 注释文字和文本文字等。

(2) 中文分词:中文分词主要是针对中文搜索引擎的特有步骤,英文搜索引擎不存在这个步骤。由于中文字和词是连在一起的,搜索引擎要分辨哪些字组成了一个词,而哪些是单字。中文分词一般按照两种方法,一种是词典匹配;一种是基于统计分析。词典匹配比较容易理解,是根据以往词典中出现的词语匹配。而基于统计分析,主要是分析大量的文字样本,计算出字与字相邻出现的频率,来判断是不是一个词。

(3) 去停词:去停词主要是去除对内容无关紧要的一些助词(如中文中的、地、啊,英文中 the、a、an 等),使索引数据主题更为突出,减少无谓的计算量。

(4) 消除噪声:主要是去除一些对页面主题内容没什么贡献,并且大量重复出现的文字,如导航、页脚、广告等。

(5) 去重:去重处理,其实就是搜索引擎判断是否原创的一种计算方式。一般而言,搜索引擎运用的方法是对页面特征关键词计算其价值,一般复制的内容即使增加了的、地、啊等文字或者把段落重新组合,都能被搜索引擎轻易判断出来。这些只能从推理上来理解,现阶段的搜索引擎还不能完全判断原创内容,因为还会涉及页面被抓取时间的先后、网站的信任度等很多方面的信息。

(6) 正向索引:正向索引主要是指搜索引擎在完成了以上 5 个步骤后,就得到了独特的、能反应页面内容的、以词为单位的内容。搜索引擎就可以用分词程序划分好的词,把页面转化成关键词组成的集合并将其存入索引库。这样的数据库结构就称为正向索引。

(7) 倒排索引:倒排索引是指搜索引擎将正向索引数据库重新构造为倒排索引,把文件对应到关键词的映射转换为关键词到文件的映射。在倒排索引中是以关键词为主,每个关键词对应着一系列文件,这些文件都出现了这个关键词。这样当用户搜索某个关键词的时候,排序程序在倒排索引中定位到这个关键词就可以马上找到所有包含这个关键词的文件。一般用户在搜索引擎中搜索关键词时,都是运用的倒排索引。

(8) 链接关系计算:链接关系是搜索引擎排名的重要依据。所以,搜索引擎对于大量网页的导入及导出链接、链接的权重、相关性等数据进行充分的计算,从而作为某个文件对应关键词的排序依据。

(9) 特殊文件处理:对于搜索引擎无法跟踪和读取的 Flash、图片、脚本文件等,暂时无法作为搜索引擎的排名考量指标,仅能以特殊文件的代替文件作为唯一有价值的排序依据。搜索引擎的预处理阶段也是在后台完成的,用户搜索时感觉不到这个过程。

4) 第四步:排名

用户在搜索框输入关键词后,排名程序调用索引库数据,计算排名后显示给用户,排名过程是与用户直接互动的。但是,由于搜索引擎的数据量庞大,虽然能达到每日都有小的更新,但是一般搜索引擎的排名规则都是按照日、周、月的阶段性进行不同幅度的更新,换句话说,排名规则在某种程度上还是会限制搜索的精确性。

4. 意义与价值

不管是哪种搜索引擎技术,在当前的数字媒介环境下都极大地提升了用户寻找、圈定和提取信息的效率,只要掌握基本的技巧,每个人都可能在短时间内从大量显在和隐藏资讯中作出基本的筛选,这一技术大大提高了用户内容处理的能力,这是在传统媒介环境下难以想象的。这种效率不仅体现在快捷上,还体现在统一性和规范性上。印刷媒介时代,文字和信息检索往往必须仰赖经验丰富的文化者或者信息资源的掌控者来完成,可以说,一般媒介用户在自主检索上困难重重,因此,无论是要实现大量检索还是平行比对式的检索,都是相当费力的事,也很难保证时效性和准确性。而在数字媒介环境下,依托计算机技术和网络技术的检索优势明显,同时也促进了数字媒介环境下资讯的高速传播。

但是,也正因为搜索引擎技术的特性,数字媒介传播过程中也出现了新的问题。检索程序直接决定检索的结果,在搜索引擎工作的任何步骤,程序本身对检索规则的设定都将检索控制在定义的范畴之内,这对于用户来说未见得真的可以实现自由地接触媒介内容。搜索引擎所设定的路径决定了哪些结果可能出现,哪些不能,哪些排在前面而哪些会在几页以后出现。如果出于商业利益或者政治、军事、国家安全等的考虑,那么搜索引擎就完全有可能出现数字媒介环境下的议程设置。

2.2.2 数据库技术

1. 定义

数据库这一概念通常与计算机技术相互关联,但是,对信息进行组织、存储和结构化管理,也就是数据库所要实现的功用的初衷却是由来已久。伴随信息技术的发展,当前一般都将数据库技术看作信息系统的一个核心技术。数据库技术是现代信息科学与技术的重要组成部分,是计算机数据处理与信息管理系统的重心所在。数据库技术研究和解决了计算机信息处理过程中对大量数据进行有效组织和存储的问题,在数据库系统中减少了数据存储冗余,实现了更高程度的数据共享,保障了数据安全,实现了高效检索和数据处理。数据库技术的根本目标是要挖掘数据的综合价值以及解决数据的共享问题。数据库技术涉及许多基本概念,主要包括信息、数据、数据处理、数据库、数据库管理系统以及数据库系统等。

数据库技术研究和管理的对象是数据,所以数据库技术所涉及的具体内容主要包括:①通过对数据的统一组织和管理,按照指定的结构建立相应的数据库和数据仓库;②利用数据库管理系统和数据挖掘系统设计出能够实现对数据库中的数据进行添加、修改、删除、处理、分析、理解、报表和打印等多种功能的数据管理和数据挖掘应用系统;③应用管理系统最终实现对数据的处理、分析和理解,并最终指导决策。

2. 大数据

近年来,数据库技术和计算机网络技术的发展相互渗透、相互促进,已成为当今计算机领域发展迅速、应用广泛的两大领域。数据库技术不仅应用于事务处理,而且进一步应用到情报检索、人工智能、专家系统、计算机辅助设计等领域。特别是这两年热门的所谓"大数据"概念,更是将数据库技术在企业管理、社区管理、经济指导、城市运行、行业监控甚至地球智慧化等领域的价值提升到新的高度。

大数据(Big Data),或称巨量资料,指的是所涉及的资料量规模巨大到无法通过目前主流软件工具,在合理时间内达到撷取、管理、处理并整理成为帮助决策的资讯。大数据的产生主要是基于数据库联网以及多重接入,在某些应用领域,如企业管理中,原有的管理数据库相互联网,形成全球化及时更新的庞大数据系统,这样的数据库就会陷入由于资料量规模巨大而导致的困境。又如媒介发布监测数据库,由于当前用户媒介使用上的多元化,诸多数字媒介可以通过多重渠道接入,这也造就出新的所谓个人图谱大数据概念。大数据常常包含大量非结构化和半结构化数据,因此将这些数据下载到关系型数据库用于分析就会花费过多时间和金钱。大数据分析常和云计算联系到一起,因为实时的大型数据集分析需要框架化的运算指令来向数十、数百甚至数千的计算机分配工作。大数据分析相比于传统的数据仓库应用,具有数据量大、查询分析复杂等特点。"大数据"是需要新型处理模式才能具有更强的决策力、洞察发现力和流程优化能力的海量、高增长率和多样化的信息资产。

3. 意义与价值

数据库技术,特别是大数据处理技术对于数字媒介传播环境的意义与价值主要表现在以下3个方面。

1) 媒介监测

传播研究发展至今,媒介监测已经成为重要的研究领域,媒介监测的目的不仅在于进行传播行为、传播效应、传播过程的单向监测,更重要的是通过监测发掘传播的社会影响,寻找可行的商业机会,确立传媒的商业价值和评价体系,修正传播形态等。媒介监测的对象主要包括以下3方面:①传播内容。有关数字媒介传播内容的监测,当前主要仰赖检索技术和数据库技术。②传播过程。数字媒介传播过程的研究因为数字媒介本身的属性而具有相较于传统媒介环境下的传播过程研究的优越性,这一点是毋庸置疑的。在传播研究的历史上,有许多有关传播行为的经典理论或者观点,其研究方法和研究过程都具有一定的偶然性,事实上,完全出于传播过程的监测性研究也确实存在诸多困难。但是,数字媒介时代,当绝大多数的媒介都已经以数字形态存在之后,有关传播过程的监测完全可以通过协议层的追踪技术和数据库技术的结合来实现。③传播效果。传播效果的研究目的主要是进行媒介评价,已有的媒介用户量、忠诚度、黏性、参与度、社会影响力、广告经营水平、商业属性等,都是描述媒介传播效果的重要来源,同时,传播效果又可以反过来促进媒介的用户量、忠诚度、黏性、参与度、社会影响力、广告经营水平、商业属性等的进一步明确和提升,因此,针对传播效果的研究历来都是媒介监测的重要目的。在实现这一目的上,数字媒介也比以往任何一种媒介形态都更能够得到数据库技术的助力。

2) 单一来源数据

单一来源数据是一个在广告传播研究领域中的热门概念,从20世纪80年代起就被视为解决广告效果评估问题的利器。事实上,单一来源数据就是一种数据库技术,它在诞生的前20年里始终处于理论层面的最主要原因是实在难以建立这样一个数据来源统一而又可以及时更新的完整的数据库结构,数据来源的单一性难以实现,即便具备科学的运算处理技巧也是枉然。广告行业内的普遍构想曾经是,首先确定一个明确的样本群体,然后通过固定样本调查实现对其消费心理与行为、生活形态与价值取向的定期监测;同时,通过安装媒体监测工具以及使用多种媒体监测技术实现对其媒体接触与使用习惯的把握;另外,通过与销售终端的协议以及鼓励消费者使用含个人信息的消费卡进行消费来采收消费者的实际消费结果,有些单一来源数据提供商还可以记录每一件进入样本家庭的产品的条码;最终,所有这些数据将整合成为单一来源数据库,提供同一个样本群体从产生消费欲求到接触广告再到最终实现消费的全过程数据。从理论上来说,这的确是传统媒体环境下最为科学合理的集成数据之道,这样的数据可以为广告策略的制定提供最好的数据支持。不过,它在实际操作上的困难也是显而易见的,这不仅要求数据提供商具有多种数据开发的经验和技术,而且还要求样本对象具有高度的配合意愿;另外,实施区域无论在商业条件、经济水平,还是文化基础等多个方面都要达到相当的标准。因此,虽然单一来源数据作为理论热点存在多年,但在实际操作上它的广泛意义还没能被挖掘出来。

与广告业务相关的基础数据提供商的专业能力虽毋庸置疑,但是,提供消费者数据、媒介监测数据以及产品销售数据的数据商,无论在样本选择、调研技术使用,还是数据采收周期的控制上都有各自的手法和规范。这就导致,在广告策略制定的过程中广告从业者所仰赖的数据资讯实际上存在样本群、时间跨度、数据解读标准等多个层面上的对接困难。虽然可以通过消费者数据了解潜在消费者的消费行为与心理,但在追踪潜在消费者向广告媒介受众角色转变的过程中,在追踪广告媒介受众向实际消费者角色转换的过程中,之前的消费者群体管理的标签都会遗失,业务者必须转而接受另外一个样本群体所提供的结论。也就是说,多个来源的数据在群体描述上无法连贯。当然,科学的随机抽样在一定程度上可以弥补这种缺陷,但是,由于业务流程复杂,多个环节上的小缺陷叠加之后问题就会变得愈发严重,干扰策略的精确性,结果便是,出于对客户投资的负责,广告从业者不得不放大计划投资,以此来确保能够修正各环节小缺陷带来的误差。

单一来源数据这种有价值但难以操作的情况随着数字媒介用户数据开发出现了新的可能。大量同时具有数字媒介用户身份和消费者身份的样本对象正在不断聚集,他们不仅在搜索引擎上留下了消费欲求的信息,而且在各种数字形态广告上留下了点击、浏览、扫描、转发、跳转的记录,通过电商平台和支付系统,他们的实际消费行为也成为可以实际追踪的资讯,并且他们还会通过社交网站分享消费的经验和体会,更有甚者,移动互联网及智能终端用户还可以准确追索到具体的线下消费场所和消费金额。这些资讯已经可以描述出数字媒介用户从产生消费欲求到接触广告信息再到产生消费最后到社交分享的完整路径,从广告传播效果研究的角度来看,只要可以通过IP地址或者注册时使用的通用信息(比如个人邮箱)统一样本身份,就可以由一家网络用户大数据开发机构实现多年以来广告行业通过单一来源数据提升广告投送效能的意图。当然,不可否认,就当前的情况来看,可以在数字媒介使用上集中创造所有数据价值的用户(即全面使用数字媒介娱乐、学习、检索、社交、网购、线上支付、移动应用)还比较有限,同时还要考虑到网络用户在所有消费者中的比重的确还比较有限,因此,数字媒介用户单一来源数据对广告业务的意义与价值在现阶段还主要聚焦于网络广告的领域。不过,随着传统媒介的升级(如电视数字化、杂志报纸的 APP 开发、户外媒体的数字互动开发等),以及消费群体结构上的必然更新,数字媒介用户数据的普遍意义必将大幅提升,届时,其在广告业务领域的贡献将会更加突出,在不远的将来,广告行业的业务手法将可能实现根本性的变化。数字媒介用户单一来源数据为未来广告业务真正实现精准定向推送提供了可能,这将在广告投资领域推进新的理念的诞生,确实无误地开创出以预期效果为先导的业务模式。2008 年 2 月,微软已经着手于一个叫做 Engagement Mapping(行为映射)的软件开发。"行为映射"软件将对各类样本用户购买产品前所有的网络互动因素进行记录,通过即时网络浏览习惯、点击习惯的观察和数据采集,找到新的网络广告效果评价模式。通过这种模式,广告主可以直接根据不同的效果测评基础指标的评价来预测用户的实际购买行为。对受众行为的预测一直都是营销及传播测评中最令人神往的部分,这在传统媒体广告环境下几乎是无法实现的幻想,但是网络媒体和信息技术似乎提供了某种可能性。试想,当通过效果测评工具能够基本准确地预判一个月、三个月、半年甚至一年的实际销量和传播范围的时候,广告效果测评技术将有可能彻底改造当前的营销传播运营模式。

单一来源数据虽然来源于广告传播效果研究的领域,但其对数字媒介整体传播生态研究的价值绝对不容小觑,事实上,单一来源数据库对于媒介生态圈的全面数字化管理将是一种必然。

3) 用户描述

一旦实现了数字媒介用户单一来源数据的深度洞察,就相当于为整个数字媒介生态圈提供出了所有用户的个人档案,每一个 IP 地址或者通用信息字符条都是一个完整生动的用户形象。他们的数字媒介使用习惯可以表达出他们的生活形态、兴趣爱好和价值取向;他们的搜索经历可以表达出他们最近一段时间关注的社会热点、政经文化事件、需要的产品或感兴趣的服务;他们的电商平台使用行为可以表达出他们在消费渠道上的偏好以及他们对价格变化的反应;他们在社交网络中的活跃度和主题词可以表达出他们在人际传播上的价值等级和传播口味。这样的描述,将极大地辅助诸多决策的落实,进一步实现数字媒介传播的有效性。

2.2.3 云计算技术

1. 定义

云计算技术是一种基于互联网的计算方式,通过这种方式,共享的软硬件资源和信息可以按需提供给计算机和其他设备。典型的云计算提供商往往提供通用的网络业务应用,可以通过浏览器等软件或者其他 Web 服务来访问,而软件和数据都存储在服务器上。通过使计算分布在大量的分布式计算机上,而非本地计算机或远程服务器中,任何需要进行海量计算的机构的数据中心的运行都将与互联网更相似。这使得机构能够将资源切换到需要的应用上,根据需求访问计算机和存储系统。它意味着计算能力也可以作为一种商品进行流通,成为像煤气、水电一样的公共服务,取用方便,费用低廉。并且,原始计算订单和计算结果都是通过互联网进行传输的。

2. 特征

根据美国国家标准和技术研究院的定义,云计算技术服务应该具备以下几条特征:

1) 随需自助服务

云计算为客户提供自助化的资源服务,用户无须与提供商交互就可自动得到自助的计算资源能力。同时云系统为客户提供一定的应用服务目录,客户可采用自助方式选择满足自身需求的服务项目和内容。

2) 随时随地用任何网络设备访问

云计算的组件和整体构架由网络连接在一起并存在于网络中,同时通过网络向用户提供服务。而客户可借助不同的终端设备,通过标准的应用实现对网络的访问,从而使得云计算的服务无处不在。

3) 多人共享资源池

对云服务的提供者而言,各种底层资源(计算、储存、网络、资源逻辑等)的异构性(如果存在某种异构性)被屏蔽、边界被打破,所有资源可以被统一管理和调度,成为所谓的"资源池",从而为用户提供按需服务;对用户而言,这些资源是透明的,无限大的,用户无须了解内部结构,只关心自己的需求是否得到满足即可。

4) 快速重新部署灵活度

根据消费者的需求动态划分或释放不同的物理和虚拟资源,当增加一个需求时,可通过增加可用的资源进行匹配,实现资源的快速弹性提供;当用户不再使用这部分资源时,可释放这些资源。云计算为客户提供的这种能力是无限的,实现了IT资源利用的可扩展性。

5) 可被监控与测量的服务

在提供云服务过程中,针对客户不同的服务类型,通过计量的方法来自动控制和优化资源配置。即资源的使用可被监测和控制,是一种即付即用的服务模式。

3. 价值与意义

云计算技术作为一种绝大多数普通用户尚难以理解的技术,就现阶段而言,其对数字媒介环境的最显见的预期价值主要体现在两个方面。

首先是改造数字媒介终端。尽管如今的数字媒介终端在体量规模上已经呈现出有史以来最大程度的精巧和简约,同时,新的媒介产品还在不断推出,诸如可弯曲的数字显示屏等,但是任何一种数字终端都必须配置负责运算的核心部件,这不单是产品设计无法逾越的要求,更是成本控制上不能忽略的现实。云计算技术提供了一种可能,那就是将用户终端的数据处理负担减少至最小,一切运算都以廉价的公共服务购买的形式交给云,那么用户的数字终端就还有巨大的改造空间,当前数字终端产品的价格也会有更多下降的可能,则数字媒介终端产品的普及性又将大幅提高。

其次,它将降低用户对于IT专业知识的依赖。云计算技术将计算转变成一种公共服务,因此,用户不再需要掌握艰深的IT专业知识,只要能够像使用手机里的其他基本功能那样,便可实现自助式的复杂运算服务,这同样将会大幅提高数字媒介的普及率。

2.2.4 LBS 技术

1. 定义

LBS 是基于位置的服务(Location Based Service,LBS),它是通过通信运营商的无线电通信网络(如 GSM 网、CDMA 网)或外部定位方式(如 GPS)获取移动终端用户的位置信息(地理坐标或大地坐标),在 GIS(Geographic Information System,地理信息系统)平台的支持下,为用户提供相应服务的一种增值业务。

2. 功能

一般情况下,LBS 系统由以下几个功能部分组成。

1) LBS 管理系统

LBS 管理系统一般由移动运营商负责运营和维护,是整个位置服务系统的核心,其将移动终端和业务服务提供系统联系起来,使移动客户能够从业务服务提供商那里获取他所需要的服务,如客户需要通过定位服务查询附近有哪些著名的花店、酒家信息;或者是业务服务提供商根据移动客户的位置信息主动将信息推向客户,如通过定位服务系统发布广告等。同时,LBS 管理系统还负责隐私管理、用户认证管理、业务管理和计费管理等功能。

2) 信息传送系统

信息传送系统是指移动客户和运营商之间、运营商和内容提供商之间的信息传送平台,目前比较成熟的传送平台是 SMS,当然还包括如 CDMA2000 1X、GPRS、WAP、CSD 等。

3) GIS 系统

GIS 系统完成将移动终端的地理数据信息转换成地图中可视化位置的功能。一般情况下,我们从定位系统中只能获取到终端的三维地理数据,这种数据只有通过 GIS 的处理,才能为业务服务提供商所用。得到客户的地理位置信息,也就相当于具备了锁定特定客户的手段,只有具备了锁定特定客户的功能,才能向这些特定客户提供相应的 LBS 服务。GIS 系统可以由运营商提供,也可以由业务服务提供商提供。

4) 移动智能终端

移动智能终端是用户唯一接触的部分,手机、PDA 均有可能成为 LBS 的用户终端。但是在信息化的现代社会,出于更完善的考虑,它要求有完善的图形显示能力、良好的通信端口、友好的用户界面、完善的输入方式(键盘控制输入、手写板输入、语音控制输入等),因此 PDA 以及某些型号的手机成为个人 LBS 终端的首选。

3. 价值与意义

LBS 是为移动客户提供的服务信息的源泉。根据不同的市场细分,业务服务提供商可以为不同类型的客户提供不同的服务,如为时尚青年提供基于位置的游戏、聊天、交友服务;为家庭客户、商务人士提供移动保姆、交通导航、商业广告服务;为行业用户提供车辆调度、紧急救援、物流配送服务等。近年来,有关 LBS 应用的商业开发发展迅速,这主要是基于智能移动终端的普及以及 GPS 的民用化。

2.2.5 流媒体技术

1. 定义

流媒体(Streaming Media)技术是指将一连串的媒体数据压缩后,经过网络分段传送数据,在网络上实时传输影音以供观赏的一种技术与过程,此技术使得数据包像流水一样发送;如果不使用此技术,就必须在使用前下载整个媒体文件。流传输可传送现场影音或预存于服务器上的视频,当观看者在收看这些影音档时,影音数据在送达观赏者的计算机后立即由特定的播放软件播放(如 Windows Media Player、Real Player,或 QuickTime Player)。流媒体的三大操作平台由微软公司、RealNetworks 和苹果公司提供。

2. 价值与意义

"影音流"(Video Streaming)是实时播放下载图像的服务,手机看电视就是影音流服务之一。流媒体技术不是一种单一的技术,它是网络技术及影音频技术的有机结合。在网络上实现流媒体技术,需要解决流媒体的制作、发布、传输及播放等方面的问题,而这些问题则需要利用影音频技术及网络技术来解决。当前,流媒体技术已经是一种比较成熟的技术,大量数字媒介终端和网络平台都可以使用该技术,为用户提供流畅的影音频文件浏览和更复杂的应用。

2.2.6 人机交互技术

1. 定义

人机交互技术(Human-Computer Interaction Techniques)是指通过计算机输入、输出设备,以有效的方式实现人与计算机对话的技术。它包括机器通过输出或显示设备给人提供大量有关信息及提示、请示等,人通过输入设备给机器输入有关信息,回答问题及提示、请示等。人机交互技术是计算机用户界面设计中的重要内容之一。它与认知学、人机工程学、心理学等学科领域有密切的联系。

2. 特性

人机交互技术的发展虽然在软件和硬件领域存在多种不同的路径,但至少都表现出两个特性。

1) 非精确的交互

人机交互技术就是要实现非精确条件下的交互,这是智能化发展的前提和必然结果。目前,非精确交互的主要方式有:①语音(Voice),主要以语音识别为基础,但不强调很高的识别率,而是借助其他通道的约束进行交互;②姿势(Gesture),主要利用数据手套、数据服装等装置,对手和身体的运动进行跟踪,完成自然的人机交互;③头部跟踪(Head-Tracking),主要利用电磁、超声波等方法,通过对头部的运动进行定位交互;④视觉跟踪(Eye-Tracking),对眼睛运动过程进行定位的交互方式。

2) 多通道交互的体系结构

多通道交互的体系结构首先要能保证对多种非精确的交互通道进行综合,使多通道交互存在于一个统一的用户界面之中,同时,还要保证这种多通道的综合在交互过程中的任何时候都能进行。良好的体系结构应能保证多个通道的综合不只是发生在应用程序这一层面,更能顺畅地过渡到其后的处理环节。

3. 价值

人机交互技术是目前用户界面研究中发展最快的领域之一,对此,各国都十分重视。美国在国家关键技术中,将人机界面列为信息技术中与软件和计算机并列的 6 项关键技术之一,并称其"对计算机工业有着突出的重要性,对其他工业也是很重要的"。在美国国防关键技术中,人机界面不仅是软件技术中的重要内容之一,而且是与计算机和软件技术并列的 11 项关键技术之一。欧洲信息技术研究与发展战略计划(ESPRIT)还专门设立了用户界面技术项目,其中包括多通道人机交互界面(Multi-Modal Interface for Man-Machine Interface)。

当前人机交互技术在数字媒介平台创新应用上的尝试已屡见不鲜,无论是搜索工具还是资讯软件,无论是电影制作还是游戏生产,人机交互技术的应用都十分普遍,特别是在数字娱乐产品开发领域,人机交互技术是实现互动传播的必要技术。

2.2.7 虚拟现实技术

1. 定义

虚拟现实(Virtual Reality)技术是近年来出现的高新技术,也称灵境技术或人工环境。虚拟现实是利用计算机模拟产生一个三维空间的虚拟世界,提供使用者关于视觉、听觉、触觉等感官的模拟,让使用者如同身历其境一般,可以及时、没有限制地观察三度空间内的事物,是一种由计算机技术辅助生成的高技术数字模拟系统。虚拟现实技术涉及计算机图形学、人机交互技术、传感技术、人工智能等领域,它用计算机生成逼真的三维视、听、嗅觉等感觉,使人作为参与者,通过适当装置,自然地对虚拟世界进行体验和交互作用。使用者进行位置移动时,计算机可以立即进行复杂的运算,将精确的 3D 世界影像传回,产生临场感。

2. 价值与意义

概括地说,虚拟现实技术就是通过计算机对复杂数据进行可视化操作与交互的一种全新方式,与传统的人机界面以及流行的视窗操作相比,虚拟现实技术在技术思想上又有了质的飞跃。传统的人机界面将用户和计算机视为两个独立的实体,而将界面视为信息交换的媒介,由用户把要求或指令输入计算机,计算机对信息或受控对象作出动作反馈。虚拟现实技术则将用户和计算机视为一个整体,通过各种直观的工具将信息可视化,形成一个逼真的环境,用户直接置身于这种三维信息空间中自由地使用各种信息,并由此控制计算机。虚拟现实技术的关键是传感技术和视听觉新型可感知动态数据库技术。可感知动态数据库技术与文字识别、图像理解、语音识别和匹配技术关系密切,并需结合高速的动态数据库检索技术。虚拟现实技术不仅是计算机图形学或计算机成像生成的一幅画面,更重要的是人们可以通过人机交互界面实现与计算机虚拟现实对象的互动,并在精神感觉上进入环境。它需要结合人工智能、模糊逻辑和神经元技术。

虚拟现实技术,结合前文中提到的计算机图文处理技术、辅助设计技术、人机交互技术等,正在数字媒介高速普及的今天在媒介内容生产的环节扮演重要的技术角色。在数字电影、数字电视、数字动漫、数字游戏、数字音乐、数字广告、数字社区等领域,这些技术都在深刻地改造着整个创意—设计—生产—传播的方法,为用户提供着前所未有的媒介体验和认识。

小　　结

本章从技术发展对媒介进化的影响入手,首先从三个层面强调了媒介及传播技术的基本价值,即促进媒介形态升级、营建媒介传播生态圈,以及为人类的思考路径提供新的尺度。

其后,将数字媒介技术分为支撑性技术群和应用性技术群分节介绍。

特别需要指出的是,在数字媒介的应用性技术群一节(即 2.2 节)中,本书主要介绍了搜索引擎技术、数据库技术、云计算技术、LBS 技术、流媒体技术、人机交互技术以及虚拟现实技术,但这并不是说这些就是与数字媒介生态相关的所有技术类型。本章中多次提到,事实上还有许多技术及应用都在当今的数字媒介生态圈中扮演着重要的角色,它们有些是 2.1 节中提到的支撑性技术的分支或衍生,有些是相对独立的技术,还有一些是随着技术进步被不断提升和改造的传统技术。因此,学习者也可以更广泛地思考还有哪些技术直接影响数字媒介传播的各个环节,它们又是如何产生影响的。

思 考 题

请根据本章的基本结构就以下技术(近场支付技术、计算机安全防控技术、条码及二维码技术)进行研究并以 PPT 辅助在课堂上进行小论文的发表,也可自行选择研究和发表的技术主题。

参 考 文 献

[1] 刘静. 移动互联时代商业服务资讯的掘金密码[J]. 中国风险投资,2011,(9):92-94.
[2] 刘静. 社交网络定向广告推送的原理创新与价值运用[J]. 科学时代,2013,(7):129-130.
[3] 刘静. 网络用户单一来源数据对广告业务的意义与价值[J]. 科学与财富,2013.(6):25.
[4] SPARKS G G. Media effects research[M]. 北京:北京大学出版社,2004.
[5] 马克斯韦尔麦库姆斯. 议程设置——大众媒介与舆论[M]. 郭镇之,徐培喜,译. 北京:北京大学出版社,2008.
[6] 百度百科. 计算机技术[EB/OL]. [2013-08-05]. http://baike.baidu.com/view/62176.htm.
[7] 维基百科. 计算机科学[EB/OL]. [2013-08-09]. http://zh.wikipedia.org/wiki/%E8%AE%A1%E7%AE%97%E6%9C%BA%E7%A7%91%E5%AD%A6.
[8] 百度百科. 网络技术[EB/OL]. [2013-08-05]. http://baike.baidu.com/view/25363.htm.
[9] 百度百科. 移动通信技术[EB/OL]. [2013-08-12]. http://baike.baidu.com/view/640357.htm.
[10] 百度百科. 搜索引擎技术[EB/OL]. [2013-08-05]. http://baike.baidu.com/view/2497979.htm.
[11] 百度百科. 数据库技术[EB/OL]. [2013-08-22]. http://baike.baidu.com/view/500320.htm.
[12] 百度百科. 云计算[EB/OL]. [2013-08-05]. http://baike.baidu.com/view/1316082.htm?fromId=2465492.
[13] 百度百科. 基于地址的服务(LBS)[EB/OL]. [2013-08-09]. http://baike.baidu.com/subview/152851/5072513.htm?fromId=152851&from=rdtsel.
[14] 百度百科. 流媒体技术[EB/OL]. [2013-08-09]. http://baike.baidu.com/view/495922.htm.
[15] 百度百科. 人机交互技术[EB/OL]. [2013-08-12]. http://baike.baidu.com/view/600151.htm.
[16] 百度百科. 虚拟现实[EB/OL]. [2013-08-09]. http://baike.baidu.com/view/7299.htm?fromId=95269.

第3章

CHAPTER 3

数字媒介的表现形态

结合数字媒介的技术特征,当前国内普遍比较认可的对数字媒介的定义是:"以二进制数的形式记录、处理、传播、获取过程的信息载体,这些载体包括数字化的文字、图形、图像、声音、视频影像和动画等感觉媒介,和表示这些感觉媒介的表示媒介等,通称为逻辑媒介,以及存储、传输、显示逻辑媒介的实物媒介。"从表现形态上来说,数字媒介就是以计算机技术、互联网技术和通信技术为基础技术,以内容生产数字化、传输渠道数字化以及发送/接收终端的数字化为特征的媒介的统称。本章将以内容生产数字化的媒介为主线,结合数字媒介的传输渠道以及终端应用的具体形态,描述数字媒介的类型、传播特性、发展历程以及应用优势,以期对数字媒介的表现形态作相对全面、直观的描绘。

3.1 数字广播电视电影

在传统媒介形态中,广播、电视和电影是作为电波媒介的最主要媒介形态,也是媒介内容生产的主要媒介形态。数字技术的出现和应用,使传统的广播电视电影从信息介质形态到内容生产方式,再到发送传输渠道,乃至最终的接收终端,都呈现出完全数字化的趋势。可以说,数字广播电视电影是最典型的数字媒介表现形态之一。

3.1.1 数字广播

1. 概述

数字广播(DAB)是指将数字化的音频信号、视频信号,以及各种数据信号,在数字状态下进行各种编码、调制、传递等处理。数字广播是一项有别于传统的 AM、FM 的广播技术,它通过地面发射站,以发射数字信号来达到广播以及数据资讯传输的目的。随着技术的发展,数字广播除了传统意义上仅传输音频信号外,还可以传送包括音频、视频、数据、文字、图形等在内的多媒体信号。就世界范围看,数字广播已经进入了数字多媒体广播的时代,受众通过手机、计算机、便携式接收终端、车载接收终端等多种接收装置,就可以收看到丰富多彩的数字多媒体节目。而利用数字广播技术,提供非实时的推送式广播服务,则是近两年出现的新趋势,因为大多数国家的政策法规不允许 DAB 从事视频节目播出,而传统的 FM 广播又已经得到用户的充分认可,因此,利用 DAB 技术,提供非实时的推送式广播,则带给广大广播用户全新的收听体验,为 DAB 技术的推广拓展了一片全新的天地。

2. 发展历程

数字音频广播起源于德国。数字广播技术的基础是 Eureka 147 标准,即数字音频广播(DAB)系统标准。1988 年 1 月 1 日,欧洲正式实施 Eureka 147 标准。1994 年,Eureka 147 标准被国际电信联盟(ITU)确认为国际标准。到目前为止,世界上有近 30 个国家和地区开播或试验播出数字音频广播节目。目前在英国、德国、比利时、丹麦等欧洲国家,数字音频广播的覆盖率已经达到相当高的水平,全球有 3.3 亿人在收听数字音频广播。

在英国、德国等国家,基于 Eureka 147 标准研发的数字多媒体广播技术已经完全成熟。欧洲的电信标准研究所(ETSI)于 2006 年正式颁布了 DAB 的多媒体视频业务技术标准。在亚洲,韩国政府统一协调数字音频/多媒体广播产业链的各个环节,研发完成基于 DAB 技术标准的整套多媒体广播的技术系统,并于 2006 年开始商业运营,至今已经拥有近 2000 万商用用户。

在中国,2009 年北京电台下属的北京悦龙数字广播传媒科技有限公司自主研发了基于数字广播技术的推送式广播技术系统,从而开启了利用数字广播技术创新传统广播服务模式的大门,将传统的实时广播拓展为实时和非实时兼容的新型广播服务。

早在 20 世纪 90 年代初,原国家广播电影电视部就着手开始进行 DAB 广播的立项研究,1996 年,数字音频广播(DAB)项目被正式列入国家重点科技产业工程之一;"九五"期间,我国先后建成广东珠江三角洲 DAB 先导网和京津塘 DAB 先导网;1999 年,广东 DAB 先导网与欧共体合作,开展数字多媒体广播(DMB)试验。2005 年 1 月,北京人民广播电台全资子公司北京广播公司与阳光资产集团共同出资成立了北京悦龙数字广播传媒科技有限责任公司,与更早成立的广东粤广数字多媒体广播有限公司成南北呼应之势,表明我国的数字广播发展从战略规划和准备阶段,正式转入战略实施阶段。

经过十几年的不断实践,我国广电媒体在数字音频广播(包括数字多媒体广播)技术系统的构建、业务的开发、市场化运营等诸方面进行了坚持不懈的有益探索,积累了许多可贵的经验。随着国内多家接收机生产厂家新一代接收机的投产,以及国内多个城市将设台建网,全国的数字音频/多媒体广播事业将取得突破性的进展。

3. 传播优势

现有的 AM、FM 广播,在收听过程中会遇到以下问题:声音品质差、易受信号干扰;快速移动时接收效果差;无法提供多媒体广播和数字资讯服务。和 FM、AM 相比,数字广播具有以下几个优势:音质纯净,可与 CD 媲美;抗干扰能力强,收听效果好;适合于固定、便携和移动收听,快速移动时接收效果好;除了音频节目,还可以提供数字多媒体广播和数据服务;数字广播还有发射功率低、发射带宽使用充分等优点。

4. 数字 IP 网络广播与传统广播的对比

1) 传统广播系统存在的问题

(1) 技术落后,兼容性、扩展性不佳。传统广播基本上都是采用模拟传输、人工管理的工作方式,系统易受环境干扰,多路广播时容易产生串音。无法实现数字格式音频文件在终端直接播放,无法与 IP 网络连接,以真正实现音源数字化、播放管理自动化。

(2) 音质差、功能单一。传统广播设备只能用于特定社区内的背景音乐、广播通知等活动,无法满足远程统一广播的需要。

(3) 安装复杂、维护不便、故障率高。由于定压有线广播是严格按照阻抗与功率匹配的原则进行配置，往往因一台变压器或音箱故障而烧坏功放，影响整个广播。

(4) 可管理性差、无法进行远程控制。由于只能以专用播放设备（磁带、唱片、CD机等）和储存了数字格式文件的计算机作为音源，需要专人在专门地点管理广播内容，因此无法使用现代技术对广播音源进行有效管理，更无法进行远程播放控制，不利于广播系统的灵活应用，造成资源浪费。

2) 数字IP网络广播系统的优势

(1) 更强的功能。纯数字广播系统涵盖了传统广播系统的所有功能，并充分利用互联网资源，可随时随地获取网络上的音频资源。由于每个终端有独立的IP地址，因而可以控制任意一个终端播放不同的节目。

(2) 更好的音质。由于采用了网络传输技术，使音频信号无传输干扰及失真。

(3) 更简单的安装。

(4) 广泛的应用领域。

数字IP网络广播系统以其强大的功能，广泛应用于政府、军队、公检法司、武警（火警）、铁路（地铁）交通、水电、油田矿山、钢铁冶金、银行证券、各类企业、连锁机构、校园、公园、街道社区、农村村村通、酒店宾馆楼宇、影剧院及体育场馆乃至社会治安和公共安全等领域。有网络的地方就可以推广数字IP网络广播。

3.1.2 数字电视

1. 概述

数字电视（Digital TV）又称为数位电视或数码电视，是指从演播室到发射、传输、接收的所有环节都是使用数字电视信号或对该系统所有的信号传播都是通过由0、1数字串所构成的二进制数字流来传播的电视类型，与模拟电视相对。"数字电视"的含义并不是指我们一般人家中的电视机，而是指电视信号的处理、传输、发射和接收过程中使用数字信号的电视系统或电视设备。其具体传输过程是：由电视台送出的图像及声音信号，经数字压缩和数字调制后，形成数字电视信号，经过卫星、地面无线广播或有线电缆等方式传送，由数字电视接收后，通过数字解调和数字视音频解码处理还原出原来的图像及伴音。

数字电视是一个从节目采集、节目制作、节目传输直到用户端都以数字方式处理信号的端到端的系统。基于DVB技术标准的广播式和"交互式"数字电视，采用先进用户管理技术，能将节目内容的质量和数量做得尽善尽美，并为用户带来更多的节目选择和更好的节目质量。数字电视系统可以传送多种业务，如高清晰度电视（简写为"HDTV"或"高清"）、标准清晰度电视（简写为"SDTV"或"标清"）、互动电视、BSV液晶拼接及数据业务等。与模拟电视相比，数字电视具有图像质量高、节目容量大（是模拟电视传输通道节目容量的10倍以上）和伴音效果好的特点。

2. 分类及传输标准

按信号传输方式，可以将数字电视分为地面无线传输（地面数字电视）、卫星传输（卫星数字电视）、有线传输（有线数字电视）三类。按产品类型，可以分为数字电视显示器、数字电视机顶盒、一体化数字电视接收机。按清晰度，可以分为低清晰度数字电视（图像水平清晰度大于250线）、标准清晰度数字电视（图像水平清晰度大于500线）、高清晰度数字电视（图像水平清晰度大于800线,即HDTV)。VCD的图像格式属于低清晰度数字电视(LDTV)水平,DVD的图像格式属于标准清晰度数字电视(SDTV)水平。按显示屏幕幅型,可以分为4∶3幅型比和16∶9幅型比两种类型。按扫描线数(显示格式),可以分为HDTV扫描线数(大于1000线)和SDTV扫描线数(600～800线)等。

数字电视传输标准分为地面传输(无线)、有线传输、卫星传输、手持设备传输4个体系。地面传输标准中,美国标准ATSC 8-VSB用于6MHz电视频道,主要使用地区为美国、加拿大、墨西哥、韩国、中美洲部分国家;欧洲标准DVB-T COFDM用于6/7/8MHz电视频道,使用地区为全球大部分国家和地区,包括欧洲及大洋洲各国、亚洲多国、非洲及中东大部分地区;日本标准ISDB-T COFDM用于6MHz电视频道,使用地区为日本、中美洲部分国家、南美洲大部分国家(仅哥伦比亚及法属圭亚那使用DVB-T);中国标准DMB-T/H(中华人民共和国于2006年8月自定义标准),使用地区为中国内地、香港和澳门。有线传输标准中,美国标准为ATSC-C,欧洲标准为DVB-C,中国的有线电视网络一般采用的是欧洲标准。卫星传输标准中,欧洲标准为DVB-S、DVB-S2,中国主要采用DVB-S作为卫星直播电视标准。手持设备传输标准中,欧洲标准为DVB-H,韩国采用基于DAB标准的T-DMB标准及S-DMB标准,中国目前有两个标准,即在电信行业由信产部及中国移动等大力支持的T-MMB,在广播电视行业由广电总局支持的CMMB,国际上还有DVB-SH标准及Media FLO标准。

3. 功能及优势

在数字电视中,由于采用了双向信息传输技术,增加了交互能力,赋予了电视许多全新的功能,使人们可以按照自己的需求获取各种网络服务,包括视频点播、网上购物、远程教学、远程医疗等新业务,使电视机成为名副其实的信息家电。数字电视提供的最重要的服务就是视频点播(VOD)。VOD是一种全新的电视收视方式,它不像传统电视那样,用户只能被动地收看电视台播放的节目,而是提供了更大的自由度、更多的选择权、更强的交互能力,传用户之所需,看用户之所点,有效地提高了节目的参与性、互动性、针对性。因此,可以预见,未来电视的发展方向就是朝着点播模式的方向发展。数字电视还提供了其他服务,包括数据传送、图文广播、上网服务等。用户能够使用电视实现股票交易、信息查询、网上冲浪等,使电视被赋予了新的用途,扩展了电视的功能,把电视从封闭的窗户变成了交流的窗口。

数字电视是数字信息技术的产物,以数字化、交互性为特色,它把电视传播方式与信息技术集于一身。与目前收看的传统模拟电视相比,数字技术的高精度使数字电视无论是画面的清晰度还是伴音效果都大大地提高了。同时,数字电视播出系统能有效地节省频道资源。而且,由于宽带网能顺畅地传播即时视频图像和清晰的声音,所以能充分应用于各个行业,开展各种综合性业务。具体讲,数字电视有以下优势:

(1) 传输容量大。现有模拟电视频道带宽为8MHz,只能传送一套普通的模拟电视节目,采用数字电视后一个频道可传送6～10套数字电视节目,随着编解码技术的改进,传输数量还会进一步提高,电视频道利用率将大大提高。

(2) 清晰度高,音频效果好,抗干扰能力强。数字电视信号的传输不像模拟信号受传输过程中噪声积累的影响,也不受地理因素的限制,几乎可以无限扩大覆盖面,在接收端收看到的电视图像及收听到的声音质量非常接近演播室水平。在同样覆盖范围内,数字电视的发射功率要比模拟电视小一个数量级。

（3）可实现移动接收、便携接收及各种数据增值业务，实现视频点播等各种互动电视业务。实现加密/解密和加扰/解扰功能，保证通信的隐秘性及收费业务。而条件接收系统的应用，可以实现用户和业务的良好管理，确保了资金的有效回收。

（4）系统采用了开放的中间件技术，能实现各种互动应用，可与计算机及互联网互连互通，开展上网、点播、远程教育的推广普及、电子商务、互动游戏的应用。

（5）易于实现信号存储，且存储时间与信号的特性无关，易于开展多种增值业务。

（6）用户升级简单，成本低廉。由于保留了现有模拟电视视频格式，用户端仅需加装数字电视机顶盒即可接收数字电视节目。

4. 发展历程

目前，在全球有许多国家已开展了电视数字化和 DVB 业务，其中以欧洲的一些发达国家最为普遍，亚洲的日本和韩国也较为普及，新加坡、印度等国家也已起步。中国的数字化电视是与世界站在同一条起跑线上。

数字电视技术最先出现在欧洲。从20世纪80年代开始，欧洲几个电视技术较为先进的国家，如德国、法国、英国，就开始研究数字电视技术，并且诞生了 MAC1/MAC2/MAC3（模拟分量时复用传输技术）等三代数字卫星电视广播，当时数字技术已经很先进。

1982年，新一代数字式电视机由美国的数字电视公司首先研制成功，这种电视机的元部件比模拟电视机减少一半以上，降低了生产成本。1983年，该电视机开始正式生产并投放市场。1993年12月，美国休斯电子公司率先发射一颗数字直播卫星，并在此基础上组建了采用数字压缩技术的商用电视直播卫星系统。卫星直播电视的发展客观上促进了世界范围内的信息流通。1995年9月15日，美国正式通过 ATSC 数字电视国家标准。1996年4月，法国第一个开始了数字电视商业广播，全世界的数字电视广播迅猛发展，其中尤以 DVB-S 广播技术的应用发展最为普及。2006年12月，荷兰就已经停播地面模拟电视，成为世界上首个实现电视数字化的国家。1996年12月，美国联邦通信委员会(FCC)确定 ATSC 为美国数字电视地面广播标准。1997年4月，FCC 颁布实施数字电视地面广播的时间表和电视频道分配方案：1999年11月1日，全美最大的四家电视网络公司——ABC、CBS、NBC、FOX 在美国电视用户市场排名前30位城市的160多家附属电视台全部播出、发射 DTV 节目，覆盖全美53%的电视用户；到2003年5月1日，全部非商业电视台播出、发射 DTV 节目；到2006年全部停止 NTSC 模拟电视广播，收回全部 NTSC 占用的频率资源。目前，已有加拿大、韩国、墨西哥、阿根廷等国采用了 ATSC 的 DTV 标准。在新加坡，官方所属的新加坡电视公司已正式实验美国规格 ATSC。

欧洲1993年成立了数字视频广播(Digital Video Broadcast, DVB)组织，现有近200个成员。该组织为数字视频广播系统提供一个唯一的、确定的框架 DVB-S、DVB-C、DVB-T，制定了在世界范围能接受的数字电视广播标准。DVB-S 规定了卫星数字广播调制标准，使原来传送1套 PAL 制节目的频道可以传播4套数字电视节目，大大提高了卫星的效率。DVB-C 规定了在有线电视网中传播数字电视的调制标准，使原来传送一套 PAL 制节目的频道可以传播4~6套数字电视节目。DVB-T 规定了在开路地面数字广播电视节目采用的调制标准。这些均得到欧洲通信标准组织(ETSI)和国际电联(ITU)的通过。整个欧洲确定采用以 DVB 为框架的数字电视标准，发展的侧重点放在标准清晰度。1995年，欧洲150个组织合作开发数字视频广播(DVB)项目，并成立了 DVB 联盟。DVB 联盟是一个由30多个国家的 230 多个成员组成的国际机构。该机构的首要目标是在全球范围内发展和推广共同的数字电视广播标准。DVB 联盟共同制定了数字电视的 DVB 标准。数字电视向用户提供增强型数字电视业务，推动代价小，商业化运作较为成功。BskyB 有近 700 万数字电视的英国用户，并正在开拓德国市场；德国电信的有线电视网有 80 条数字频道；法国电信收购了荷兰的 CASEMA 和英国的 NTL 有线电视网，开展 CABLE 数据和数字电视业务。以卫星和有线电视网为主要手段的数字电视，正在抢占更大的份额。

再看亚洲。日本是数字电视研究与开发起步最早的国家。早在 1985 年它就建立了 1125 线、每秒 60 帧的 MUSE 制式。1988 年率先在汉城奥运会进行大屏幕 HDTV 试播。1989 年，NHK 开始进行面向 HDTV 的广播演示，到 1991 年底，这种广播每天已定时播放 8 小时。1996 年 6 月，日本 Perfect TV 用 CS 卫星开始卫星数字电视广播。2000 年 12 月，开始用 BS 卫星进行广播，共有 7 套 HDTV 节目，3 套标准清晰度电视（SDTV）节目和 7 套数据广播。1998 年底 CS 卫星用户为 100 万；到 1999 年 8 月达到 160 万数字电视用户（约占电视家庭的 4％）。HDTV 对推动日本 DTV 起到了重要的作用。1999 年 6 月，日本 MPT 开放有线电视行业，使外国投资能够进入日本有线电视。日本的有线 DTV 始于 1998 年 7 月，到 2001 年 3 月已拥有 1048 万用户，70％的 CS 卫星用户是通过有线收看卫星电视的。

我国广播电视数字化实施的是"三步走"的发展战略，即 2003 年全面推进有线数字电视；2005 年开展数字卫星直播业务，开始地面数字电视试验，有线数字电视用户达到 3000 万；2008 年全面推广地面数字电视和高清晰度电视。2015 年将停止模拟电视的播出。2004 年 5 月，广电总局发布了《我国有线电视向数字化过渡时间表》，按照东部、中部、西部三个区域，分 2005 年、2008 年、2010 年、2015 年四个阶段全面实现有线电视数字化。我国为了实现 2015 年停止模拟广播电视、全部采用数字电视播出的发展目标，自 2004 年起明显加快了数字电视的发展步伐，政府和广电部门都在积极促进数字电视的发展，并提出了明确的发展要求。根据我国国情，有线电视数字化开始采取模拟向数字整体平移的方式，将逐步按片区整体转换为数字电视用户。

3.1.3 数字电影

1. 概述

数字电影诞生于 20 世纪 80 年代，是高科技的产物。数字电影是指以数字技术和设备摄制、制作、存储，并通过卫星、光纤、磁盘、光盘等物理媒体传送，将数字信号还原成符合电影技术标准的影像与声音，放映在银幕上的影视作品。从电影制作工艺、制作方式到发行及传播方式上均全面数字化，即可视为完整意义上的数字电影。

数字电影是以数字方式（即"0"和"1"方式）制作、传输和放映的。数字电影的整体技术可以划分为四个阶段。第一阶段是把数字电影后期制作阶段的影像信号制作成数字电影母版。第二阶段是委托专门的数字技术服务公司对母版信号进行数字压缩、加密和打包，然后通过卫星或网络传送到当地的放映院，也可以直接将母版信号刻录成 DVD 只读光盘或录制到磁带等载体上，通过传统的特快专递等服务发送到当地影院。第三阶段是在当地各影院或地区数字信号控制中心对数据信号进行接收和存储，获取和发送放映授权以及解密密码等。第四阶段是通过数字放映实现数字信号的放映。

数字电影有三种制作方式。一是计算机生成；二是用高清晰数字摄像机拍摄；三是用胶片摄影机拍摄完成后，再数字化到计算机硬盘里。从这三种拍摄方式的效果看，目前用胶片摄影机拍摄的图像质量远远高于另外两种方式，因为胶片的分辨率和色彩还原度还远不是目前数字电影所能够赶得上的。这与成像原理有关，卤化银软片基于自然感光成像，其颗粒的细腻程度远远大过 CCD 的人工设计光电学像素，随着计算机技术的不断提高，高清晰数字摄像机的分辨率技术指标会逐渐接近甚至达到胶片摄影机的水平，但在色彩还原度上，高清数字摄像机仍旧无法达到胶片摄影机的水平。所以，未来很长一段时间里，最佳的院线级数字电影制作方式，仍旧是前期胶片拍摄，经过胶片洗印转数字信号进行后期编辑、处理后，再转为数字视频技术放映。因前期的素材拍摄的画质已经确定，后期转为数字放映，由数字技术将卤化银的色彩和细节进行精确定位，其放映效果远远超过胶片放映机，避免了胶片的闪烁、模糊等缺点。

2. 优势

与传统电影相比，数字电影最大的区别是不再以胶片为载体，以拷贝为发行方式，而换之以数字文件形式发行或通过网络、卫星直接传送到影院、家庭等终端用户。数字化播映是由高亮度、高清晰度、高反差的电子放映机依托宽带数字存储、传输技术实现的。数字化电影技术进入到微观世界，它将图像分解为最小的单元——像素，然后再重新组合，以改变或者重建某一部分的影像和情景，创造出一般摄影方法根本达不到的扣人心弦的镜头，在创作上几乎达到随心所欲的境地。数字电影能演绎全新的 5∶1 声道 AC-3 音响环绕的声音效果，极大地扩展了电影声音的表现空间，使电影声音的感染力、震撼力达到了前所未有的水平；从图像效果看，色彩更加鲜明、饱满，清晰度大大提高。虽然每套数字电影放映设备售价高达 150 万元，是当今世界上最先进的胶片放映设备的 10 倍，但数字电影改变了胶片放映时银幕中间亮、四边暗的缺陷，其均匀度近乎完美。此外，数字技术营造出极度的虚拟空间和各种匪夷所思的景象，这些都是普通电影制作手段无法展示的。总体来说，数字电影的优势主要集中在以下几个方面：

(1) 技术优势：数字电影的影像质量优良、无抖动、无闪烁、无重影，画面空间稳定性高，具有恒定不变的放映质量。数字电影由于不使用胶片，不存在划伤、脏点、霉点和灰尘的积累，不存在因放映光源的照射出现褪色现象。无论放映多少场次，其影像质量永远不变，不会降低。

(2) 发行优势：数字电影节目的发行不再需要洗印大量的胶片，既节约发行成本又有利于环境保护。数字电影可以采用卫星、磁盘、光盘等灵活性更大的发行方式发行电影节目，使电影节目更加丰富多彩。数字电影可通过卫星实现一对多点"广播式"同时发行电影节目，可以使观众迅速观看到最新的影片，从而大大节约了发行时间，提高了效率。

(3) 放映优势：数字传输技术的保障，使整部电影在传输过程中不会出现质量损失，一旦数字电影信号发出，无论多少家数字影院，不管它位于地球的什么位置，观众都可坐在其中欣赏同一部高质量的数字电影节目。数字放映设备还可以实时播放重大体育比赛、文艺演出、远程教育等。

(4) 增值优势：数字放映设备还可以为影院提供增值服务，如实时播放重大体育比赛、文艺演出、远程教育等，改变了影院胶片放映的单一模式，使之向实时、多功能、多渠道、多方位的经营模式转变。数字电影技术的巨大潜能，使之成为当今世界发展的趋势和方向。

3. 发展历程

1924年6月,有记载的最早的数字电影梦想提出。英国的George Fyfe在泰晤士广播电台的节目中首次描绘了数字电影的梦想:"家庭主妇很自然地将使用新方法来预订她所需的物品。当她给肉匠打电话的时候,她能够看到当天上午肉匠出售的哪种排骨……'电视购物'将是大商场里新的招牌。而在影剧院里,将同步转播发生在世界上的重大事情,其间播放的是一些其他的奇观节目。"直到20世纪80年代,这一梦想才开始得以实现。

1987年1月到1992年2月是数字电影放映机技术的早期起步阶段。1987年,美国休斯公司的技术员首先发明了液晶光电子管用来显示影像和高分辨率的图形。其后,美国得州仪器公司(Texas Instruments,以下简称"TI")于1988年研制出了第一个数字电影数字微镜设备(DMD),该设备的原理就是根据数字信号"0"和"1"开关驱动多组镜片膜,使其高速联动并按一定的角度偏转,从而用于反射出影像光线逼真的色彩和细腻的层次,它实际上是一种计算机化的光开关系统。1990年年初,德国首先发布其关于开发激光数字放映机的可行性报告,并在1992年2月制造出第一台稳定的激光影像放映机。1992年年初,美国的休斯公司与日本的JVC合作,研制出了基于光放大成像(ILA)技术的放映机系统。

1992年5月到1997年5月,是数字电影的早期传输与放映系统试验以及数字放映机的市场试验阶段。1992年5月,美国太平洋贝尔公司启动了"电影的未来技术实验系统"项目,作为试验的一部分,该公司通过电话网试验了传输高清晰度格式的故事片 Bugsy;同年底,美国AMC剧场放映系统用影片 Bram Stoker's Dracula 对太平洋贝尔的"未来电影系统"进行了测试。1994年1月,美国GLV投影放映技术公司 Echelle(后来改名为硒光机器公司 Silicon Light Machines)成立,致力于开发基于激光光栅扫描技术的数字放映机系统;同年7月,美国7家联合的艺术电影院开始使用太平洋贝尔公司"未来的电影技术系统";同年底,太平洋贝尔"未来的电影技术实验"项目试验了将美国全国篮球职业联赛NBA的最后决赛实况从底特律传输到另外三个遥远的城市。1995年8月,美国版权保护方面的宏视公司(Macro vision)先后在波兰、南非、菲律宾和拉丁美洲等地进行了 Cine Guard System (电影防护系统)的录像和电影实验项目。1997年1月,美国TI公司开始制造 DLP(Digital Light Processor,使用TI公司专门的DMD数字微镜芯片)数字电影放映机原型机,当年5月,发起基于1280×1024分辨率DMD芯片(DMD1210)的数字放映机展示活动。1997年底到1999年6月,数字放映机和传送方式不断成熟,数字电影最终开始商业化放映。1997年底,欧盟Cinenet数字电影实验项目试验了从法国里昂分别向巴黎和英国伦敦实况转播巴赫的 Orpheusin the Underworld 音乐会。1998年10月,美国低预算影片 The Last Broadcast 被传输到5个美国城市的电影院并首次使用"国际数字放映机"公司DPI制造的DLP数字电影放映机进行了放映。1999年5月,法国戛纳国际电影节首次在电影评奖之外,邀请负责电影技术创新的技术组织MITIC举办了数字电影专题展示会,会议使用DLP数字放映机放映了美国故事片 The Last Broadcast。1999年6月18日,由著名导演乔治·卢卡斯执导的《星球大战Ⅰ——幽灵的威胁》(又译《星战前传Ⅰ:魅影危机》)开始在美国的6家影院中进行为期一个月的数字放映,采用了基于TI公司数字光学处理器(DLP)芯片技术的放映机。这是数字电影的首次商业放映,它标志着世界数字电影发展史的元年。《星球大战Ⅰ》的放映取得了空前成功,其全球票房超过4亿美元。1999年7月到11月,迪斯尼公司使用DLP数字放映机先后成功放映了影片《泰山》、《玩具总动员2》、《火星任务》、《恐龙》等。

2000年年初,美国TI公司携带DLP数字电影放映机到法国、英国、比利时等国家巡回放映影片《玩具总动员2》;在随后的半年中,加拿大前身为Electro Home放映机制造商的Christie Digital Systems、比利时放映机制造商Barco和美国Imax收购的"国际数字放映机"公司DPI分别获得TI公司使用DLP芯片技术制造数字电影放映机的特许权。目前,市场上能够提供商业服务的放映基本上都是使用TI公司DLP技术的数字放映机。2000年3月,美国柯达公司与高通(Qualcomm)公司合作,在其好莱坞影像技术中心设立了一个数字电影系统。同时,波音数字电影公司在年度Sho West展览会上则成功进行了应用性的卫星传输试验,数字化放映了电影Spy Kids。2000年6月,20世纪福克斯公司和思科(Cisco)公司首次合作进行了基于网络传送的数字电影放映试验。试验使用Cisco公司基于IP协议的因特网技术,将福克斯公司一部由真人和计算机生成影像有机合成的动画片Titan A.E.的信号,通过Qwest公司的虚拟专用光纤网络直接从福克斯在好莱坞的制片厂传输到亚特兰大的SuperComm展会计算机服务器上存储,然后使用DLP数字放映机现场放映。7月,华纳兄弟公司继迪斯尼公司之后,实现了影片《完美风暴》在英国伦敦的数字影院的首映。同时,在加州的环球制片厂的数字影院中放映了《侏罗纪公园Ⅲ》,THX数字服务公司将整部电影以及多声道的音频内容压缩并刻录到13张DVD-R上,并下载到每家影院的服务器上。最为成功的还是要数2002年5月乔治·卢卡斯《星球大战》系列电影新作《星战前传Ⅱ:克隆人的进攻》在全球的数字放映。如果说在《星战前传Ⅰ》中,还只是应用了大量的数字特技制作技术的话,那么在《星战前传Ⅱ》的拍摄中,"乔治·卢卡斯第一次抛开传统的胶片电影机,全面采用了数字拍摄设备。整部电影将没有一寸胶片,全部影像都用'0'和'1'来记录和表现,成为第一个真人表演的没有film(胶片)的film(电影)"。这种放映,省去了数字影片制作完成后必须"数转胶",然后再复制大量拷贝在影院放映的时间和费用,同时保证了影片影像质量的始终如一。

4. 数字电影在中国的发展

中国数字电影起步是在1996年长沙中国电影工作会议以后。在这次会议上,"数字电影制作"被隆重地提上日程,确定为中国电影技术今后发展的突破口。在此之后,国家瞄准世界先进的电影数字制作技术,投入了大量资金,引进了先进的技术设备。1999年,国家计委批准了广电总局的"电影数字制作产品示范工程"。2002年,国家广电总局下拨1.5亿资金为影院配备了150套数字放映设备,使数字电影为业界所了解。同年,在总局的指导下,致力于数胶转换市场探索开拓的中影集团数字电影院线有限公司成立,向各大影院提供数字放映设备,对数字单发影片每年收取5%的票房分账。这样的模式,使得中国的数字影院在发展初期就处于了领先地位。2004年,国家广电总局印发了《电影数字化发展纲要》,确立数字电影在我国电影产业化发展过程中的战略地位,明确我国数字化电影发展的指导思想、总体目标和基本措施。2009年底,为推动电影数字放映,鼓励影院积极安装数字放映设备,加快胶片放映向数字放映转换,国家电影专项资金管委会对影院安装数字放映设备每台给予1万到10万元的补贴。在政策的推动下,我国建立健全了数字电影技术标准体系,为发展多元化的数字电影市场奠定了基础。

在党中央、国务院的高度重视和国家广电总局的具体组织推动下,我国数字电影呈现快速发展的态势。使用数字技术拍摄的影片数量连年增长,在北京建成了亚洲最大的国家中影电影数字制作基地,建立了国家广电总局电影数字节目管理中心,实施了电影档案影片数字化修复工程,建立了完整的电影数字中间片工艺生产线,数字电影正按照专业(2K/4K)、中档(1.3K)和流动(0.8K)三个等级蓬勃发展。截至 2009 年年底,中国拥有数字银幕 1800 块,其中 900 块支持 3D 放映。到 2010 年 6 月,中国已拥有 2679 块 2K 数字银幕,其中 1460 块支持数字 3D 立体放映,仅次于美国,位居世界第二;流动数字电影放映系统数量已超过 4 万套;1.3K 中档数字电影正在积极推进之中。已建成并投入使用的国家中影数字制作基地,总投资近 20 亿元,是一个以影视前后期制作为核心,将影视拍摄、声音录制、数字制作、动漫、设备租赁、光盘生产等众多种功能融为一体的电影生产工厂,年生产能力可满足 80 部故事电影、200 部电视电影、500 集电视剧的制作需求。

"十二五"期间,我国将进一步深化数字技术在电影领域的应用,逐步形成并完善支撑电影产业发展的数字电影技术体系,构建信息化、网络化、标准化和存储安全、监管可控的数字影院技术运营及管理新格局,构建集卫星、网络、有线和硬盘于一体的数字电影发行传输技术平台,积极推进数字电影核心技术和关键设备的国产化,尽快全面实现中国电影的数字化转换。

3.1.4 数字 3D

1. 概述

3D 是英文 Three Dimensions 的简称,中文是指三维、三个维度、三个坐标,即有长、宽、高。3D 技术,主要特指基于计算机/互联网的数字化的 3D/三维/立体技术,也就是三维数字化,包括 3D 软件技术和硬件技术。三维数字化技术,是基于计算机/网络/数字化平台的现代工具性基础共用技术,包括 3D 软件的开发技术、3D 硬件的开发技术,以及 3D 软件、3D 硬件与其他软件硬件数字化平台/设备相结合在不同行业和不同需求上的应用技术。3D 技术的应用普及,有面向影视动画、动漫、游戏等视觉表现类的文化艺术类产品的开发和制作,有面向汽车、飞机、家电、家具等实物物质产品的设计和生产,也有面向人与环境交互的虚拟现实的仿真和模拟等。具体包括 3D 软件行业、3D 硬件行业、数字娱乐行业、制造业、建筑业、虚拟现实、地理信息、3D 互联网等。

3D 技术应用于数字媒介领域即为数字 3D 媒介,如 3D 数字电影和 3D 数字电视。

2. 3D 电影与数字 3D 电影

3D 电影又称立体电影,立体电影是利用人双眼的视角差和会聚功能制作的可产生立体效果的电影,最早出现于 1922 年。这种电影放映时两幅画面重叠在银幕上,通过特制眼镜或幕前辐射状半锥形透镜光栅,使观众左眼看到从左视角拍摄的画面,右眼看到从右视角拍摄的画面,通过双眼的会聚功能,合成为立体视觉影像。

3D 电影最早都是用胶片拍摄放映,包括 35mm 胶片、70mm 胶片及 70mm 15 齿孔电影胶片。在胶片立体电影时代,使用最多的是红绿分色技术以及线偏振光分光技术。红绿分色技术最大的优点是兼容性好,应用范围广,任何有 35mm 胶片放映设备的单位,只要购买廉价的红绿眼镜,都可以放映胶片立体电影。其缺点是容易出现重影,放映的画面稳定性差、画面不清晰、立体效果差,观众容易产生疲劳感。线偏振光技术最大的优点是立体效果稍好于红绿眼镜,但仍然有明显的重影,放映的画面仍不够稳定,画面仍不够清晰,较长时间观看仍产生疲劳感,观众的头部倾斜角度不能大于 15°,否则会影响观看效果。IMAX 3D 所使用的 70mm 15 齿孔电影胶片的面积是普通 35mm 胶片的 10 倍,是一般 70mm 宽银幕胶片的 3 倍,IMAX 巨幕 3D 画面大、视野宽广、视觉效果好,但成本高,所需的放映场地和空间巨大,制作费用高昂,而且需要使用 70mm 15 齿孔的设备进行放映。

数字技术为 3D 电影的发展带来了新的契机,这就是数字 3D 电影。数字 3D 电影比之胶片 3D 电影,具有画面清晰、稳定、无明显重影、亮度高、与普通数字放映设备兼容等众多优点,克服了观看传统胶片立体电影时的头晕、疲劳等弊端,能给观众以特殊的观影体验和视觉享受。对影院来说,只需增加放映数字 3D 电影的辅助设备、更换金属银幕或高增益白幕就可放映数字 3D 电影。

与胶片 3D 电影相比,数字 3D 电影的优势十分明显:

(1) 数字 3D 放映技术提供了良好的立体显示效果。数字放映技术在原理上相比胶片立体有较大的改进,使用了液晶开关技术、圆偏振光分光技术及光谱分光技术等,使数字 3D 电影抗干扰性强、画面稳定、立体效果好、无明显重影、画面清晰度高。

(2) 数字 3D 放映系统安装方便、操作简单。胶片放映机使用机械方式进行控制,人工装卸拷贝,操作复杂、精度低;数字放映机使用数字方式进行控制,操作简单、精度高,数字放映系统只需要在镜头前或者是放映机内部光路上添加一个滤光器件,可方便进行拆卸。

(3) 数字技术简化了 3D 影片制作工艺。制作胶片 3D 电影因为要处理两条同步的负片,因此不论是剪辑还是洗印都费时费力,还容易出错。如果是制作动画立体影片,还可以利用数字技术虚拟另外一个摄影机,用一条影片的内容就可生成两只眼对应的影片。当然,拍摄真人实景 3D 影片在摄制方面依然存在较大的难度,不过国际上已经在尝试用数字摄影机拍摄 3D 电影,相信真人实景拍摄的数字 3D 影片将逐渐增多。

(4) 数字技术丰富了节目内容。胶片立体电影由于制作技术的限制,很难加入特技,再加上胶片立体电影制作困难,所以能吸引观众的片源稀少,这在胶片时代是造成立体电影难以发展的一个最大的问题。这方面数字 3D 电影则相对容易,数字动画特技的大量使用扩展了制作人的创作空间,而且除了数字动画 3D 电影之外,还可以用数字摄影机拍摄数字 3D 影片,可通过数字技术将普通 2D 胶片电影转成数字 3D 格式,这样将较大地拓宽数字 3D 电影的片源,增加了数字 3D 影片的题材和数量,能够为影院吸引更多的观众。

3. 数字 3D 电视

3D 电视是三维立体影像电视的简称。它利用人的双眼观察物体的角度略有差异,因此能够辨别物体远近、产生立体视觉的原理,把左右眼所看到的影像分离,从而令用户体验立体感觉。将 3D 显示技术应用于数字电视就是数字 3D 电视。3D 显示技术可以分为眼镜式和裸眼式两大类。裸眼 3D 主要用于公用商务场合,将来还会应用到手机等便携式设备上。而在家用消费领域,无论是显示器、投影机或者电视,大都还是需要配合 3D 眼镜,才能收看 3D 影像。

1993 年,三洋与日本 NHK 工程服务集团、日本凸版印刷株式会社(Toppan Printing Co. Ltd.)共同开发了全球首款裸眼 3D 电视(无须佩戴特殊眼镜)。裸眼式 3D 可分为光屏障式(Barrier)、柱状透镜技术和指向光源(Directional Backlight) 3 种。裸眼式 3D 技术最大的优势便是摆脱了眼镜的束缚,但是分辨率、可视角度和可视距离等方面还存在很多不足。在眼镜式 3D 技术中,可以细分出 3 种主要类型:色差式、偏光式(不闪式)和主动快门式,也就是平常所说的色分法、光分法和时分法。总体来说,裸眼式 3D 电视是未来发展趋势的主流。

我国在 2012 年开始了 3D 电视频道的尝试,首个 3D 电视试验频道已于 2012 年元旦试播,春节正式播出。该频道由中央电视台、北京广播电视台、上海广播电视台、天津广播电视台、江苏广播电视总台、深圳电视台等 6 家单位联合开办,各台分栏目制作 3D 电视节目,中央电视台统一播出,采用卫星通道加密传输,并在全国各地有线数字电视网络的基本频道中传送,拥有有线数字高清机顶盒和 3D 电视机的用户可以收看到立体效果的电视节目。这是中国首个立体电视节目综合性试验频道,每天播出时间为 10:30—24:00,每晚首播 4.5 小时,每天重播两次,共播出 13.5 小时。频道内容主要包括动漫、体育、专题片、影视剧、综艺等类型的 3D 电视节目,以及重大活动的现场转播(如春晚、奥运会等)。

3.2 数字出版物与 APP

数字出版是人类文化的数字化传承,它是建立在计算机技术、通信技术、网络技术、流媒体技术、存储技术、显示技术等高新技术基础上,融合并超越了传统出版内容而发展起来的新兴出版产业。数字化出版是在出版的整个过程中,将所有的信息都以统一的二进制代码的数字化形式存储于光盘、磁盘等介质中,信息的处理与接收则借助计算机或终端设备进行。它强调内容的数字化,生产模式和运作流程的数字化,传播载体的数字化和阅读消费、学习形态的数字化。数字出版在我国虽然起步较晚,但是发展很快,目前已经形成了数字报纸、数字杂志、数字图书馆等新业态。

3.2.1 数字报纸

1. 概述

21 世纪是一个信息化高速发展的时代,随着全球化趋势的蔓延,我们也迎来了网络信息时代。因而,当今世界的人们对新闻信息的需求前所未有的强烈。从目前所普遍定义的广播、电视、报刊、互联网、手机短信 5 大媒体中来看,报刊媒体无疑是新闻信息最大的原创者。但由于互联网的迅猛发展,传统报刊出版行业遇到了前所未有的机会和挑战,传统的报刊媒体已经不能满足人们的要求。在这个快节奏的社会,人们对信息的需求不仅仅体现在希望第一时间获取最新、最全、最有深度的内容,而且还希望能够在各种不同类型的媒介上都能够随时、随地、随需获取到丰富形式的信息。因此网络与出版的结合就在适应当今时代趋势下发展起来,给出版业带来了空前的生机与活力。在这种背景下,数字报纸便应运而生。

所谓的数字报纸,就是利用最新的媒体技术和网络传输手段,将传统纸质报纸内容插入视频、音频或动画后,通过互联网展现的一种电子报纸。一般认为,此前报纸电子版可以视为数字报纸的初级产品,而数字报纸是数字报业的一种表现形式,它通过数字技术把纸质报纸上的内容转换成可以适合计算机、手机等各种数字终端使用的格式,并通过电子屏幕显示出来。如今的"数字报纸"不仅在页面设置上有了突破,更在概念上比传统电子版报纸有全新的突破,如果说以前只是将当天报纸上的内容提供给读者,而今提供的则是整个报纸的全貌,除了不能有纸张的触摸感,阅读的过程体验和传统报纸高度契合,提供原汁原味的报纸阅读效果。数字报纸管理后台系统包括针对已经发布的数字报纸的管理、统计以及调查等功能模块,方便用户对已经上线的数字报纸修改、监控、制作。总之,数字报纸就是利用当今最新的媒体技术和网络传输手段,将传统纸质报纸内容进行全新封装的新型报纸,既保持了传统报纸的文化风格,又整合了视频、音频、动画等全新内容,声像并茂、绿色环保、操作直观、简洁方便,令人耳目一新,带给读者以全新的阅读体验。

国外早就开始流行这一报刊形式。美国已有 60 多家媒体采用数字报方式通过互联网进行报纸的发行,包括《纽约时报》、《今日美国》、《波士顿环球报》等知名报纸。从国际上看,数字报纸已经在传统报业经营收入中占据了很重要的位置。纽约时报创办的"数字纽约时报"网站用户超 1200 万,收入过 1 亿美元,年增长率 30%～40%。华尔街日报首创收费网站运营模式,网络报纸发行达 80 万份,收入达 1.5 亿美元,在线订阅已超过印刷版发行收入。我国数字报纸的发展速度也相当快速和迅猛,中国内地出现的第一份数字报纸是在 2006 年,是由北大方正集团与浙江日报集团共同推出的。由于数字报纸的媒体特性,以及较出版社更加良好的信息化基础,加之相应的数字报技术的水平均居领先水平,使得全国大部分主流报社在数字报纸出现的一年多时间内加入了数字报纸出版行列。就目前中国的数字报纸发展而言,东部的发展明显强于西部,沿海的明显快于内陆。尤其是东部发达的珠三角和长三角地区的报社,对于数字报纸等新媒体的探索都表现出极大的兴趣。中国数字报纸市场上,互联网出版的数字报纸仍为主流形式。通过互联网出版的数字报纸所占的市场份额最大。国内传统报纸的 70% 以上都已经驶上了因特网。

2. 一般模块功能

(1) 版面阅读:采用带有区域定位的版面图在网页中直接显示,不需要安装第三方插件或阅读器。点击版面图中的任何区域,即可看到对应的文章、图片或广告。

(2) 版面导航:点击"版面导航",可以通览当天所设版面。任意点击一个版面序列,页面左边即出现相应版面,右边出现主要新闻的标题。

(3) 日历导航:点击版面上方的"按日期查找",可以直接进入指定日期的报纸页面;在版面上方还有"前一天"、"后一天"选项,可通过点击它们不间断地浏览该日报纸。

(4) 导航指针:采用指针方式实现"上一版"、"下一版"、"上一篇"、"下一篇"的不间断阅读转移。

(5) 其他功能:点击版面右下角 PDF 图标,可以阅读或下载版面 PDF 文件;阅读文章时字体的"放大"、"缩小"和"默认"字体大小任意转换并智能记忆。

3. 特点

1) 再现报纸版面

和过去的报纸电子版相比,数字报纸最吸引人的地方,就是可以在互联网上看见与纸质报纸一模一样的版式,再现了报纸的版面语言魅力。读者不需要改变传统的阅读习惯,轻轻一点鼠标,当天所有版面都在网页上清晰显示,点击其中任何一篇文章,就可以开始阅读。

2) 查找新闻快捷

为了让读者更快速地获取所需新闻,数字报纸推出了多种导航功能,供读者自由选择。"版面导航"让读者可以任意点击一个版面序列,即可出现相应版面及主要新闻的标题,鼠标轻点标题,即可浏览相应文章或图片页面;使用"标题导航",当天报纸全部文章的标题便一览无遗。点击版面上方的"按日期查找",可随意查看往日报纸内容。

3) 广告形式多样化

数字报纸可实现广告立体化宣传,根据客户要求,在网上实现音频、视频、动漫等立体演示。数字报纸还可以在版面中嵌入视频画面,从而成为真正意义上的多媒体报纸,实现传统报纸、数字报纸、光盘出版以及全文数据库产品的一体化生产和出版。

4) 报纸"全球发行"

数字报纸提升了纸媒体传统的经营模式,在传统纸媒体发行的基础上大面积拓展了发行空间,让报纸无限量、无地域限制地发行,全世界的人都可以上线阅读。

5) 网民参与互动

数字报纸提供了在线评论功能,网民可以对所阅读的新闻发表评论,实现新闻传播者与网民、网民与网民之间的互动。

6) 订阅方式突破

多媒体数字报纸完全通过互联网发布,使得报纸发行不受地域限制,读者不管在哪里,都能在第一时间阅读到当天的报纸。另一方面,与普通电子版报纸不同的是多媒体数字报纸支持离线阅读,也就是可以下载到本地计算机里,在没有网络的环境下也能阅读,一天的报纸大小仅相当于几首 MP3 歌曲的大小。

4. 优势

(1) 数字报纸信息传播更快捷。在每期报纸排版完成的同时即可发布报纸网络版,省却了传统报纸所需的印刷、发行的时间,使报纸的时效性更强、发行的覆盖面更广泛。通过网络报纸平台的发布,任何人只要能上网,就能阅读到刊物上的信息,报纸不再是某区域内发行,而是做到了全球发行。

(2) 可回溯性增强。回顾功能可以让读者轻松地找到特定期次的报纸内容,也方便了编者对报纸内容的管理。

(3) 全文检索更实用。用户可以运用关键字搜索的方式,查询到相关度最高的文章,从而迅速找到相关文章。

(4) 内容的互动性增强。通过在线评论、邮件等方式让信息不再是单向传播,通过读者和编辑的互动形成一个促进报纸不断发展进步的良性循环。为报纸内容的网络营销作用户积累和技术准备。通过网络用户人气的聚集和相关的网络营销实践,为报业企业开辟新的收入模式作准备。

(5) 操作方便,而且可以按照各个报社的文化背景,量身制作外观页面。

5. 数字报业

数字报业这一概念由"数字"和"报业"两个词语构成。这原本是两个不同的概念,技术的发展使这两个概念紧密地结合到了一起。数字技术可以对传统报业强制渗透和原型改造,传统报业也可以向数字领域积极融合和自我转型。从技术形态上看,数字报业是用数字技术改造和装备传统报业,实现传统报业体制、流程与形态的再造。从发展模式上看,数字报业需要进行体制机制创新,建立起适应新媒体挑战和报业发展的新制度,寻找到新的符合数字报业运作模式和规律的价值链与商业模式。数字报业是对传统报业的发展,不能割断与传统报业的联系另起炉灶,盲目发展。数字报业是一个发展的概念,发展方向是跨媒体、跨地域的传媒集团和娱乐产业集团。

与传统报业相比,数字报业有着明显的优势。首先,数字报业是现代生产技术、IT 技术和网络技术运用的典范,它体现了时代潮流。其次,数字报业具有许多传统报业不可能实现的功能,如多终端显示功能、实时传输功能、编辑读者交互功能、长期存储功能以及任意检索、任意编辑、任意复制等功能。再次，数字报业可以摆脱诸如纸张、印刷、发行等成本制约，在起始成本完成的基础上，即可实现零成本无限复制和无限生产。

与网络媒体相比较，数字报业也有明显的优势。其优势主要在于数字报业背后都有强大的新闻采编队伍作为支撑，能够源源不断地发布大量原创新闻，而网络媒体则主要靠摘录和转发各媒体的新闻生存。正是由于数字报业与传统报业和网络媒体相较具有以上多种优势，因此被广泛看好。

3.2.2 数字杂志

1. 概述

由于数字时代的到来，大众的阅读方式便不再局限于传统纸媒，从 BBS 到在线刊物，从免费的电子书到报纸杂志的电子版，一系列变革足以印证互联网的飞速发展和广大网民阅读方式上的改变。数字杂志这种新形式的网络媒体就在这个背景下异军突起，迅速地开拓着读者市场。目前人们对于这类杂志的命名五花八门，电子杂志、网络杂志、互动杂志、多媒体杂志等，其共同特点就在于，采用先进的 P2P 技术发行，集 Flash 动画、视频短片和背景音乐、声音甚至 3D 特效等各种效果于一体，内容更加丰富生动。它提供多种多样的阅读模式，可在线或离线阅读、直接 IE 打开或独立可执行文件等，也可通过发行方提供的阅读器进行阅读。权威部门在 2006 年年终发布的《中国互联网产业 50 个细分领域》报告中，"数字杂志"赫然在列。电子杂志、互动杂志、数码杂志、网络杂志、多媒体杂志等至此亦等于有了一个统一的叫法，即"数字杂志"。数字杂志是数字技术发展到一定阶段的产物，和数字音乐、数字电视一样，是数字时代 E 生活的象征之一。数字杂志延展性强，未来可移植到 PDA、Mobile 及 TV（数字电视、机顶盒）等多种个人终端进行阅读。很明显，它不是传统杂志的简单电子版，但它应该属于大"电子杂志"的范畴。数字杂志不是杂志的新形态，只是杂志对先进计算机技术和互联网的新运用。

由于数字杂志基于互联网而生，并深受网络文化的影响，因而在表现形式上大大区别于传统纸媒。数字杂志能够广泛应用网络上各种日新月异的工具软件，不仅在设计制作上更加灵活、富有创造力，还具有传统纸媒不可企及的发展潜力。电子文档数据库是数字杂志的核心。数据库中的各类电子文档拥有其特殊的标识，阅读数字杂志的时候，文档可以按照要求以各种各样的形式被提取出来，并"再生"成为图像、音频、视频等。这样，读者可以按照需求选择 PDF 和 Flash 等格式阅读。数字杂志广泛应用超文本链接，以实现非线性的表现形式。数字杂志的版面通常由一个个小模块组成，这些模块可以用一屏到两屏来显示，更加符合读者浏览、阅读的习惯。而模块与模块之间，便是采用超文本链接作为联系，实现跳跃式转换。这样的表现形式，使得数字杂志所提供的信息量远远超出有局限性的传统杂志。而数字杂志对于超文本链接不同形式的应用，也可以表现出完全迥异的风格，这是传统期刊无法比拟的。

2. 特点及优势

免费共享是数字杂志最大的优势。传统期刊都需要花钱购买，而网络的习惯是资源共享。无论是传统期刊改编的数字杂志还是网络原创的数字杂志，绝大多数都会放到发行平台上供读者免费下载。这样，订阅和阅读的人群数量激增，同时也出现巨大的广告商机。互动性是数字杂志的发展优势。P2P、SNS 等流行的互动模式更广泛地被引入数字杂志的平台。如业内最知名的 ZCOM 网站,就拥有自己的社区、论坛、博客群和好友群等。

相对于传统杂志媒体,数字杂志非常环保,大大节省了纸张和印刷等资源。随着社会的发展,绿色环保的概念越来越普及,数字杂志也越来越受到关注和认可。数字杂志在多媒体技术上的优势毋庸置疑。数字杂志可融合文字、图片、音频、视频、Flash 等元素,内容更为丰富,给读者带来更全方位、更直观的感受。数字杂志的分众性更强。分类精细的阅读平台,可以满足各种受众人群的喜好和阅读需求,全面覆盖各种规模的分众人群。

数字杂志平台具备便捷准确的客户数据收集能力。数字杂志发行平台的后台程序可迅速分析出各方面信息,如点击率、各分众群的比率、杂志下载量、流量、页面的关注时间,甚至读者的阅读喜好等,都可得到及时的反馈信息,作为杂志制作、改革方向及广告投放的重要参考依据。

数字杂志为读者提供了多样的模式选择。读者可以通过数字杂志平台商提供的阅读器下载阅读,可以在线阅读,或直接阅读某些页面,更可直接下载到手机、iPad、数字电视、机顶盒等个人终端进行阅读。数字杂志内容元素的多元化,成就了理想的广告形式。除简单的文字、图片、视频广告,数字杂志还可表现创新型互动的广告。

期刊数字化是未来的发展趋势。随着网络数字杂志平台的迅猛发展,数字杂志用户数量呈几何速度增长,各类广告的受众人群覆盖面广,因而也更加受到广告商的青睐。

3. 演变历程

数字杂志从诞生至今走过了从简单到复杂、从低级到高级的阶段,以下从制作水平、发行平台、发行内容、出版主体、盈利模式 5 个横向维度进行分析。

1) 制作水平:传统杂志数字化向多媒体互动化升级

从纵向历史来看,我国数字杂志的发展,经历了传统杂志的简单数字化、数字媒体杂志化和多媒体互动化 3 个阶段,至今,3 种制作形式同期并存。传统杂志数字化阶段始于 20 世纪 90 年代末,互联网发展势头由缓向急,为适应时代技术发展,杂志社开始在网络试水发行"电子版杂志"。我国内地第一份上网发行的中文杂志为《神州学人》,它 1995 年 1 月创刊,由国家教委主办,通过中国教育与研究网络向全球发行。此时的"电子版杂志"仅可称之为网络杂志,因为它缺少多媒体的互动、影音结合等特性,仅将网络媒体作为发布的新型平台和发行渠道的延伸,电子版杂志以 PDF 形式将传统杂志中的图片、文字复制其中。此后,为凸显自己强大的内容优势,网络杂志在各大门户网站的推波助澜下,进入了数字媒体杂志化阶段。门户网站凭借其较高的品牌价值以及较大的访问量,将自身纷繁复杂的资讯以及社区原创内容进行重组和再加工而制成了网络杂志,此时的网络杂志有基本的栏目架构以及相关网络链接,稳定了访问量的同时,提升了门户网站的价值。2003 年始,Xplus 电子杂志平台的诞生宣告了多媒体互动化电子时代的到来。其一,多媒体 Flash、视频等元素融入其中,受众可以通过眼睛与耳朵综合感受电子盛宴。其二,增加了互动环节,如评论、投稿、参与调查等,以各种方式对杂志内容进行更深层次的解读和反馈,有效增强了用户的黏度和归属感。其三,阅读平台扩大,读者可在线阅读,也可通过下载阅读器离线阅读等,方便快捷。

2) 发行平台:被动电子邮件列表向主动网络下载递进

发行渠道上,为实现大规模一对多的发行,早期的杂志发行通过邮件列表实现,即发送至某一个特定邮件地址后,邮件会转发至不同成员的地址中,实现发行。这种发行方式将受众视为被动的接收者,受众不能根据意愿如特定时间、特定场合接收杂志。而现今,电子发行方式较多,除了保留原有的电子邮件列表之外,还拥有网上预留供读者选择下载的平台。通过下载平台,读者可选择不同的阅读方式,如通过终端软件阅读器,从数字杂志出版商提供的杂志库中选择杂志下载到本地阅读;或者直接从网站下载exe文件后打开阅读;还可以直接在网站中通过浏览器阅读。随着技术的发展,数字杂志可以在手机、平板电脑等移动终端上阅读,更为便捷。总之,在多样选择下,被动的受众变为主动的猎奇人。

3) 发行内容:单一模式化向个性多元化发展

数字杂志在内容上摒弃了以往"教科书"式的统一内容,由于受众的多元化以及个性化需求,数字杂志内容上有了多元化发展。以 Xplus 为例,其内容囊括时尚、财经、生活、旅游、影视、明星、音乐、视觉、动漫、游戏、汽车、教育、男性、情感、女性、数码等大类。综合而言,以生活时尚、休闲娱乐为主。因此,数字杂志的内容更贴合受众的日常需求。

4) 出版主体:少数权威媒体向多数草根民众转移

对于传统媒体而言,杂志或者报纸的发行门槛较高,须具备合法的刊号以及正规的发行机构,同时拥有一个精专的发行队伍。相反,数字杂志的准入门槛极低,无须刊号,无须专业人士。只要你想,就可以发行。在低准入规则下,2007年,明星人士纷纷"下海"经营自身的数字杂志。起初,明星将数字杂志作为自身发展的平台,走拉家常的亲民路线,记录生活琐事、曝光隐私,以期提高自身的知名度。但由于内容的单一,以及曝光尺度难以把握,招人怀疑,最终效果甚微。此后,明星数字杂志进行改良,步入内容多元的分享路线。如由万众传媒出版、鲁豫担任主编的《豫约》,开设了大事记、访友记、行走记、生活记、人物记等栏目,从不同的角度来展现陈鲁豫的品位和观点,体现了分享的价值。

同时,随着数字杂志制作软件的"傻瓜式"模式的构建成功,草根民众通过基础的研习就可以亲手制作杂志,最终将数字杂志作为心灵的窗口,晒心情,晒作品,晒观点,分享一切。草根民众站在大众的视角,其真实的形象比少数权威媒体更加具有亲和力,因此草根民众的数字杂志更受欢迎。

5) 盈利模式:单企业用户模式向广告、技术、发行三方合力模式转型

2000年7月,索易公司发行了第一份面向企业用户收费的杂志《中国家电市场情报》,开创了网络杂志收费的先河。从此到2003年,网络杂志仍以发行为盈利模式。2003年起,伴随着电子杂志的兴起,盈利模式逐渐向广告、技术、发行三方面发展。来源的丰富促使收入在量上有所提高。据中国商业电讯报道,2006年中国数字杂志市场的收入3150万人民币,其中数字杂志广告收入(仅指现金收入,不含互换广告的价值)1200万人民币;为企业用户提供企业数字杂志制作和技术服务的收入1700万人民币;数字杂志发行收入仅250万人民币。但是也呈现出一些问题,首先,网民习惯于网络分享的免费午餐,对收费的接受度较低。其次,广告主投放广告仅处于尝试阶段,能否大张旗鼓将数字杂志纳入广告阵营仍值得商榷。

3.2.3 数字图书馆

1. 概述

数字图书馆是一门全新的科学技术,也是一项全新的社会事业。简言之,数字图书馆是一种拥有多种媒体内容的数字化信息资源,能够为用户提供方便、快捷、高水平的信息化服务机制。数字图书馆不是图书馆实体,它对应于各种公共信息管理与传播的现实社会活动,

表现为种种新型信息资源组织和信息传播服务。它借鉴图书馆的资源组织模式,借助计算机网络通信等高新技术,以普遍存取人类知识为目标,创造性地运用知识分类和精准检索手段,有效地进行信息整序,使人们获取信息不受空间限制,很大程度上也不受时间限制。"数字图书馆"从概念上讲可以理解为两个范畴:数字化图书馆和数字图书馆系统。涉及两个工作内容,一是将纸质图书转化为电子版的数字图书;二是电子版图书的存储、交换、流通。数字图书馆由一定规模并从内容或主题上相对独立的数字化资源和可用于广域网(主要是Internet)服务的网络设备和通信条件构成。

数字图书馆是传统图书馆在信息时代的发展,它不但包含了传统图书馆的功能,向社会公众提供相应的服务,还融合了其他信息资源(如博物馆、档案馆等)的一些功能,提供综合的公共信息访问服务。可以说,数字图书馆将成为未来社会的公共信息中心和枢纽。信息化、网络化、数字化,这一连串的名词符号其根本点在于信息数字化;同样,电子图书馆、虚拟图书馆、数字图书馆,不管用什么样的名词,数字化也是图书馆的发展方向。

2. 定义

数字图书馆就是以数字形式存储和处理信息的图书馆,是将计算机技术、通信技术、微电子技术等合而为一的信息服务系统。它针对有价值的图像、文本、语音、影视、软件、科学数据等多媒体信息进行收集、组织和规范加工,不再是传统图书馆以纸介质或其他非数字介质为存储载体。它利用现代先进的数字化技术,将图书馆馆藏文献数字化,通过国际互联网上网服务,供用户随时随地地查询,使处在不同地理位置的用户能够方便地利用大量的、分散在不同处存储的信息。只要有网络存在的地方,就可以随时随地地查询资料、获取信息。通俗地说,数字图书馆是因特网上的图书馆,是没有围墙的图书馆。

世界各国权威文献机构都对数字图书馆进行了定义,主要如下:

美国研究图书馆协会(ARL):ARL 于 1995 年归纳了 20 世纪 90 年代前期流行的数字图书馆的各种定义中具有共性的 5 个要素:①数字图书馆不是一个单一实体;②数字图书馆需要链接许多信息资源的技术;③多个数字图书馆及信息机构之间的链接对最终用户透明;④全球范围存取数字图书馆与信息服务是一个目标;⑤数字图书馆的收藏并不局限于文献的数字化替代品,还扩展到不能以印刷形式表示或传播的数字化人造品。

美国数字图书馆:美国数字图书馆联盟于 1998 年定义数字图书馆是一个拥有专业人员等相关资源的组织,该组织对数字式资源进行挑选、组织,提供智能化存取、翻译、传播、保持其完整性和永存性等工作,从而使得这些数字式资源能够快速且经济地被特定的用户或群体所利用。

大英图书馆:利用数字技术获取、存储、存取、发布信息的图书馆。

中国国家图书馆:数字图书馆为国家信息基础设施提供关键性信息管理技术,同时提供其主要的信息库和资源库。换句话说,数字图书馆是国家信息基础设施的核心。

3. 与传统图书馆相比的优势

(1) 信息储存空间小,不易损坏。数字图书馆是把信息以数字化形式加以储存,一般储存在计算机光盘或硬盘里,与过去的纸制资料相比占地很小。而且,以往图书馆管理中的一大难题是,资料多次查阅后就会磨损,一些原始的比较珍贵的资料,一般读者很难看到。数字图书馆避免了这一问题。

(2) 信息查阅检索方便。数字图书馆都配备有计算机查阅系统,读者通过检索一些关键词,就可以获取大量的相关信息。而以往图书资料的查阅,都需要经过检索、找书库、按检索号寻找图书等多道工序,烦琐而不便。

(3) 远程迅速传递信息。图书馆的建设是有限的。传统型图书馆位置固定,读者往往要花费大量的时间在去图书馆的路上。数字图书馆则可以利用互联网迅速传递信息,读者只要登录网站,轻点鼠标,即使和图书馆所在地相隔千山万水,也可以在几秒钟内看到自己想要查阅的信息,这种便捷是以往的图书馆所不能比拟的。

(4) 同一信息可多人同时使用。众所周知,一本书一次只能借给一个人使用。在数字图书馆则可以突破这一限制,一本"书"通过服务器可以同时借给多个人查阅,大大提高了信息的使用效率。

4. 数字图书馆在我国的发展

在中国,正式提出数字图书馆概念并导致后来大规模研发工作的是1996年在北京召开的第62届国际图联(IFLA)大会,数字图书馆成为该会议的一个讨论专题。IBM公司和清华大学图书馆联手展示"IBM数字图书馆方案"。1997年7月,"中国试验型数字式图书馆项目"由文化部向国家计委立项,成为国家重点科技项目,由国家图书馆、上海图书馆等6家公共图书馆参与,该项目的实施是中国数字图书馆建设开始的标志。数字图书馆在中国从1998年开始升温,在国家科技部的支持和协调下,国家"863"计划智能计算机系统主题专家组设立了数字图书馆重点项目——"中国数字图书馆示范工程",这是一个由国内许多单位联手参与的大文化工程。该工程于1999年启动,首都图书馆成为"中国数字图书馆工程首家示范单位"。1998年10月,文化部与国家图书馆启动了中国国家数字图书馆工程,该工程由中国数字图书馆有限责任公司负责,标志着中国数字图书馆工程进入实质性操作阶段。1999年年初,国家图书馆完成"数字图书馆试验演示系统"的开发。同年3月,国家图书馆文献数字化中心成立,扫描年产量3000万页以上。与此同时,部分省、市的数字图书馆研究项目也开展起来,如辽宁省数字图书馆项目、上海数字图书馆项目的研究。2000年年底,文化部在海南召开"中国数字图书馆工程资源建设工作会议",讨论制定《中国数字图书馆工程一期规划(2000—2005年)》,推荐使用资源加工的标准规范。2001年年初,国家计委批准立项"全国党校系统数字图书馆建设计划",总投资达1.9亿元。北京大学、东北师范大学等院校相继成立数字图书馆研究所,在全国范围内掀起了数字图书馆建设和研究的高潮。2001年5月23日,国家重点科技项目"中国试验型数字式图书馆"通过专家技术鉴定。中国数字图书馆已经进入初步实用阶段,中国的数字图书馆研究、建设已经初具规模。

2011年5月,中国国家图书馆馆长周和平在数字图书馆推广工程工作会议上提出,"数字图书馆推广对提高公共数字文化服务具有革命性的意义"。由国家图书馆建设的国家数字图书馆工程自2005年开始建设,截至2010年年底,数字资源总量已达480TB(1TB大概相当于25万册图书)。预计到2015年,文化部将通过"掌上国图"、数字电视等新媒体技术,拓展服务领域,积极推进国家数字图书馆的建设,着力打造全民共享的"数字图书馆",构建以国家数字图书馆为中心,以各级数字图书馆为节点,形成覆盖全国的数字图书馆虚拟网,向公众提供多层次、多样化的数字图书馆服务。

5. 国内外主要数字图书馆系统

1) 国家科技图书文献中心

国家科技图书文献中心(National Science and Technology Library,NSTL)组建于2000

年 6 月,是一个由中国科学院文献情报中心、中国科学技术信息研究所、机械工业信息院、中国化工信息中心、冶金信息院情报所、中国医学科学院情报所、中国农业科学院图书馆等多家国家级文献信息机构组成的虚拟科技文献信息服务机构。NSTL 通过采集、收藏和开发理、工、农、医各学科领域的科技文献资源,较完整地收藏国内外科技文献信息资源,制定数据加工标准、规范,建立科技文献数据库,利用现代网络技术提供多层次服务,面向全国开展科技文献信息服务。NSTL 的数字资源以外文资源为主,中文数据库较少。同时,在收录的第三方资源中,很多大型数据库未被收录。NSTL 提供快速检索、普通检索、高级检索、期刊检索、分类检索等 5 种检索入口。它提供目录查询功能,能够查询馆藏目录、联合目录、西文图书目录和中文图书目录 4 种目录。NSTL 提供网络参考咨询服务和热点门户信息服务。网络参考咨询服务包括实时咨询和非实时咨询两种方式。实时咨询采用即时通信工具的方式,咨询结束后 NSTL 将咨询内容以 E-mail 的形式发给用户。非实时咨询以 E-mail 方式回答用户提问,用户可以自主选择咨询专家。热点门户提供纳米科技、认知科学、食物与营养、艾滋病预防与控制、汽车科技 5 项网络信息资源门户服务。针对国内外关注的科技热点问题,搜集、选择、整理、描述和揭示互联网上与之相关的文献资源等信息,为用户提供资源导航服务。2002 年,NSTL 通过开发站点 www.nstl.gov.cn,开通了外文期刊、外文会议录、外文科技报告、中文期刊、中文会议录、中文学位论文等 6 个数据库,以全文方式报道了 1100 万篇的科技论文,以收费方式向注册用户提供全文。

2) 中国高等教育文献保障系统

中国高等教育文献保障系统(China Academic Library & Information System,CALIS)是国家教育部组织全国高校图书馆共建共享信息资源的一个合作项目。该项目于 1998 年 11 月开始,目前已形成全国中心、地区中心、成员馆三级保障体系。它由设在北京大学的 CALIS 项目管理中心联合各参建单位,建设了文理、工程、农学、医学 4 个全国文献信息中心,其数字资源引进了一系列国内外文献数据库,采用独立自主开发与引用消化相结合的道路,开发了联机合作编目系统、联机公共检索(OPAC)系统、馆际互借与文献传递系统等,形成了较为完整的 CALIS 文献信息资源服务网络。在此基础上开展了公共目录查询、信息检索、馆际互借、文献传递、网络导航等网络化、数字化文献信息服务。与 NSTL 资源建设偏重于外文资源不同,CALIS 的数字资源建设采取中文、西文资源并重的思想,组织了包括电子期刊、电子书、数据库、二次文献等多类型的信息资源,同时采取自建与引进相结合的方式,构架出一个具有丰富资源的数字图书馆。另外,CALIS 组织高校以集团采购方式引进了 19 个厂商的 91 个数据库(含电子期刊),作为第三方资源,整合在统一检索系统中,为用户提供无缝检索服务。CALIS 提供统一检索平台,运用跨库检索技术,用户可以在 CALIS 提供的丰富数据库列表中选择多个数据库同时进行检索。它提供中文检索、西文检索两种资源选择,以及简单检索、高级检索两种检索方式。对于检索结果,CALIS 提供多库检索结果汇总列表,系统为用户提供统一的检索结果显示模式,对多库结果集记录进行合并、排序,使用户可以浏览在不同的资源库中检索出的结果信息。CALIS 提供一个分布式联合虚拟参考咨询平台,由中心级咨询系统和本地级咨询系统两级架构组成。它以本地化运作为主,结合分布式、合作式的运作,达到知识库、学习中心共享共建的模式。目前该系统仍处在测试阶段。除此之外,还提供科研协作、教参辅助、网上培训、资源代理等服务。目前 CALIS 除通过 CALIS 主站点(www.calis.edu.cn)提供网络服务外,还通过中国高等教育数字图书馆

CADLIS(www.cadlis.edu.cn)、中国高校人文社会科学文献中心（www.cashl.edu.cn）等分站点提供数字资源服务。

3）国家科学数字图书馆

国家科学数字图书馆(CSDL)是中国科学院在2001年底启动的国家科学数字图书馆建设项目。CSDL采用开放、集成和用户为中心的设计理念，构建了科学研究和国家创新体系的科技文献信息支撑系统，旨在建立和维护中国科学院全院网络共享的科技信息保障环境，提供全院"一体化"和"一站式"的科技信息服务。CSDL通过组团、联合采购和补贴等多种方式为中科院全院开通了大量数据库，包括外文期刊全文数据库、文摘数据库、引文数据库、事实数据库、西文学位论文全文数据库、中文科技期刊数据库、中文电子图书库、科学文献数据库。CSDL提供了13种外文全文数据库、61个文摘数据库以及各种电子工具书和丛书。为提高中文科技文献保障程度，开通了维普中文科技期刊数据库和方正电子图书库。并通过国家科技图书文献中心(NSTL)，在中科院文献情报中心开通总量达到13万种的电子图书。CSDL提供跨库集成检索服务，能对30个全文数据库、9个文摘数据库、4个电子图书库和近50个图书馆共计100多个公共目录数据库同时进行检索。用户在统一的界面输入检索关键词，就可同时检索多个数据库。CSDL采用跨库集成浏览，用户如果需要查找一种期刊的全文而不知道它在哪个数据库，就可以使用跨库集成浏览。可以以刊名的字顺、学科大类和数据库3种方式浏览外文期刊，并获得原文传递、最新目次、引文链接、期刊引用报告等。CSDL提供随易通（分布移动身份认证系统）、ScienceChina服务、参考咨询服务和学科门户等信息服务。目前，CSDL通过网站www.csdl.ac.cn向中国科学院全体科研人员和研究生提供数字资源服务。

4）美国国家科学数字图书馆

美国国家科学数字图书馆(NSDL)项目是在1998年由美国国家科学基金(National Science Foundation, NSF)赞助建立的，旨在成立一个拥有科学、数学、工程与技术资源的在线图书馆。2001年，该项目完成网站www.nsdl.org的雏形并投入使用，它以发展一个数字化环境、向各层次的教师与学生提供高质量教育资料为主要目的，所有检索和咨询服务均是免费的。在2004年，NSDL提出"Pathways"的设想，将站点建设向数字综合门户发展。目前该数字图书馆门户不但提供相关信息的智能检索、资源标引和联机注释及归档，还有访问虚拟协同工作区、实验经验共享、分析和可视化工具等新型功能。NSDL致力于在互联网上建立一个实用的可供广泛接入和方便使用的分布式资源网络和学习机制。在这个环境中，个人或集体可充分和动态地调用各种数字化资料、实时数据集、多媒体数据、学习与模拟软件、虚拟现实系统、合作学习系统、远程实验室、虚拟实验室等学习资源和工具，来检索、参考、核实、集成和传递信息，对数据进行个性化处理，在数据和工具基础上进行合作学习。作为一个非营利性质的机构，NSDL并不拥有或收藏任何资源，它的资源来自于包括大学、博物馆、图书馆、实验室、专业学会以及商业性的内容发行者等在内的NSDL项目参与者的自愿提供。NSDL将资源分为文本（期刊文章、教学计划）、图片、视频、音频、软件等多种类型，用户进行检索时可以限定检索结果类型，但NSDL返回的结果列表仅仅保存资源提供者的信息，当用户选中某个特定条款时，NSDL将用户链接到资源提供者的站点。从这个角度上看，NSDL类似于搜索引擎。但与搜索引擎不同的是，NSDL收藏的网站资源均是通过NSDL预先挑选的具有较高质量的教育信息资源。NSDL的检索非常简单，只提供快速检索方式。用户在检索框内输入检索词进行全部字段搜索,同时对检索结果提供两种选项限制：按用户层次搜索(高中、大学、研究生等)以及按资源形式搜索(文本、图片等)。检索结果列表返回包含相关信息的 NSDL 收藏站点,以及 NSDL 中已有的单独信息。NSDL 还提供 AskNSDL、Whiteboard Report 两种信息服务。AskNSDL 服务包括 FAQ、用户提问、问答档案,其中的问题由包括科学家、图书馆员和教育者的专家志愿者来回答,这些志愿者主要来自于 PKAL、AAAS 和 IEEE 等机构。用户也可以在 AskNSDL 中申请成为志愿者。Whiteboard Report(白板公告服务)是 NSDL 提供的一个在线时事通讯周刊,报道 NSDL 项目进展、研究新闻、项目亮点或数字图书馆大事件等信息。用户可以自由浏览,同时可以通过填写电子邮件和密码来发表公告。

5) 英国国家图书馆

英国国家图书馆(British Library,BL)是世界上最大、收藏最丰富的国家图书馆之一,提供包括图书、报纸、期刊、图片、音乐、视频、手稿等多媒体资源,同时还收藏了很多具有珍贵价值的资源。随着数字化进程的开展,为了更好地保存、管理馆藏,同时更好地对外发布传播与服务用户,BL 从 1993 年就开始提出运用现代化的网络通信技术和数字技术把英国国家图书馆建设成一个世界各地的读者都能方便地检索和查询信息的现代化数字图书馆。BL 依托英国国家图书馆的丰富馆藏。目前 BL 网站上的资源包括：英国收藏、在线陈列、学习、特别期刊和在线读报等。BL 根据用户种类、资源种类的不同提供多种检索入口,包括 ARTWeb、insideWeb、lexion、BL Direct、Integrated Catalogue 等多种检索入口。注册用户可以使用前三种检索入口直接订购检索文献,非注册用户可以使用后两种检索入口。值得注意的是,BL 根据资源种类不同,可以进行图片库检索、声音库检索、日记检索等专项检索。BL 除了提供资源搜索外,还提供站内搜索服务,可以搜索包括主站点、隶属于 BL 的分站点的绝大部分网页内容。其中,British Library Inside 是一个文献搜索引擎,它收录了超过 20 年的材料信息,用户可以通过它搜索到 2 万种核心期刊和超过 10 万种跨学科的会议文献,同时具有超过 100 万份文摘信息。每天超过 8000 项记录会被添入到数据库中,系统将自动根据用户的搜索策略向用户提供推送服务。采用 HTML 格式,用户可以通过直接点击进行无缝的订购操作。目前,英国国家图书馆通过站点 www.bl.uk 向全世界用户提供数字资源服务。为了更好地提供文献传递等服务,BL 将用户分为 BL 账户用户、联邦内馆际用户、访客三种,提供不同的订购方式和文献传递服务。

3.2.4 数字出版 APP

APP 是英文 Application 的简称,由于 iPhone 等智能手机的流行,APP 指智能手机、平板电脑的第三方应用程序。苹果公司开启了 App Store 这一全新的商业模式,即苹果公司为 iPhone、iPod touch、iPad 创建的服务,应用程序允许用户从 iTunes 商店浏览下载,用户可以购买或者免费使用,让该应用程序直接下载到苹果的终端产品中。目前比较著名的 APP 商店有 Apple 的 iTunes 商店,Android 的 Android Market,诺基亚的 Ovi Store,还有 Blackberry 用户的 BlackBerry App World,以及微软的应用商城。目前主流的 APP 版本有：①安卓系统版本 Android；②苹果系统版本 iOS；③塞班系统版本 Symbian；④微软 Windows Phone。苹果的 iOS 系统,APP 格式有 ipa、pxl、deb,谷歌的 Android 系统,APP 格式为 apk,诺基亚的 S60 系统,APP 格式有 sis、sisx。随着智能手机和 iPad 等移动终端设备的普及,人们逐渐习惯了使用 APP 客户端上网的方式,APP 阅读也成为人们重要的阅读方式之一。对于数字出版业来说,数字出版的 APP 成为新的战场。

在市场需求持续向好的前提下,越来越多的出版社开始开发 APP,某些市场化的优秀杂志对这一问题的认识更加深刻并已经付诸行动。例如,时尚集团旗下的《男人装》、《时尚》、《时尚芭莎》等十余种杂志全品牌推出 APP,且针对屏幕大小的不同分为手机版和 Pad 版,重视程度可见一斑。《财经》、《外滩画报》、《三联生活周刊》、《城市画报》等也较早推出了 APP,且已在读者中形成了较大影响。另外还有"读览天下"、"VIVA 畅读"等第三方杂志集合平台,这些 APP 包含的刊物数量更多,收益由平台和杂志方分成。2012 年 1 月,中信出版社的"中信尚书房"上线。凤凰出版集团和广州出版集团也分别在 2012 年委托国内某知名公司制作了阅读类 APP。2012 年 11 月 2 日,"磨铁书栈"iPhone 版在苹果商店低调上线。尽管该举动悄无声息,但却显示了民营图书出版公司在 APP 阅读领域迈出的重要一步。

阅读类 APP 一直是最受用户关注的类型之一。目前,市场上最受用户喜爱的阅读类 APP 主要有以下一些。

(1) iBooks:iBooks 是苹果官方发布的一个电子书阅读和购买的免费应用,支持 EPUB 和 PDF 格式的电子书,并可以在苹果官方的书店购买书籍。除了从官方书店购买电子书,iBooks 支持使用 iTunes 同步本地计算机的电子书文件,同步的方法和同步 MP3 音乐文件类似,在"编辑"/"偏好设置"中,选择显示"书籍",然后选"文件"/"将文件添加到资料库",将本地计算机中的 epub 或 pdf 文件添加上去,同步 iPhone 的时候选择同步书籍即可。书籍添加到用户书架上后,只要轻点某本书,就可以开始阅读了,iBooks 会记录用户阅读的位置,因此用户可以很轻易地返回到之前的位置上,而且各种显示选项会使用户的阅读更加便捷。iBooks 同时支持 iPhone 和 iPad。

(2) Stanza:除了 iBooks 以外,Stanza 也是免费的电子书 EPUB 阅读器,可以从网上下载免费的电子图书。这个阅读器的功能非常强大,用户可以通过在线订购、免费下载或者用户分享的方式获取各种书籍。相比 iBooks 来说,Stanza 的一个重要特点是支持很多在线书库,用户可以直接浏览在线书库而无须同步本地文件,用户还可以添加在线书库地址、在线下载书目,找到很多英文原版书目和网友共享的中文书目。比较知名的在线书库包括"书仓"和"掌上书苑"。和 iBooks 一样,Stanza 也同时支持 iPhone 和 iPad。

(3) GoodReader:GoodReader 是一款强大的阅读软件,支持 Office 文档、PDF、TXT、HTML 等几乎所有主流文档的浏览阅读,支持书签,支持横屏,支持与 Dropbox 等存储服务、Gmail 等邮箱、Google Docs 进行绑定,还可以通过无线网络使用计算机传输文件,甚至还有 FTP Server 功能。对于中国用户来说,GoodReader 最重要的一个功能是,在不开 VPN 的情况下访问用户 Dropbox 的文件。GoodReader 支持通过 WiFi 与用户的个人计算机传输文件,可以方便地把用户计算机或网盘上的文件复制过来。

(4) Adobe Reader:Adobe Reader 是用于跨平台和跨设备可靠地查看 PDF 文档的免费全球标准,可以方便、有效地访问各种 PDF 类型文件——包括 PDF 包、密码保护的 PDF 文档和受 Adobe Live Cycle 权限管理的 PDF 文件。通过这款免费的 PDF 阅读器,用户可以在电子邮件和网页或是任意一款支持"应用内打开"功能的应用上阅读 PDF 文件。

(5) 百度文库:"百度文库"是供网友在线分享文档的电子书平台。用户可以在线阅读和下载各个领域的电子书资料,不过下载需要扣除相应的百度积分(财富值)。百度声称该平台的文档均来自用户上传,百度不编辑或修改用户上传的文档内容,用户通过上传文档,可以获得该平台虚拟的积分奖励,用于下载自己需要的文档。

(6) Google Books：Google Books 是谷歌推出的一款针对谷歌图书网站的移动客户端,类似苹果的 iBooks,可以阅读用户在 Google Books 网站购买的图书。除了集成一些电子阅读器的基本功能,如切换字体、搜书、夜间阅读模式等之外,Google Books 还提供 300 万册免费图书以及数十万册付费图书。Google Books 支持 iPhone、iPad 和 Android 系统。Google Books 也有一些不足之处,比如功能不如 iBooks 全面,对于中文用户来说,Google Books 提供的 300 万册免费英文图书并没什么用,虽然两者都缺乏大量中文书籍,iBooks 支持导入本地的 EPUB 格式书籍弥补了这个缺陷,但 Google Books 却不提供导入功能。

(7) Instapaper：Instapaper 是 iOS 上非常有用的阅读工具,不但能将网页保存为书签,还能抓取保存页面原始内容,把它们存储在用户的移动设备上,供日后离线阅读,并且它的阅读体验做得相当优秀。Instapaper 受到广大信息工作者、自我学习提升用户的强烈追捧。Instapaper 早先有免费版,但后来改变了营销模式,只提供收费版的 Instapaper 应用,用户普遍表示影响不大。

(8) Pocket：Pocket 是一款多平台同步的离线网页阅读工具,功能和 Instapaper 类似,平时浏览网页时遇到来不及看完的页面则可通过 Pocket 保存至服务器端,以便日后查阅,解决了信息需求量大而阅读时间不固定用户的需求。此应用包括了 PC 浏览器扩展、手机客户端以及网页版。

(9) Reeder：Reeder 是一款收费的基于 iOS 的 Google Reader 客户端 RSS 阅读器,界面很清爽,总体上比较好用。Reeder 使用 Google 账号登录,自动和 Google 阅读器同步,用户可以在 Google Reader 上添加所需要的 RSS 源,然后登录到 Reeder 中阅读,Reeder 支持 iPhone 和 iPad 两个平台。

(10) MobileRSS：MobileRSS 是一款国人开发的 Google Reader 阅读器,和 Reeder 一样都是 iOS 平台上的 RSS 阅读软件,支持简体中文。Reeder 下载量在同类 APP 中排名第一,MobileRSS 排名第三。

此外,国内使用较广泛的阅读 APP 还有网易云阅读、天翼阅读、多看、QQ 阅读、Flipboard、Zaker 等,此处不一一赘述。

3.3 数字游戏与动漫

数字游戏与动漫,严格来说也属于数字媒介内容生产的范畴。它是基于数字技术的媒介娱乐产品,数字游戏主要包括视频游戏、网络游戏和手机游戏等,数字动漫主要包括影视动画、网络动画、手机动画和漫画等。数字游戏和数字动漫是目前数字媒介内容产业中的核心领域,其消费需求巨大,市场占有率极高,已经引起世界各国的普遍重视和积极发展。

3.3.1 数字游戏

1. 概述

"数字游戏"(Digital Game)即以数字技术为手段设计、开发,并以数字化设备为平台实施的各种游戏。追溯这一用法,该词可见于 2003 年"数字游戏研究协会"(DiGRA,Digital

Game Research Association)的正式命名。游戏学家 Jesper Juul 在 DiGRA 大会上指出，"数字游戏"的概念相对于传统游戏，具有跨媒介特性和历史发展性等优势；而学者 Espen Arseth 也在《游戏研究》(Games Studies)杂志的创刊号上撰文指出，数字游戏的称谓具有兼容性，是许多种不同媒介的集合。目前，"数字游戏"作为一个专有名词，正在被广泛认可。

2. 特点

"数字游戏"这一名称相对"电子游戏"(Electronic Games)、"计算机游戏"(Computer Game)、"视频游戏"(Video Game)或"交互游戏"(Interactive Game)而言，更具有延展性和本质性。

"数字游戏"一词具备一定的延展性，即 Jesper Juul 所称的历史发展性。也就是说，无论游戏发展到何种境地，只要继续采用数字化的手段，就可称之为"数字游戏"。而"视频游戏"(Video Game)的界定则指"通过终端屏幕呈现出文字或图像画面的游戏方式"，将游戏限定于凭借视频画面进行展示的类别。随着技术的发展，数字化的游戏将逐渐超越视频的范畴，朝向更为广阔的现实物理空间和赛伯空间(Cyberspace)发展。同样，"计算机游戏"(Computer Game)一词也将概念限定到一个较小的范畴，单指计算机平台上的游戏，而其他例如基于手机、PS2、Xbox、PSP、街机等平台的游戏均具有类似的设计特性和技术手段，却被划出圈外。而"电子游戏"(Electronic Game)作为通俗的称谓在国内普遍流传。由于历史的机缘，数字游戏引入我国之始正值 20 世纪 80 年代中期，正是电子技术方兴未艾，数字概念尚未萌动的年代。因此，"电子游戏"便一直沿用至今。时至今日，"电子游戏"更倾向于指代基于传统电子技术下的老式游戏(尤见于西方)，而较少用来指代网络游戏、虚拟现实游戏等较新型的游戏。

"数字游戏"一词可以涵盖计算机游戏、网络游戏、电视游戏、街机游戏、手机游戏等各种基于数字平台的游戏，从本质层面概括了该类游戏的共性。这些游戏虽然彼此面目迥异，但是却有着类似的原理——即在基本层面均采用以信息运算为基础的数字化技术。以电视游戏(Console Game)为例，这一类型的游戏虽然以电视为屏幕，但其主机仍然可被看作某种计算机。如 20 世纪 80 年代任天堂(Nintendo)的 FC 游戏机(Family Computer)，采用 8 位处理器，52 色的图像控制器(PPU)和兼容 5 声道的声音发生器(PSG)；而 2006 年微软(Microsoft)推出的 Xbox360 则包括了 3 个 3.2GHz 的 Xenon 处理器，支持 DirectX 9.0 的视频处理芯片(GPU)和 521M 的内存。二者的计算速度相差 1800 多倍，但其结构都符合冯·诺依曼(Von Neumann)的计算机模型。因而，这些基于数字技术的游戏可以从一个平台移植到另一平台，并维持原作的基本风格和面貌。而且，同一款游戏也往往同时推出不同平台上的版本。例如，2004 年由 Treyarch Studios 开发的《蜘蛛侠 2》(Spider-Man 2)就同时发售了基于 PC、PS2、XBOX、NGC、GBA 等 5 个平台的版本，其剧情、画面、音效、关卡都基本一致。这也从另一个侧面说明了不同类别游戏的本质同一性，即数字化性。

3. 产业概况

数字游戏主要包括视频游戏、网络游戏和手机游戏三大类。其中，视频游戏和手机游戏产业主要集中在欧洲、美国和日本，网络游戏产业则主要分布在韩国、中国及东南亚的一些国家和地区。据统计资料显示，2008 年全球数字游戏产业规模达 450 亿美元，其中视频游戏约占 80% 份额，网络游戏、手机游戏相对规模较小。另据《2008 年中国游戏产业报告》，我国数字游戏产业 2008 年实现销售收入 183.8 亿元,其产业规模,因视频游戏的政策影响和手机游戏的初期发展,主要体现在网络游戏上。但是随着 3G 网络的发展,国内手机游戏产业在巨大的市场支撑下,已经表现出强劲的发展态势。

3.3.2 数字动漫

1. 概述

"动漫"是动画和漫画的合称与缩写。动画是指由许多帧静止的画面,以一定的速度连续播放时,肉眼因视觉残像产生错觉,而误以为画面活动的作品。漫画是指以通过虚构、夸饰、写实、比喻、象征、假借等不同手法,描绘图画来述事的一种视觉艺术形式,是静态影像,没有声音,可以加上文字、对白、状声词等来辅助读者对画的理解,是静态而非动画影片。然而随着现代传媒技术的发展,影视艺术被融入漫画之中,从而使得漫画与动画更容易结合,动画(Animation 或 Anime)和漫画(Comics,Manga;特别是故事性漫画)之间的联系日趋紧密,两者也被合而称为"动漫"。

随着数字技术的发展,人们逐渐将数字艺术融入传统动漫设计与制作,特别是基于互联网的手机、iPad 等新移动终端为人们普遍接受并使用时,动漫的数字化内涵和外延都得到了延展,它可以是纸质漫画的电子版,也可以借助软件,把漫画动态化,并辅助一定的声响效果,使它具有一定的动感及互动性,创造一种全新的阅读体验。总之,数字动漫就是以数字技术为手段设计开发,并以数字化设备为平台实施传播的各种动画和漫画的集合。以计算机技术如三维 CG 技术与 Flash 动画技术等为特征的新的动画形式和各种借助计算机技术和网络技术传播的动漫作品,其生产、传播与传统的动漫有着明显的区别。现代数字技术不仅将动漫制作从繁重的手工劳动中解放出来,大大缩短了动漫的生产周期,而且为动漫的创意提供了超乎想象的多维空间,动漫艺术同新媒体如网络媒体、手机电视媒体结合所产生的网络动漫、手机动漫,必将彻底改变人类交流、娱乐的模式,同时也将快速促进人类文化的大交流、大融合。

2. 类型

数字动漫主要包括影视动漫、网络动漫、手机动漫等。其中,网络动漫和手机动漫是区别于传统动漫的典型的数字动漫形式。

网络动漫(Original Net Anime,ONA)指的是以互联网作为最初或主要发行渠道的动画作品。随着 20 世纪末至 21 世纪初互联网多媒体技术的不断发展,ONA 作为一种娱乐需求开始在互联网崭露头角。相比起传统的电视动画和 OVA(原创动画录像带),ONA 通常具有成本低廉、收看免费、带有实验性质等特点。早期的原创网络动画由于受到平均网速和各种硬件设备的限制,多以线条简单、色彩简洁的 Flash 动画为主,由于 Flash 矢量动画的特性,只需很小的体积即可储存大量信息,便于传播,很快便在互联网流行起来。这一时期,网络动画的作者多以个人为主,内容则多为小品动画或 MV 作品。随后,随着网络硬件设备的发展,以及大量的 Web 2.0 视频网站的出现,类似传统动画风格的高质量独立制作作品开始涌现,这一时期的网络动画虽然仍以个人计算机制作为主,其细致程度却超过以往的 Flash 作品,作品中往往使用大量的 2D 或 3DCG 技术,虽然仍然以个人独立制作为主,但也有专门制作网络动画的小型团体,有些动画甚至有专业的配音演员加入。现今,ONA 的流行程度使其越来越受到社会和主流媒体的关注,一些商业动画公司也开始通过与大型视频网站合作的方式专门制作一些用于网络发布的动画。

"手机动漫"则是采用交互式矢量图形技术制作多媒体动画内容,并通过移动互联网提供下载、播放、转发等功能的一种动漫形式。广义的手机动漫涵盖的种类有以下几种:Flash、闪客杂志、Flash音乐和游戏产品、Flash手机动画短片、Flash动画MTV、小品、相声等,还包括基于其他技术的手机动画以及手机动漫广告、动漫彩信、动漫屏保和其他漫画图片。手机动漫业务目前的目标用户主要针对年龄在18~35岁之间的成人用户群,占手机动漫注册用户数的95%。这一群体包括学生、时尚青年和白领等。此群体使用手机动漫业务的主要动机是追求时尚、娱乐。随着今后3G的发展和手机的进一步普及,35岁以上的用户群体也是手机动漫的潜在客户。

3. 产业概况

2008年全球数字动漫产业以美国、日本、加拿大、韩国为主要发展国,形成了350亿美元的产业规模。其中,美国为动漫产业的发源地,并以迪斯尼、梦工厂等众多跨国企业为支撑,使其始终处于世界领先地位,且保持强势发展格局。日本拥有索尼、东映、京都动画等一大批国际知名企业,素有"动漫王国"之称,为世界最大的动漫产品制作和输出国。目前,全球播放的动漫作品中有六成以上出自日本。我国数字动漫产业发展势头强劲,据广电总局统计显示,2008年国内动漫企业制作完成国产电视动画片共249部,共计13万分钟。另据统计,2008年国内数字动漫产业实现产值180亿元,比2005年的38亿元增长了400%。

我国手机动漫业务发展速度也很快。2003年7月,日本电信商通过北京空中丝路移动技术公司将手机动漫带到了中国市场。同年11月,中国移动手机动漫业务在"2003中国国际通讯设备展"上正式露面,手机动漫市场正式启动。2004年9月30日,中国移动通过《手机动漫终端规范》的评审,为"手机动漫"业务的全网开通扫除了最后的障碍。2005年4月19日,中国移动数据部发布"手机动漫业务征集方法",明确了第一批手机动漫新业务电报和评审的诸项流程,要求具有全网资质的SP在4月20日前完成手机动漫新业务的申请提交。同年12月1日,采用数码超智终端播放器技术和运营平台的中国移动手机动漫业务全网正式开通计费,这个被视为动漫Flash的手机版本被放在了"移动梦网"——"铃图随意当"菜单之下。

4. 数字游戏动漫整合

在国外,专业人士用ACG(英文为Animation、Comic、Game,分别指动画、漫画、游戏)来统称动漫游戏这个大的产业。随着游戏产业的蓬勃发展,由漫画衍生的游戏已经突破技术方面的制约缓缓崛起,并掀起了阵阵热潮。知名漫画改编网络游戏,既略过了故事情节方面的繁文缛节,又省去了单向的推广费用。而近来游戏产业又显现出游戏向漫画衍生的迹象,两大产业的互通互动,使得双方在发展中得到相辅相成的积极影响,彰显出两者一直走在整合进发的道路上。

在日本游戏产业如日中天的MD(Mega Drive,世嘉家用游戏机)和SFC(Super Famicom,任天堂游戏机)时代,就推出了一大批动漫题材的作品,当时由于技术落后,很多作品无法表达漫画中的境界,其中的《幽游白书》算是比较成功的。迄今,在国内外,不少知名漫画已经被开发或正在被开发成网络游戏。《七龙珠OL》是漫画原作者鸟山明监督下开发的一款网络角色扮演游戏。以原漫画故事情节为背景,游戏画面采用卡通渲染,淋漓尽致地表达了原作漫画的风格,秉承经典,再创辉煌。《中华英雄OL》取材自香港漫画家马荣成、黄玉郎两位名家联手打造的同名漫画,游戏采用全3D场景画面,使漫画里人物栩栩如生地走近玩家,生龙活虎地演绎了一个可歌可泣的大时代、大中华。2011年,以金庸原著为蓝本改编的网络游戏《笑傲江湖》也开始大步迈进漫画领域,以《笑傲江湖》中著名人物故事改编的笑傲前传漫画《风起》已开始连载,第一话即受到诸多漫迷的追捧,连载漫画与游戏的联动力量不可忽视。笑傲江湖借鉴以往名作来拓展游戏附属产品,恰如《勇者斗恶龙》等名作时常制作漫画杂志一样,此种方式增大了游戏周边内容铺放,同时增强了与玩家间的互动。动漫与游戏的受众群在很大程度上呈现重合状态,两大体裁共同进发,适应了更多玩家的需求,因此《笑傲江湖》连载漫画的推出得到了众多玩家及漫迷的积极响应。漫画与游戏两大产业由于技术与创意投入方面的改观,加之漫画作品本身固定的受众群,无形中推动了漫画游戏的并肩前行。两大产业之间的整合并发,势必会在当下游戏市场形成一种新趋势、新潮流。

3.4 数字社区

数字社区是指以数字技术为支持的社区,它的内涵覆盖了网络社区、虚拟社区、电子社区、数字化社区等概念,是一个开放的分布式、集成化的人际交流环境,它涉及计算机应用技术中虚拟现实、多媒体、网络通信、人工智能、CSCW(Computer Supported Cooperative Work,计算机支持协同工作)等多个领域,也关系到心理学、社会学等诸多学科。大体上说,数字社区分为两类,一类是虚拟社区,即以虚拟身份在网络中创立一个由志趣相同的人组成的均衡的公共领域,通过既定领域内的不断联系,在虚拟空间中形成社会关系,如各种网络社区;另一类是数字化社区,即传统的现实社区的数字化升级,是数字城市不可缺少的基础和重要组成部分,这种数字社区通过数字化信息将管理、服务的提供者与每个住户实现有机连接,有效地组织、整合社区内的信息资源,实现信息资源及经营业务的共享。本节将从社交网络系统、即时通信系统和数字化社区三方面来描述数字社区的表现形态。

3.4.1 社交网络系统

1. 概述

社交网络即社交网络服务,源自英文 SNS(Social Network Service),中文直译为社会性网络服务或社会化网络服务,意译为社交网络服务。社交网络含义包括硬件、软件、服务及应用,由于四字构成的词组更符合中国人的构词习惯,因此人们习惯上用社交网络来代指 SNS。

社交网络源自网络社交,网络社交的起点是电子邮件。互联网本质上就是计算机之间的联网,早期的 E-mail 解决了远程邮件传输的问题,至今仍是互联网上最普及的应用,同时它也是网络社交的起点。BBS 则更进了一步,把"群发"和"转发"常态化,理论上实现了向所有人发布信息并讨论话题的功能(疆界是 BBS 的访问者数量)。BBS 把网络社交推进了一步,从单纯的点对点交流成本的降低,推进到了点对面交流成本的降低。即时通信(IM)和博客(Blog)更像是前面两个社交工具的升级版本,前者提高了即时效果(传输速度)和同时交流能力(并行处理);后者则开始体现社会学和心理学的理论——信息发布节点开始体现越来越强的个体意识,因为在时间维度上的分散信息开始可以被聚合,进而成为信息发布节点的"形象"和"性格"。比如从 RSS、Flickr 到最近的 YouTube、Digg、Mini-feed、Twitter、Fetion、Video-Mail 都解决或改进了单一功能,是丰富网络社交的工具。随着网络社交的悄悄演进,一个人在网络上的形象更加趋于完整,这时候社交网络出现了。如果说在网络社交的起点——电子邮件时代,网络仅仅可以满足人们5%的社交需求,那么今天丰富的社交网络已经可以把这个数字至少提升了10倍,除了"接触型"的社交行为,或者说是"接触型"信息的收集和发布之外,网络社交已经开始承担大部分传统社交的作用。实际上,"非接触型"的社交,原本就占据了人类社交的80%以上,这意味着网络社交对传统世界必然会带来巨大的影响。

总的来说,网络社交不仅仅是一些新潮的商业模式,从历史维度来看,它更是一个推动互联网向现实世界无限靠近的关键力量。社交网络涵盖以人类社交为核心的所有网络服务形式,互联网是一个能够相互交流、相互沟通、相互参与的互动平台,互联网的发展早已超越了当初 ARPANET 的军事和技术目的,社交网络使得互联网从研究部门、学校、政府、商业应用平台扩展成一个人类社会交流的工具。

2. 传播特性

1)人际传播的回归和社会关系的网络化

社交网络和人际传播的关系十分密切。人际传播是两个或两个以上的人之间借助语言和非语言符号交流信息的传播,具有很强的私密性、亲密性、互动性和社会性。而社交网络则是把现实中的人际应用到网络中,以人和其人际关系来建立网络社交,从而形成社交网络。由于朋友的朋友的传播模式,容易达到深度交流的目的。因此,社交网络是人际传播在互联网世界的新领域。

2)以用户为中心

由于网络技术不断向用户渗透,那些过去被轻视、被忽略的"微内容"、"微价值"由于新的聚合力量而显得格外强大。社交网络的 UGC(用户生成内容)力量是惊人的,你可以创办自己的网络电台,让你和你的听众一起来卡拉 OK、DJ;你可以建立自己的商务网店,发布你想发布的商品信息;你也可以创建一个私人的空间,和你的同事一起网上开会、策划、交流工作心得等。像 YouTube 能成为现在网络视频的领头羊,与用户可以自由地上传、分享、评价视频息息相关。而微博 Twitter 在一定程度上改变了媒体格局,就是把媒体的动力交给普通人,让每个人都可以创造自己的媒体。社交网络是基于"人际关系"的网络服务,其核心是"用户创造价值",用户自身的价值更加凸显。如果说传统的博客、QQ、论坛主要是以内容为核心,更多地追求一种个体的自我表达,社交网络的关键则是它的用户管理制度,"以用户为中心"来组织和传播内容,用户的意识及行为成为关注焦点,满足用户多样化、个性化的需求是其关键。社交网络中的用户关系反映了人们在现实生活中的社会关系,使用户能够更好地管理自己的人际资源,处理好人际关系。

3)虚拟社交与真实社交的融合

作为一种新型社会交往形式,社交网络是人的对象化活动的产物,它不可能脱离"人"这个主体。在很大程度上,网络社会就是一种"自由人的联合体"。因此,网络社交在"虚拟化生存"的同时,正在走向现实化、真实化和更人性化,人们已经不再满足于虚拟符号和虚拟社交的方式,而希望让网络更多地服务于个人发展和现实生活。社交网络已经弱化了早期网络社区那种娱乐和游戏功能,每个用户都只有一个身份识别,只有紧贴这个身份才能使用和拓展其他功能,它鼓励用户以真实身份、形象加入网络群体,保持线上线下身份一致性,以此来构建社会化的关系服务网络。2005 年天际网发布的"中国 SNS2.0"的新概念标准认为,SNS 是一种利用网络实现的实名制社交平台,将现实生活中的人际交往通过互联网进行管理,降低社交成本,并"通过信赖的人找到需要的人",最大限度地拓展有价值的人际资源。由此可知,每个在网络中的真实个体,不再孤立存在,而是借助互联网及数据检索出人际网络中的"节点",把"网"与"网"编织在一起,形成类似蜂窝状的网络结构,每个用户都可以从自身辐射出一个可信赖的人际圈。

4) 私人空间与公共空间的结合

成熟、理性的网络交往社区应该是私人空间和公共空间的有机结合。私人空间指以个体情感、利益为中心的私人活动范围,是为了满足用户个性化及自我展示的需求,提供一个可以自由共享和充分展示自己的空间。公共空间是为了用户之间的交流、对话与聚合,为了用户之间能够自由平等地参与、互动并形成的一种"公共生活"。私人空间、公共空间共同构成人们生活的世界,缺一不可。社交网络打破了时空界限,缩短了人们之间的距离,节约了公共空间的人际交往成本,并为人际交往提供了公共场域,使公众能有效地参与公共空间或发起某种公共行为。像移动交往媒体不受时空限制,可在所有的公共空间使用,甚至在一个完全陌生的环境下,用户也可通过移动媒体与朋友联系或是自娱自乐。社交网络中每个用户都有一个"个人主页",在这个私密空间里,用户可以加好友、写日记、上传照片和视频等;这些个人行为都将被自动告知其好友,好友可以留言或评论。与此同时,社交网络具有各种公共空间的功能,如游戏、投票、论坛、分享、交易等,让用户与亲朋好友在这个公共空间里自由地沟通与对话。简言之,社交网络媒介塑造了一种新的人际交往形态和传播情境,有助于个人空间与公共空间关系的再构,促进了个人空间与公共空间的有效融合。

3. 发展历程

回首 SNS 的发展,从国外的 MySpace、Facebook、Twitter 到中国的开心网、人人网等泛娱乐 SNS 应用,再到目前中国大行其道的微博、米聊(微博)、微信,乃至垂直类 SNS 的应用形态,社交网络服务的概念深入互联网精髓。中国社交网络的发展主要经历了以下 4 个阶段。

1) 早期社交网络雏形——BBS 时代

从社交网络的深层演变来看,社交网络应该是从 Web 1.0 时代的 BBS 层面逐渐演进的。相比于 E-mail 形态,BBS 把社交网络向前推进了一步,将点对点形式演变为点对面,降低了交流成本。此外,相比于即时通信和博客等轻社交工具,BBS 淡化个体意识,将信息多节点化,并实现了分散信息的聚合。天涯、猫扑、西祠胡同等都是 BBS 时代的典型企业。从 VC/PE 关注度来看,2006 年以前,资本主要关注 BBS 及博客形态的社交网络产品,但是后来这类企业的发展多不尽如人意。

2) 娱乐化社交网络时代

经历了早期概念化的六度分隔理论时代,社交网络凭借娱乐化概念取得了长足的发展。国外社交产品推动了社交网络的深度发展。2002 年,LinkedIn 成立;2003 年,运用丰富的多媒体个性化空间吸引注意力的 MySpace 成立;2004 年,复制线下真实人际关系来到线上低成本管理的 Facebook 成立,这些优秀的社交网络产品或服务形态,一直遵循社交网络的"低成本替代"原则,降低人们社交的时间与成本,取得了长足发展。纵观中国,国外社交网络如火如荼发展之际,中国社交网络产品相继出现,如 2005 年成立的人人网、2008 年成立的开心网,乃至 2009 年推出的搜狐白社会等,拉开了中国社交网络的大幕。这段时间大体跨越了 2006—2008 年,VC/PE 在此间经历了大幅投入之后,2008 年进入缓步投入阶段。

3) 微信息社交网络时代

新浪微博的推出,拉开了中国微信息社交网络时代的大幕。2009 年 8 月,新浪推出微博产品,140 字的即时表达,及根据用户价值取向、兴趣所向等多维度划分用户群体,用户通过推介及自行搜索等方式构建自己的朋友圈,这种产品迅速聚合了海量的用户群,当然也吸引了众多业者(如腾讯、网易、盛大)的追随。这种模式也再次将广义社交网络推向投资人视野。此外,随着移动互联网的发展,微信息社交产品逐渐与位置服务等移动特性相结合,相继出现米聊、微信、简简单单等移动客户端产品。

4) 垂直社交网络应用时代

垂直社交网络应用并非是在上述三个社交网络时代终结时产生的,而是与其他三个时间段交叉互现。目前,垂直社交网络主要是与游戏、电子商务、分类信息等相结合,这也可以称为社交网络探究商业模式的有力尝试。清科研究中心预计,垂直社交将成为社交网络未来发展的主要方向。随着社交网络的不断推进,各类社交网络产品不断寻求差异化发展之路,研究领域称其为从"增量性娱乐"到"常量性生活"的演变。目前,社交网络逐渐拓展到移动手机平台领域,借助手机普遍、随身、及时等特性,利用各类交友/即时通信/邮件收发器等软件,使得手机成为新的社交网络的主要载体。

近年来,社交网络的发展引人注目。目前,约有一半以上的中国网民通过社交网络沟通交流、分享信息,社交网络已成为覆盖用户最广、传播影响最大、商业价值最高的 Web 2.0 业务。社交网络巨大的发展潜力更是一度被国内外各大风投机构与公司看好,纷纷注资。我国当前社交网站的发展概况可以参见图 3-1。

前瞻网发布的《2013—2017 年中国社交网络行业发展前景预测与投资机会分析报告》显示,2005—2011 年上半年,已经披露的中国社会网络行业的投资事件为 106 起,其中已经披露投资金额的投资案例为 74 起,披露的投资金额总额为 10.98 亿美元,平均投资金额为 1484 万美元。与互联网及移动互联网相关行业的细分领域如网络游戏、电子商务相比,VC/PE 对中国社交网络的关注度稍弱,但是相对于其他互联网/移动互联网应用/服务而言,社交网络的投资情况引人注目。2011 年,我国社交网络投资创历年新高。从已经披露的单笔投资金额来看,已经披露的投资金额的 55.41% 的投资案例集中在 500 万美元之下,相比其他行业而言,我国社交网络的投资金额相比较小。主要原因是,我国社交网络行业企业普遍规模较小,融资阶段一般均处于企业发展前期。不过,涉及人人网、58 同城、豆瓣网等行业领先且较具规模企业的投资案例金额已经达到 5000 万美元之上。分析认为,随着社交网络用户的不断增加,投资者、广告商、程序开发商等利益相关者也越来越多地将目光投向社交网站。国内社交网络热潮正风起云涌,不仅构筑了一个庞大的网络社会,还带来了无限商机,其盈利模式逐渐形成,盈利能力也渐入佳境。不过,现阶段我国社交网络的发展也存在一些问题,主要体现为:同化现象严重,缺乏创新;市场运营不成熟,缺乏有力的投资,无法打造适合中国市场的社交网络系统;社交网站呈现集中化,腾讯、人人网、开心网、豆瓣占据了大部分市场。

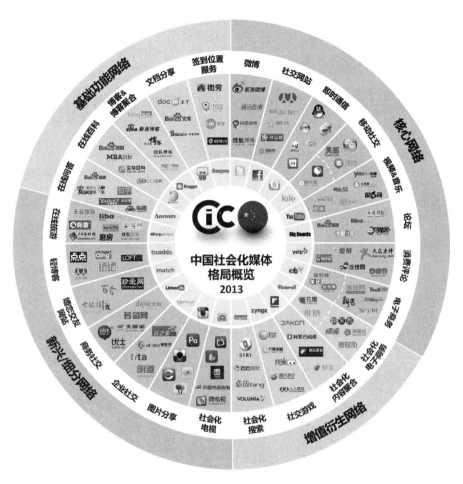

图 3-1　2013 年中国社会化媒体格局概览

3.4.2　即时通信系统

1. 概述

即时通信(Instant Messenger,IM)是一种基于互联网的即时交流信息的业务,代表产品有百度 Hi、MSN、QQ、FastMsg、UC、蚁傲等。IM 的创始人是三个以色列青年,他们在 1996 年最先开发出 ICQ。1998 年,当 ICQ 注册用户数达到 1200 万时,被 AOL(美国在线)看中,以 2.87 亿美元的天价买走。目前 ICQ 有 1 亿多用户,主要市场在美洲和欧洲,已成为世界上最大的即时通信系统。即时通信是一个终端服务,允许两人或多人使用网络即时传递文字讯息、档案、语音与视频交流。即时通信按使用用途分为企业即时通信和网站即时通信,根据装载的对象又可分为手机即时通信和 PC 即时通信,手机即时通信的代表是短信,网站、视频即时通信的代表有米聊、YY 语音、QQ、微信、百度 Hi、新浪 UC、阿里旺旺、网易泡泡、网易 CC、盛大 ET、移动飞信、企业飞信等。

2. 应用类型

1) 个人即时通信

个人即时通信,主要是以个人(自然人)用户使用为主,开放式会员资料,非赢利目的,方便聊天、交友、娱乐,如 Anychat、YY 语音、IS、QQ、网易 POPO、新浪 UC、百度 Hi、盛大圈圈、移动飞信、Lahoo(乐虎)、Lasin(乐信)、FastMsg、蚁傲等。此类软件以网站为辅,软件为主;免费使用为辅,增值收费为主。

2) 商务即时通信

商务即时通信的代表有企业平台网的聚友中国、阿里旺旺贸易通、阿里旺旺淘宝版、慧聪 TM、QQ(拍拍网,使 QQ 同时具备商务功能)、MSN、Anychat 等。商务即时通信的主要功用是寻找客户资源或便于商务联系,以低成本实现商务交流或工作交流。商务即时通信应用以中小企业、个人及外企跨地域工作交流为主。

3) 企业即时通信

企业即时通信,一种是以企业内部办公为主,建立员工交流平台,减少运营成本,促进企业办公效率;另一种是以即时通信为基础,整合相关应用。截至目前,企业通信软件被各类企业广泛使用,例如 Anychat、网络飞鸽、腾讯 RTX、叮当旺业通、微软 Microsoft Lyn、大蚂蚁 BigAnt、IBMLotus Sametime、腾讯 EC 营销即时通、中国移动企业飞信、FastMsg、蚁傲、中电智能即时通信软件等。

4) 行业即时通信

主要局限于某些行业或领域使用的即时通信软件,不被大众所知。也包括行业网站所推出的即时通信软件,如化工网或类似网站推出的即时通信软件。行业即时通信软件主要依赖于购买或定制,使用单位一般不具备开发能力。

5) 网页即时通信

在社区、论坛和普通网页中加入即时聊天功能,用户进入网站后可以通过右下角的聊天窗口跟同时访问网站的用户进行即时交流,从而提高了网站用户的活跃度、访问时间、用户黏度。把即时通信功能整合到网站上是未来的一种趋势,这是一个新兴的产业,已逐渐引起各方关注。

6) 泛即时通信

一些软件带有即时通信软件的基本功能,但以其他使用为主,如视频会议。泛即时通信软件对功能单一的即时通信软件是一大竞争与挑战。

3. 传播特性

1) 匿名性和虚拟性

由于即时通信是远距离、跨空间的交流,因此,它的传播对象往往带有偶然性,也同时具有匿名性的特点。这使得个体表现往往与其在真实世界的表现大相径庭。同时,这也使个体在进行自我表达时,会较少顾及社会规范的约束,比较随意。因为匿名性,无须对自己的行为承担后果,似乎"回避"了许多责任感。所以即时通信工具交流的匿名性特点使得人际交往拥有一个有利于弱纽带形成和扩张的交往环境,这种环境更适合与陌生人形成弱纽带,有助于社群形成平等的互动模式并使得沟通没有障碍,并有助于成百上千个弱纽带的扩张,其中有些会发展为强纽带。即时通信工具的匿名带来了人们之间社会等级差异的消失。相对来说,匿名交流是一种更平等更纯粹的交流,它使交流内容与技巧等的重要性得到凸显。

2) 间接性和模糊性

即时通信工具的交流方式与社会互动、人—人直接互动不同的是在互动形式上表现为人—计算机—人的间接互动。计算机是实现即时通信工具交往的媒介。美国网络社会学家曼纽尔·卡斯特称这种交往为"计算机中介之沟通"(CMC, Computer Mediated Communication)。随着 20 世纪 90 年代互联网在世界范围兴起,这种沟通一瞬间走入寻常百姓家,从此"计算机"代替了"便笺",即时通信工具成了重要的交流工具,间接互动几乎是实现其成员互动的唯一形式。

3) 亲近性

即时通信工具的交流使人际关系呈现出"亲近性",可能会使交往更有深度,彼此的交流更接近心灵深处。现实社会中由于双方的社会属性、地理空间、社会环境和情境因素,以及外貌上的个体差异特征,限制了沟通交流的深度,使人们相互倾诉的机会较少。但是,人们在现实社会交往中不能吐露的内心感受和心语,在即时通信工具交流下却可能会"淋漓尽致"。因为即时通信工具较少有语言表达恰当性方面的限制,比如,经过一定时间的接触,交流一经进入稳定阶段,双方交往中的真实性和真诚性会自然加强。这时即时通信工具交流可能会是"用'心'交流",呈现人际关系的"亲近性"。

3.4.3 传统公共社区升级——数字社区

1. 概述

中国城市、社区和家庭信息化正在快速发展。越来越多的地方政府已经把信息化作为城市发展的新主题。建设部相关职能部门给数字社区的基本定义是,数字社区是利用现代传感技术、数字信息处理技术、数字通信技术、计算机技术、多媒体技术和网络技术,实现社区内各种信息的采集、处理、传输、显示和高度集成共享,实现社区和家庭各种机电设备和安防设备的自动化、智能化监控,实现社区生活与工作安全、舒适、高效。数字社区是数字城市的单元节点,数字社区的建设是数字城市建设的基础。

数字社区是传统公共社区的数字化升级。运用各种信息技术和手段,整合社区资源,在社区范围内为政府、物业服务机构、居民和各种中介组织之间搭建互动交流及服务的网络平台,从而使社会化信息提供者、社区的管理者与住户之间可以实时地进行各种形式的信息交互,是数字化社区的主要特点。数字化社区是以现实社区为支撑,以互联网提供的虚拟空间为拓展来实现功能的,它是现实社区的发展和延伸,所以现实社区仍为主体。互联网上的虚拟空间为数字社区拓展跨地域的空间、与外部实现广泛联系,使更多的社会资源能够共享和跨地域提供服务在社区成为可能。现实的社区提供具体建筑物和环境,提供有形的服务。

2. 主要功能

数字社区的主要内容体系包括 4 个方面:社区家庭数字化生活;社区数字化物业管理;社区数字化设备平台;社区数字化网络建设。一般来说,数字社区可以实现以下功能。

1) 网上物业服务

提供无纸化账单。为每个家庭提供无纸化对账单,用户凭密码登录家庭网站后,可以即时查看、查询当月及往月的各项物业费用及缴费情况,提供账单导出、对账及统计分析等功能。同时,支持在线支付功能,让小区居民免受管理处缴费排队之苦。

进行物业信息在线发布。通过社区网站,及时发布各类物业管理信息,此信息不仅展示在小区门户网站上,同时还能推送到居民家庭网站、电子邮箱及手机上,及时收集并在线回复居民提出的各类问题。同时,通过在线 IM 与小区居民在线即时信息或语音通信,了解居民需求,促进彼此交流与沟通,提高办事效率和客户满意度。

处理在线投诉、报修。小区居民登录家庭网站提出投诉与报修申请,系统自动生成相关单据并即时传递到物业软件系统中,同时,配合手机短信、电子邮件,将投诉、报修信息推送给相关人员。客服人员在物业软件系统中归类、派工、处理、回访跟进直到客户最终反馈,业务的各个环节均可在数字化社区提供的居民家庭网站及物业软件系统内双向显示,整个处理流程一清二楚。

网上增值物业服务。为小区商家提供一条商务快捷通道,配合完善的信息发布与推送系统,让居民足不出户,尽知"小区事";让小区商家不用吆喝做尽小区每家每户生意;让小区物业管理人员借用小区网上虚拟店铺,开展丰富多彩的社区增值服务,倾力打造社区"10分钟生活服务圈"。最终,通过社区电子商务实现物业服务及赢利模式创新,通过数字化及IT技术让小区楼宇保值、增值。

2) 客户关怀服务

短信服务。分为手机短信服务和家庭网站短信服务,均支持预定义和自定义短信功能,支持批量和定向定时发送。

电子邮件服务。向小区居民发送各类客户关怀和通知公告电子邮件,提供多种自定义模板,在合适的时刻向小区居民发出合适的问题与美丽的祝福。

即时通信。为企业及小区居民提供类似 QQ、MSN 的在线即时通信工具,方便物业公司、各管理处及居民之间的沟通与交流。支持文字、语音等多种沟通方式。既可快速了解客户需求,又可避免企业员工使用 QQ 或 MSN 与外界朋友上班聊天等带来的负面影响。

在线调查。满足物业管理过程中各阶段、多种样式的客户满意度调查需求,提供在线调查信息发布、修改、投票、反馈统计及图表分析功能。

3) 搭建门户网站

如搭建集成数字化物业服务的物业公司网站,为企业提供全方位的品牌、发展历程、管理小区、服务流程等方面的介绍与展示;同时,提供新闻发布与展示系统,第一时间对外传达企业管理资讯;此外,还有动态交互功能,如在线调查、问题反馈、在线投诉/报修/咨询/建议等,让小区居民与物业管理全面互动,并形成访问黏性。也可建立小区网站,作为小区展示与居民生活门户,全面展示小区信息、物业信息、小区居民沟通与活动等信息。小区网站是物业管理机构与小区居民沟通的平台,也是小区居民自由交流、交往的生活平台,更是小区商家服务的平台。还可搭建家庭网站,主要包括家庭物业服务终端和家庭成员网上生活平台。所谓家庭物业服务终端,指每个家庭与物业沟通、交流的终端,如物业对账单查询、查看,物业投诉、报修、咨询、建议的发布及处理情况反馈等,物业发布的相关紧急通知、管理公告均可第一时间显示于小区居民的家庭网站,从而使之成为小区居民与物业管理机构双向沟通的信息终端。家庭成员网上生活平台具有隐私性,业主可以通过设置指定的成员访问密码,使之仅限于家庭内部成员之间的沟通与交流。当然最便于实现的是小区商家网站,即为小区商家提供的小区网上商铺,小区商家可以面向小区居民自由发布各类促销资讯,展示并在线销售商品。网站系统支持在线预订及多种付款方式,同时,辅以即时通信在线交谈。

4) 社区交流平台

包括社区论坛、博客、圈子等平台,以增进小区互动、征集各类建设性意见、交流沟通、活动联谊,增进居民之间的了解、交往,共建和谐小区新环境;展示和表达个人的价值观和社会理念,记录、交流、分享信息,增加社区居民彼此的信任和了解;以共同兴趣和爱好建立起朋友团体,参与共同话题和活动,彼此分享分类信息,实现信息共享。

5) 社区电子商务

包括网络广告管理,也就是基于小区商家的网络广告投放与展示,提供各类网络广告发布、管理、费用计算、展示次数及点击次数统计与分析;网上房屋租售代理,为物业公司提供网上房屋交易信息收集、分类、跟进及佣金计算等各类服务,配合网站即时通信系统,快速联系客户并促成生意成交;网上商品投放,为小区商家提供集资讯、产品发布与展示、在线订购、在线支付、配送管理等诸多功能于一体的小区网上店铺;网上跳蚤市场,基于小区的物品交易、交换集市,突破物流障碍,注重网络沟通、当面交易。

总之,数字社区建设是城市数字化建设进程中的一个部分,它的建设和生存依赖大的信息环境的技术支撑,数字社区的信息孤岛绝无存在的可能。小区接入网必须接入城市的数字信息网络中,才能实现小区与整个社会的数字信息资源共享。因此数字社区的建设要与大到国家、小到一个局部地区的数字信息化建设规划相一致。总之,数字社区的发展将是多方位、多层次的;同时,随着科技的发展,将产生新型的数字化应用来服务于居住社区。我们期待未来的居住环境将更加适合人类居住,打造出更加人性化、特色化的生活环境。

小 结

从人类进入传播时代开始,已经经历了口语传播时代、文字传播时代、印刷传播时代、电子传播时代,现在又跨入了数字传播时代。人类社会每一次媒介技术的进步,都会引发新一轮的媒介形态的变革;每一种新的媒介形式的出现,都会对人类的交流方式乃至生存方式造成巨大的影响。在数字传播时代,媒介呈现出全面数字化的特征,内容生产数字化、传输渠道数字化以及发送/接收终端数字化,人类不仅创造出新的数字媒介形态,传统的媒介形态也实现了数字化的转型升级,其最终结果可能会导致人类的沟通交流数字化,甚至生存方式数字化。当然,人类对于媒介技术的创新和媒介形态的开发是一个不断发展的过程,在这个过程中,必然会出现新老媒介形态从共生发展到渐次分化,到功能融合,到形态更迭的局面,届时会形成新的媒介生态,再进入新一轮的媒介形态发展。同时,人类社会也随着这个过程实现文明的繁衍和文化的传承。

思 考 题

3-1 面对数字媒介的崛起,传统媒介会走向消亡吗?请谈谈数字媒介与传统媒介的关系。

3-2 请从总体上概括数字媒介相对传统媒介的传播优势。

3-3 以"数字媒介技术支持下的个人媒介终端的构想"为主题分组讨论,并在课堂上以PPT辅助作宣讲。

参 考 文 献

[1] 前瞻产业研究.2013—2017年中国数字图书馆行业市场前瞻与投资战略规划分析报告[R].2013.
[2] 何淑梅.浅谈党校数字图书馆建设[J].中国信息界,2011,(2):51-52.
[3] 占卫东.基于VPN虚拟专网建设数字图书馆的实践与思考[J].中国信息界,2011,(2):53-55.
[4] 冯菱燕.基于数字图书馆的高校文检课教学模式的研究[J].黑龙江科技信息,2011,(2):187-188.
[5] 耿骞,叶亚娜.浅谈我国数字图书馆建设与发展现状[EB/OL].2008-05-25[2013-06-16].http://www.edu.cn/tsg_6497/20080525/t20080525_298541.shtml.
[6] 高文,等.数字图书馆——原理与技术实现[M].北京:清华大学出版社,2000.
[7] ARMS W Y.数字图书馆概论[M].北京:电子工业出版社,2000.
[8] 朱强.谈谈数字图书馆实现的条件[J].大学图书馆学报,2000,(1):11-12,21.
[9] 李源,敬卿.数字图书馆研究及发展策略初探[J].高等教育研究学报,2000,(3):51-55.
[10] 徐文伯.中国数字图书馆发展战略[N].中国文化报,2000-05-23.
[11] 中国新闻出版报.出版社纷纷发布app产品 向数字出版投石问路[EB/OL].2013-06-24[2013-06-29].http://www.indaa.com.cn/ds/dsyw/201306/t20130624_1314147.html.
[12] 人民网.手机动漫 数字动漫产业发展的新机遇[EB/OL].2007-08-03[2013-06-29].http://media.people.com.cn/GB/22114/45733/97775/6067928.html.
[13] 中国投资咨询网.游戏动漫 产业整合并发前景看好[EB/OL].2011-09-09[2013-06-08].http://www.ocn.com.cn/free/201109/zhenghe091651.shtm.l2011-9-9.
[14] 清科研究中心.中国社交网络发展历程的四种阶段[EB/OL].2011-10-19[2013-06-08].http://www.yixieshi.com/pd/9591.html.2011-10-19 00:48.
[15] 李林容.社交网络的特性及其发展趋势[J].新闻界,2010,(5):32-34,20.
[16] 新华网.国外数字电视发展历程[EB/OL].[2013-08-09].http://www.ah.xinhuanet.com/tt315/2007-04/13/content_9781558.htm.
[17] 百度百科.数字广播[EB/OL].[2013-08-12].http://baike.baidu.com/view/1642232.htm.
[18] 百度百科.数字电视[EB/OL].[2013-08-09].http://baike.baidu.com/view/3084.htm.
[19] 搜狐IT.关于数字电视[EB/OL].[2013-08-12].http://it.sohu.com/2003/12/25/21/article217412181.shtml 2003-12-25 12:36.
[20] 百度百科.数字电影[EB/OL].[2013-08-12].http://baike.baidu.com/view/84937.htm.
[21] 中国电影报.中国数字电影:步入发展快车道[EB/OL].[2013-08-05].http://www.dmcc.gov.cn/publish/main/175/1267/12674294477811043173/12674294477811043173_.htm 2010-02-25 14:32:13.
[22] 朱虹.中国数字电影的现状与发展战略[J].当代电影,2011(2):48-53.
[23] 百度百科.3D[EB/OL].[2013-08-15].http://baike.baidu.com/subview/4376/7093091.htm?fromId=4376&from=rdtself.
[24] 百度百科.立体电影[EB/OL].[2013-08-15].http://baike.baidu.com/view/9354.htm?fromId=94707.
[25] 百度百科.3D电视[EB/OL].[2013-08-12].http://baike.baidu.com/view/2791247.htm.
[26] 百度百科.数字出版[EB/OL].[2013-08-22].http://baike.baidu.com/view/504129.htm.
[27] 百度百科.数字报纸[EB/OL].[2013-08-22].http://baike.baidu.com/view/2580953.htm.
[28] 豆丁网.浅谈数字报纸行业的发展前景[EB/OL].[2013-08-05].http://www.docin.com/p-462899404.html.
[29] 百度百科.多媒体数字报纸[EB/OL].[2013-08-22].http://baike.baidu.com/view/5491331.htm.
[30] 百度百科.数字报业[EB/OL].[2013-08-15].http://baike.baidu.com/view/7007744.htm.
[31] 搜狐IT.数字杂志的概念定义[EB/OL].[2013-08-09].http://it.sohu.com/20060402/n242594301.shtml.

[32] 艾瑞网. 中国电子杂志的发展史[EB/OL]. [2013-08-09]. http://web2.iresearch.cn/dianzizazhi/20090417/93238.shtml.

[33] 刘潇宁. 发展与冲突：解析媒介电子杂志的发展演变[EB/OL]. [2013-08-22]. http://www.docin.com/p-374404497.html.

[34] 百度百科. 数字图书馆[EB/OL]. [2013-08-25]. http://baike.baidu.com/view/8181.htm.

[35] 百度百科. 数字游戏[EB/OL]. [2013-08-25]. http://baike.baidu.com/view/348101.htm.

[36] 新浪博客. 数字娱乐发展与现状[EB/OL]. [2013-08-25]. http://blog.sina.com.cn/s/blog_6dc265c60100m68a.html2010-11-09 00：27：45.

[37] 百度百科. 动漫[EB/OL]. [2013-08-15]. http://baike.baidu.com/view/2294.htm.

[38] 百度百科. 网络动画[EB/OL]. [2013-08-15]. http://baike.baidu.com/view/1906127.htm.

[39] 百度百科. 数字社区[EB/OL]. [2013-08-15]. http://baike.baidu.com/view/463346.htm.

[40] 百度百科. 社交网络[EB/OL]. [2013-08-22]. http://baike.baidu.com/subview/1405540/5023504.htm.

[41] 百度百科. 即时通讯[EB/OL]. [2013-08-22]. http://baike.baidu.com/view/1526.htm.

[42] 百度文库. 现代通讯增强了人际关系[EB/OL]. [2013-08-15]. http://wenku.baidu.com/link?url=EqX64RVnpPMaV8wL-fnsFUO-Mae1r5zWY_SEJGmAl1jcGRn_Iw3J_KDWK2JKlQNvk1hRfay9RtNjgekuXbuFizxmgdDk7D8cnenAICexQwe.

[43] 百度百科. 数字化社区[EB/OL]. [2013-08-25]. http://baike.baidu.com/view/3236639.htm.

第4章

数字媒介传播的结构与功能

1948年,传播学奠基人之一哈罗德·拉斯韦尔发表了著名的《传播在社会中的结构与功能》一文,从内部结构上分析了传播过程中的诸要素,从外部功能上概括了传播活动的社会作用。拉斯韦尔明确提出了传播过程及其5个基本构成要素,即著名的拉斯韦尔5W模式,并归纳了传播的3种基本社会功能,即监测环境、协调社会、传承社会遗产。此后,许多学者都从不同的角度、不同的层面,对其进行了丰富和拓展。虽然拉斯韦尔等学者的学说有其特定的研究对象和研究视野,但其理论成果仍可广泛观照人际传播、组织传播、大众传播诸类型,因此为研究数字媒介传播的结构与功能提供了一个基本的框架。本章关于数字媒介传播的结构与功能的研究,将依托于经典传播学理论中关于大众传播的结构与功能的相关学术成果和研究框架,并结合数字媒介的特殊属性及其传播特性而展开。

4.1 数字媒介传播的结构

结构是指一个系统内部的构成要素以及诸要素之间的关系,数字媒介传播结构则主要研究数字媒介传播过程中的构成要素及彼此的关系。拉斯韦尔5W模式提出了传播过程中的5要素,即谁(who)、说什么(says what)、对谁说(to whom)、通过什么渠道(in which channel)、取得什么效果(with what effect),该模式奠定了传播学研究的五大基本内容,即"控制分析"、"内容分析"、"受众分析"、"媒介分析"以及"效果分析"。这5个要素也同样构成了数字媒介传播的基本构成要素,既传播者、传播的内容、受传者、传播媒介和传播的效果。结合数字媒介的特殊属性,数字媒介传播的基本构成要素可分为传者与受者、数字信息/讯息、数字媒介、数字媒介传播效果4个方面。

4.1.1 传者与受者

1. 传受角色的交叉化与C/R的出现

传者即传播者(Communicator),是传播行为的引发者,是传播过程中信息的主动发出者。在社会传播过程中,传播者可以是个人,也可以是群体或组织。在大众传播中,传者一般指媒介从业人员,主要是指新闻传播机构、媒介管理者与媒介传播者,即那些从事最基本的采编、制作和播出的如记者、编辑、导演、制片人和新闻主播等一线工作的从业人员。受者即受传者(Receiver),是传播行为的作用对象,是传播过程中信息的接收者和反应者。同样,受传者可以是个人、群体、机构或组织。大量的受传者又称为受众,具体包括观众、听众、读者等。

在传统媒介主导的传播过程中,传者和受者是两个独立的要素,分别处于信息传播的两端,二者是相互依存、相互矛盾作用但界限分明的关系,传者的权威性、专业性和主导性毋庸置疑。然而,随着数字媒介的崛起,传受双方的界限变得日益模糊甚至日趋消失,尤其是在Web 2.0时代,只要使用数字媒介,人人都可以扮演传者,传者的地位遭到了巨大的挑战。如图4-1所示,在这种新型的传播关系中,参与传播的个体既是信息的采集、加工、发布者,同时也是信息的接收、反馈者,甚至可以同时身兼二职,一边接收信息一边发布信息,传者和受者的角色在动态上已经变得难以区分。在这种独特的传播关系中,传受角色的交叉化特征十分明显,并催生了一个崭新的传播要素——传受者(Communicator/ Receiver,简称 C/R)。

图 4-1 传受角色的交叉化与 C/R 的出现

2. 数字媒介传播中的传者与受者类型

在数字媒介传播的新型传播关系下,传播结构中的传者与受者发生了角色分化,大体上分化为以下几种类型。

1) 职业传者

职业传者指的是代表一定的传播部门、传播组织、政党和阶级进行信息传播活动的职业传播人。这个角色的主要职能是根据传播的目的进行信息的搜集、加工,使用数字媒介向人群传递数字化信息。职业传者一般受过专业训练,拥有一定的专业知识和专门技能,所发布和传播的信息多反映并代表一定阶级、集团、组织的利益、愿望和要求。这个角色类似于传统的大众传播把关人角色——记者、编辑、主持人、编导、导播等新闻从业人员。数字时代的职业传者不仅要具备传统把关人的传播能力,如新闻敏感性、社会活动能力、调查研究能力、文字表达能力等,同时还要精通计算机操作,熟悉各种数字媒介技术,能够熟练而快捷地搜集、发送、处理各式文本、照片、图表、动画、视音频等材料,并生成数字媒介产品。职业传者广泛分布于各数字媒介行业,如数字报纸、数字杂志、数字电视、数字出版、互联网等行业,通过专业的数字媒介产品向受者传播数字化信息。

2) 单纯性受者

单纯性受者的角色类似于传统大众传播模式中的受众,数字媒介传播中的单纯性受者是数字媒介的使用者、用户,是数字化信息的接收者、反馈者,但不参与数字化信息的二次加工和再传播。在实际的数字化传播过程中,并不是所有用户都热衷于二次传播,他们中有一部分人只是将数字媒介作为获取信息的渠道和娱乐工具,他们使用数字媒介产品,阅读新闻、浏览论坛、欣赏视频、参与游戏等,但一般不主动介入信息的二次传播,较少发生例如转发、评论、跟帖等行为,也不参与社交网络,这类角色对数字媒介的使用以满足个人的信息和娱乐需求为主,但在信息传递行为上极不活跃,更多情况下是以信宿的角色存在,因此可以界定为"单纯性受者"。单纯性受者的存在原因比较复杂,一般与个体的文化水平、年龄、个性以及心理因素等相关。

3) 传受者(C/R)

如前所述,传受合一的角色 C/R 是数字媒介传播时代的特殊产物。在 Web 2.0 时代,任何人都可以不受时间和地域的限制分享各种观点,用户既是数字信息的接收浏览者也是数字信息的生产制造者,可以得到自己需要的信息也可以发布自己的观点。总之,私人化、平民化、普泛化、自主化的个体一方面从各种数字媒介中获取海量的信息,一方面又扮演着传播者,以现代化、电子化的手段,向不特定的大多数或者特定的单个人传递着规范性或非规范性的数字化信息,这些个体就是C/R。C/R的存在不是偶然个别现象,而是媒介技术和传播行为发展至今的必然产物,理应作为独立的构成要素被纳入数字媒介传播过程。

对于公民个体利用数字媒介主导信息传播过程的行为,学术界称之为"自媒体传播"。自媒体又称公民媒体,美国新闻学会媒体中心于2003年7月出版了由谢因·波曼与克里斯·威理斯两位联合提出的"We Media(自媒体)"研究报告,其中对"We Media"给出了一个十分严谨的定义:"We Media是普通大众经由数字科技强化、与全球知识体系相连之后,一种开始理解普通大众如何提供与分享他们本身的事实、他们本身的新闻的途径。"简言之,自媒体是为个体提供信息生产、积累、共享、传播内容兼具私密性和公开性的信息传播方式,是公民用以发布自己亲眼所见、亲耳所闻事件的载体,如博客、微博、论坛、BBS、网络社区等。国内外著名的自媒体平台包括美国的Facebook和Twitter,中国的Qzone、新浪微博、腾讯微博和人人网、微信公众平台、皮皮精灵等。自媒体的出现和大量应用,也为C/R的存在和壮大提供了丰富的沃土。

4.1.2 数字信息/讯息

1. 概述

信息是传播学的核心概念。从一般意义上说,信息泛指人类社会传播的一切内容。人通过获得、识别自然界和社会的不同信息来区别不同事物,得以认识和改造世界。在一切通信和控制系统中,信息是一种普遍联系的形式。1948年,申农在题为《通信的数学理论》的论文中指出,"信息是用来消除随机不定性的东西"。美国数学家、控制论的奠基人诺伯特·维纳在他的《控制论——动物和机器中的通信与控制问题》中认为,信息是"我们在适应外部世界、控制外部世界的过程中同外部世界交换的内容的名称"。英国学者阿希贝认为,信息的本性在于事物本身具有变异度。从哲学层面看,信息是对客观世界中各种事物的运动状态和变化的反映,是客观事物之间相互联系和相互作用的表征,表现的是客观事物运动状态和变化的实质内容。传播学研究的信息一般采用申农的定义,即在一种情况下能够减少或消除不确定性的任何事物。

信息在不同的载体上表现为不同的形态。口语传播中,信息以语言、面部表情等符号传递;文字传播中,信息以文字、绘画等符号传递;印刷时代,信息以书籍、杂志、报纸等形式传播;电子时代则以声光电等形态存在。历史前进到信息时代,媒介形态也发展出以计算机技术、电子技术、互联网技术为支撑的数字媒介,信息的表现形态也随之数字化。将许多复杂多变的信息转变为可以度量的数字、数据,再以这些数字、数据建立起适当的数字化模型,把它们转变为一系列二进制代码,引入计算机内部进行统一处理,最后生成数字信息,这就是信息数字化的过程。信息数字化能将任何连续变化的输入如图画的线条或声音信号转化为一串分离的单元,在计算机中用0和1表示,数字、文字、图像、语音,包括虚拟现实及可视世界的各种信息等,都可以用0和1来表示。这种数字化以后的0和1就是各种信息最基本、最简单的表示,也就是数字讯息。大量数字化的讯息所包含的意义,构成了数字信息。

在数字媒介传播中,数字讯息和数字信息成为基本的构成要素。

2. 数字信息/讯息的优点

如果把非数字化的讯息都归结为模拟讯息的话,数字讯息与模拟讯息相比具有独特的优势。由于在运算、存储等环节中要借助计算机对讯息进行编码、压缩、解码,采用的是二进制,因此不易受外界的干扰,抗干扰能力强;另外,数字讯息便于长期存储,不占空间,使大量可贵的信息资源得以方便地保存;在数字技术中可以进行加密处理,使一些可贵的信息资源不易被窃取,保密性强;数字讯息通用性强,可以采用标准化的逻辑部件来构成各种各样的数字系统,使得数字信息可以在不同的数字终端上通用。

有学者对数字信息资源的优点进行过归纳,总体上有如下几点:①数字信息资源以磁性材料或光学材料为存储介质,存储信息密度高,容量大,且可以无损耗地被重复利用。②数字信息资源以现代信息技术为记录手段,以机读数据的形式存在,可在计算机内高速处理,可借助通信网络进行远距离传播。③数字信息资源内容丰富,可以是文字、图表等静态信息,也可以是集图、文、声、像于一体的动态多媒体信息,且各种类型的数据又可借助计算机实现任意的组合编辑。④数字信息资源具有通用性、开放性和标准化的数据结构,在信息网络环境下,被每一个用户所使用,是一种具有共享性的信息资源。⑤数字信息资源具有高度的整合性。它不受时间、空间限制,可以实现跨时空、跨行业的传播。

数字信息的种类非常丰富,包括文本信息如数字文字、数字,图信息如数字图形、数字图像,动态信息如数字动画、数字电影,音频信息如数字语音、数字音乐等,此外还有综合的如数字报刊期刊、数字广播电视等。无论数字信息以何种形式存在,其相对模拟信息的优势是显而易见的,因此也就具有更强的生命力,在未来会得到更长远的开发及应用。

3. 常见文件格式

由于数字信息所应用的文字、图形、图像、声音、视频影像和动画等都是数字化形式,因此在各类数字终端设备中都以一些通用的文件格式存在,以方便使用、存储和传输。下面根据数字信息的类型分别介绍一些目前常见的数字文件格式。

1) 文本文件

Word 文件(.doc):用微软的 Office Word 软件创建打开,金山 WPS Office 也能打开。纯文本文件(.txt):用所有的字处理软件(如 Windows 自带的写字板、记事本,包括 Word 和 WPS 等)都可以打开。.txt 是包含极少格式信息的文字文件的扩展名。.txt 格式并没有明确的定义,它通常是指那些能够被系统终端或者简单的文本编辑器接受的格式。任何能读取文字的程序都能读取带有.txt 扩展名的文件,因此,通常认为这种文件是通用的、跨平台的。WPS 文件(.wps):用 WPS 软件打开,应用普及率不如前两种。

2) 图像文件

BMP 文件:一种位图(Bitmap)文件格式,它是一组点(像素)组成的图像,Windows 系统下的标准位图格式,使用很普遍。其结构简单,未经过压缩,一般图像文件会比较大。它最大的好处就是能被大多数软件"接受",可称为通用格式。GIF 文件:图形交换格式(Graphics Interchange Format)(.gif),支持 256 色。分为静态 GIF 和动画 GIF 两种,支持透明背景图像,适用于多种操作系统,"体形"很小,网上很多小动画都是 GIF 格式。其实 GIF 是将多幅图像保存为一个图像文件,从而形成动画,所以归根到底 GIF 仍然是图片文件格式。JPEG 文件:也是应用最广泛的图片格式之一,它采用一种特殊的有损压缩算法,将不易被人眼察觉的图像颜色删除,从而达到较大的压缩比(可达到 2∶1 甚至 40∶1),所以"身材娇小,容貌姣好",特别受网络青睐。PSD 文件:专业图像处理软件 Photoshop 的专用图像格式,图像文件一般较大。PNG 文件:与 JPG 格式类似,网页中有很多图片都是这种格式,压缩比高于 GIF,支持图像透明,可以利用 Alpha 通道调节图像的透明度。

3) 音频文件

音频文件通常分为两类:声音文件和 MIDI 文件,声音文件指的是通过声音录入设备录制的原始声音,直接记录了真实声音的二进制采样数据,通常文件较大;而 MIDI 文件则是一种音乐演奏指令序列,相当于乐谱,由于不包含声音数据,其文件尺寸较小。

(1) 声音文件:数字音频同 CD 音乐一样,是将真实的数字信号保存起来,播放时通过声卡将信号恢复成悦耳的声音。然而,这样存储声音信息所产生的声音文件是相当大的,因此,绝大多数声音文件采用了不同的音频压缩算法,在基本保持声音质量不变的情况下尽可能获得更小的文件。具体包括 Wave 文件(.wav):Wave 格式是 Microsoft 公司开发的一种声音文件格式,用于保存 Windows 平台的音频信息资源,被 Windows 平台及其应用程序所广泛支持。文件尺寸较大,多用于存储简短的声音片断。MPEG 音频文件(.mp1/.mp2/.mp3/.mp4):MPEG 是运动图像专家组(Moving Picture Experts Group)的英文缩写,代表 MPEG 运动图像压缩标准,这里的音频文件格式指的是 MPEG 标准中的音频部分,即 MPEG 音频层(MPEG Audio Layer)。MPEG 音频文件的压缩是一种有损压缩,根据压缩质量和编码复杂程度的不同可分为三层(MPEG Audio Layer 1/2/3),分别对应 MP1、MP2 和 MP3 这三种声音文件。MPEG 音频编码具有很高的压缩率,MP1 和 MP2 的压缩率分别为 4∶1 和 6∶1~8∶1,而 MP3 的压缩率则高达 10∶1~12∶1,也就是说一分钟 CD 音质的音乐,未经压缩需要 10MB 存储空间,而经过 MP3 压缩编码后只有 1MB 左右,同时其音质基本保持不失真,因此,目前使用最多的是 MP3 文件格式。RealAudio 文件(.ra/.rm/.ram):RealAudio 文件是 Real Networks 公司开发的一种新型流式音频(Streaming Audio)文件格式,它包含在 Real Networks 公司所制定的音频、视频压缩规范 Real Media 中,主要用于在低速率的广域网上实时传输音频信息。网络连接速率不同,客户端所获得的声音质量也不尽相同:对于 14.4kb/s 的网络连接,可获得调幅(AM)质量的音质;对于 28.8kb/s 的连接,可以达到广播级的声音质量;如果拥有 ISDN 或更快的线路连接,则可获得 CD 音质的声音。

(2) MIDI 文件(.mid/.rmi):MIDI 是乐器数字接口(Musical Instrument Digital Interface)的英文缩写,是数字音乐/电子合成乐器的统一国际标准,它定义了计算机音乐程序、合成器及其他电子设备交换音乐信号的方式,还规定了不同厂家的电子乐器与计算机连接的电缆和硬件及设备间数据传输的协议,可用于为不同乐器创建数字声音,可以模拟大提琴、小提琴、钢琴等常见乐器。相对于保存真实采样数据的声音文件,MIDI 文件显得更加紧凑,其文件尺寸通常比声音文件小得多。

4) 视频文件

广义的视频文件又可以分两类,即动画文件和影像文件:动画文件指由相互关联的若干帧静止图像所组成的图像序列,这些静止图像连续播放便形成一组动画,通常用来完成简单的动态过程演示;影像文件,主要指那些包含了实时的音频、视频信息的多媒体文件,其多媒体信息通常来源于视频输入设备,同时包含了大量的音频、视频信息。

（1）动画文件：包括 GIF 文件（.gif）：GIF 是图形交换格式（Graphics Interchange Format）的英文缩写，是由 CompuServe 公司于 20 世纪 80 年代推出的一种高压缩比的彩色图像文件格式。目前 Internet 上大量采用的彩色动画文件多为这种格式的文件。在 Flash 中可以将设计输出为 GIF 格式。SWF 文件（.swf）：SWF(Shock Wave Flash)是 Macromedia(现已被 Adobe 公司收购)公司的动画设计软件 Flash 的专用格式，是一种支持矢量和点阵图形的动画文件格式，被广泛应用于网页设计、动画制作等领域，SWF 文件通常也被称为 Flash 文件。SWF 普及程度很高，现在超过 99％的网络使用者都可以读取 SWF 档案。这个档案格式由 Future Wave 创建，后来伴随着一个主要的目标受到 Macromedia 支援：创作小档案以播放动画。计划理念是可以在任何操作系统和浏览器中进行，并让网络较慢的人也能顺利浏览。SWF 可以用 Adobe Flash Player 打开，浏览器必须安装 Adobe Flash Player 插件。

（2）影像文件：具体包括 AVI 文件（.avi）：AVI 是音频视频交错（Audio Video Interleaved）的英文缩写，它是 Microsoft 公司开发的一种数字音频与视频文件格式。AVI 文件目前主要应用在多媒体光盘上，用来保存电影、电视等各种影像信息，有时也出现在 Internet 上，供用户下载、欣赏新影片的精彩片断。QuickTime 文件（.mov/.qt）：QuickTime 是 Apple 计算机公司开发的一种音频、视频文件格式，用于保存音频和视频信息，具有先进的视频和音频功能。MPEG 文件（.mpeg/.mpg/.dat）：MPEG 文件格式是运动图像压缩算法的国际标准，它采用有损压缩方法减少运动图像中的冗余信息，同时保证每秒 30 帧的图像动态刷新率，已被几乎所有的计算机平台共同支持。MPEG 压缩标准是针对运动图像而设计的，其基本方法是在单位时间内采集并保存第一帧信息，然后只存储其余帧相对第一帧发生变化的部分，从而达到压缩的目的。MPEG 的平均压缩比为 50∶1，最高可达 200∶1，压缩效率非常高，同时图像和音响的质量也非常好，并且在计算机上有统一的标准格式，兼容性相当好。RealVideo 文件（.rm）：RealVideo 文件是 Real Networks 公司开发的一种新型流式视频文件格式，主要用来在低速率的广域网上实时传输活动视频影像，可以根据网络数据传输速率的不同而采用不同的压缩比，从而实现影像数据的实时传送和实时播放，在数据传输过程中边下载边播放视频影像，而不必像大多数视频文件那样，必须先下载然后才能播放。目前，Internet 上已有不少网站利用 RealVideo 技术进行重大事件的实况转播。

5）其他常见数字媒体文件

Advanced Systems Format 文件（.asf）：是可以包含许多元素（如视频、音频、脚本命令、HTML、以及元数据），并可以使用任何编码解码器进行编码的 Windows Media 文件。Windows Media Audio 文件（.wma）：这类数字媒体文件使用 Advanced Systems Format 进行格式化，并使用 Windows Media 音频编码解码器进行编码。虽然这类数字媒体文件也可以包含脚本、图片和元数据，但它们通常为音频文件。Windows Media Video 文件（.wmv）：这类数字媒体文件使用 Advanced Systems Format 进行格式化，并使用 Windows Media 视频编码解码器进行编码。虽然这类数字媒体文件也可以包含脚本和其他说明，但它们通常为视频文件。多播信息文件（.nsc）：是将客户端定向到多播广播的 Windows Media 元文件，它们用于定义播放机（例如 Windows Media Player）的多播流属性。客户端播放列表文件（.asx、.wax 和 .wvx）：是被服务器用作客户端播放列表和客户端重定向程序的 Windows Media 元文件，它们包含供播放机（例如 Windows Media Player）使用的说明和参考。服务器端播放列表文件（.wsx）：是被用作服务器端播放列表的 Windows Media 元文件，可以包含视频、音频和图像文件的组合。

4.1.3 数字媒介

1. 定义

在英语中,媒介 media 是 medium 的复数形式,它大约出现于19世纪末20世纪初,其意是指使事物之间发生关系的介质或工具。传播学中的媒介是指信息传递的载体,传播媒介又称传播渠道,是将传播过程中各种要素相互联系起来的纽带。一般认为,广义的媒介包括以下一些媒介形式。

感觉媒介(Perception):是指能够直接作用于人的感觉器官,使人产生直接感觉(视、听、嗅、味、触觉)的媒介,如语言、音乐、各种图像、图形、动画、文本等。

表示媒介(Presentation):是指为了传送感觉媒介而人为研究出来的媒介,借助这一媒介可以更加有效地存储感觉媒介,或者是将感觉媒介从一个地方传送到远处另外一个地方的媒介,如语言编码、电报码、条形码、静止和活动图像编码以及文本编码等。

显示媒介(Display):是显示感觉媒介的设备。显示媒介又分为两类,一类是输入显示媒介,如话筒、摄像机、光笔以及键盘等,另一种为输出显示媒介,如扬声器、显示器以及打印机等,指用于通信中,使电信号和感觉媒介间产生转换用的媒介。

存储媒介(Storage):用于存储表示媒介,也即存放感觉媒介数字化后的代码的媒介称为存储媒介,例如磁盘、光盘、磁带、纸张等。简而言之,是指用于存放某种媒介的载体。

传输媒介(Transmission):传输媒介是指传输信号的物理载体,如同轴电缆、光纤、双绞线以及电磁波等。

结合数字媒介的技术特征,当前国内普遍比较认可的对数字媒介的定义是:"指以二进制数的形式记录、处理、传播、获取过程的信息载体,这些载体包括数字化的文字、图形、图像、声音、视频影像和动画等感觉媒介,和表示这些感觉媒介的表示媒介等,通称为逻辑媒介,以及存储、传输、显示逻辑媒介的实物媒介。但通常意义下所称的数字媒介常常指感觉媒介。"

2. 数字媒介的特征

1) 数字化、多媒体

数字媒介不仅具有报纸、广播、电视等印刷媒介与电子媒介的一般特性,同时还具有数字化、多媒体和适时性的特征。数字媒介突破了传统媒介必须依赖有形物质进行保存、传输的局限,在传播上真正实现了无形化、超时空化。数字媒介的内容呈现的形式多样化,包括文字、图片、图形、音频、视频等所有表现形式。

2) 传播的互动性

数字媒介具有交互式传递的独特优势。传统媒介的受众处于被动接受地位,信息接收行为受媒介控制较大,互动性较差,信息传送目标不确定,接收效果无法有效控制,信息终端存在设备的限制,不够方便。而数字媒介基本属于贴近性强、开放性的信息交流平台,受众可以自主、自动地参与其中,甚至成为信息的发布者、传播者,具有极大的互动性。

3) 全球化

计算机与网络真正实现了信息全球化、文化全球化和传播全球化,因此也加快了世界历史的发展进程,第一次建构了超越地域限制和意识形态束缚的全球传播网,使不同国家、不同地区、不同民族、不同文化中的人可以在同时和同一平台相互交流和沟通。

4) 人性化和智能化

数字媒介无论是功能的设计还是人机交流界面的设计都更为人性化,而且数字媒介本身也将具有某种智能,能更好地领悟人的指令和要求,从而作出反应。随着数字技术的进一步发展,便携式数字信息接收装置会非常多样化、微型化,也许会以生活用品的形态存在,也可以成为人的随身物品,但它们却能通过卫星与网络相连成为智能工具。在未来,数字媒介可能不仅仅作为信息媒介存在,而是成为人类生活中不可或缺的助手、伙伴。

3. 数字媒介的传播优势

1) 抗干扰、无损耗、还原度高

传统媒介的信息在生产传播过程中会受到物质材料、生产工艺、传输距离以及人为等因素的限制,在传递和转换过程中生成噪声、失真的信息冗余,大大降低了信息熵,破坏了载体对内容的描述,使得从信源到信宿的传递过程只能尽量缩短,不可相对无限延伸;只能用于少数系统,不可相对无限转换。而数字媒介中的信息是以数字方式纪录,通过网络进行传播,基本没有损耗,还原度极高。

2) 信息承载量大,能实现大容量传播

数字媒介的信息被数字化编码,且大多使用了数字压缩技术,不但提高了信息传送、播出质量,也大大增加了信息存储容量和传输时的信道容量。例如,一张普通 DVD 盘片单面容量为 4.7GB,能刻录约 4.3G 的数据,一般可以容纳一千多首 MP3 音乐、两千多张数码照片、连续播放 5 小时的视频文件,如果是蓝光光盘则容量更大,这在传统媒介时代是不可想象的。

3) 生产传输成本较低,环保低污染

传统媒介生产中必须大量使用纸张、印刷材料、底片、胶片、磁带等,传输则需要电缆、大型发射接收基站及设备等。而数字媒介则主要依托计算机技术和网络技术,通过数字化的方式进行生产传输,对有形物质的消耗较少,相对更加环保,成本更容易控制。

此外,数字媒介还有传播与更新速度快、检索便捷等优势,各种媒介形态如数字报纸、数字杂志、数字广播电视电影、数字游戏动漫等都各有千秋,相关内容在其他章节已有具体的描述,此处不再赘述。

4.1.4 数字媒介传播效果

1. 内涵

传播学所说的传播效果是指传播对人的行为产生的有效结果,具体指受者接收信息后,在知识、情感、态度、行为等方面发生的变化,通常意味着传播活动在多大程度上实现了传播者的意图或目的。在狭义上,指具有宣传或说服目的的传播行为在传播对象身上引起的心理、态度和行动的变化,通常意指传播行为在多大程度上实现了传播者的意图;在广义上,指报刊、广播、电视等大众传播媒介的活动对受众和社会产生的一切影响和结果的总和,不管这些影响和结果是有意的还是无意的,直接的还是间接的,显在的还是潜在的。作为传播学主要研究对象的大众传播的效果,往往包含 3 个层面:环境认知效果、价值形成与维护效果、社会行为示范效果。

数字媒介传播的效果特指数字传播过程中受者接收经由数字媒介发出的信息后,在认知层面、态度层面和行为层面等方面发生的变化。认知效果包括对数字信息的关注度、记忆度、知识的增长量等,态度效果包括通过数字传播对受众的认识、观念、爱憎、立场的改变等,行为效果包括受众的支持、反对或其他行为等。

2. 数字媒介传播效果测评

数字媒介传播效果测评是衡量数字媒介传播是否实现传播目标的一种手段。对数字媒介传播效果的测评可以借鉴传统大众传播常用的测评手法,如内容分析、实验室研究、田野调查、标准化问卷、参与式观察以及深度访谈等,另外结合数字媒介的技术特性展开。一般来说,对数字媒介传播效果的测评要从以下两个方面入手。

数字媒介接触效果测评——主要监测受众对数字媒介的接触、使用情况。目前比较可行的包括数字媒介平台流量分析、数字广播电视收听收视率分析、数字信息曝光次数分析、点击次数与点击率分析、转化次数与转化率分析、下载量及使用活性分析等。其中,流量分析是当前普遍使用的最简便的数字媒介接触效果分析手段,现在已不止在传统网络环境下运用,而是成为数字广播电视、数字社区、依托移动互联网的个人智能终端等应用形态上都可以实现的一种分析手段。当前大多数数字媒介皆可自主提供流量分析图表及数据,通过对比分析法,可以非常简便地发现和把握信息发布前后站外有源流量的变化。

数字媒介受众影响效果测评——主要监测数字媒介对受众文化、日常生活习惯广义上的影响,包括受众的世界观、人生观、社会舆论以及在观点、思想、信仰、认识、志向、动机和行为准则、对新事物态度等方面的变化幅度和变化方向。

通常来说,数字媒介接触效果的测评以定量分析为主,受众影响效果测评以定性分析为主,目前应用较多的主要是前者。具体的测评指标和测评方法在第 6 章数字媒介传播效果中有详细介绍,此处不再赘述。

4.2 数字媒介传播的功能

传播功能是指传播活动所具有的能力及其对人和社会所起的作用或效能。传播是一项必须履行一定功能的社会活动,不论它是自我的内向传播,还是直接的人际交流,还是借助媒介的大众传播甚至跨国传播。任何一项传播活动都必须具有一种或几种功能,否则就没有进行的必要。尽管某项传播活动,在它开始前公开宣称的功能与其最终实际呈现的功能并不完全相符,有的甚至相距很远,但功能总是客观存在的。特别是在大众传播中,传播者在事前充分认识这次(或一系列)活动所应发挥的作用和效能,然后运用全部传播手段或方式去充分地展示和释放这些功能,是至关重要的。数字媒介在面向大众进行传播活动时具有一般意义上的传播功能,同时其媒介属性也决定了数字媒介具有依托新媒介技术的特殊功能。

4.2.1 作为大众媒介传播的一般功能

1. 大众传播功能的经典学说

1) 拉斯韦尔的"三功能说"

在传播学研究史上,最早研究传播的社会功能的是美国政治学家哈罗德·拉斯韦尔,他认为,传播的基本功能有以下 3 个方面:

监测环境——人类要通过大众传播媒介来了解、把握和适应自然和社会环境的变化,以保证自身的生存与发展。因此,传播起着"瞭望哨"的作用。

协调社会——社会是一个建立在分工合作基础上的有机体,只有实现了社会各组成部分之间的协调和统一,才能有效地适应环境的变化。传播肩负着联络沟通、协调社会关系的重任。

传承社会遗产——传播能够将前人的经验、智慧、知识加以记录、积累、保存并传给后代,使社会遗产能够代代相传。

拉斯韦尔的三功能概括了包括人际传播、群体传播、组织传播等一切社会传播活动的基本功能,并不是专门针对大众传播而言的。

2) 赖特的"四功能说"

美国社会学家查尔斯·赖特在《大众传播:功能的探讨》(1959年)中,继承了拉斯韦尔的"三功能说",并在此基础上围绕大众传播的社会功能提出了"四功能说":

监测环境——在特定社会的内部和外部收集和传达信息,包括警戒外来威胁、满足社会的常规性活动(政治、经济、生活)的信息需要。

解释与规定——大众传播并不是单纯的告知活动,它传达的信息中通常伴随着对事件的解释,并提示人们应该采取什么样的行为反应。新闻信息的选择、解释和评价将人们的视线集中于某些特定的事件,社论或者评论也都是有明确意图的说服或动员活动。解释与规定的目的,是为了向特定方向引导和协调社会成员的行为。

社会化功能——大众传播在传播知识、价值及行为规范方面具有重要作用。与传承社会遗产的功能相似。

提供娱乐——大众传播的内容有一部分是为了满足人们的精神生活的需要,如文学的、艺术的、消遣性、游戏性的内容等。

3) 施拉姆的功能观

美国"传播学之父"威尔伯·施拉姆从政治功能、经济功能和一般社会功能三个方面对大众传播的社会功能进行了总结:

政治功能——监视(收集情报);协调(解释情报、制定、传播和执行政策);社会遗产、法律和习俗的传递。

经济功能——关于资源以及买和卖的机会的信息;解释这种信息、制定经济政策、活跃和管理市场;开创经济行为。

一般社会功能——关于社会规范、作用等的信息,接受或拒绝它们;协调公众的了解和意愿;行使社会控制;向社会的新成员传递社会规范和作用的规定;娱乐。

4) 拉扎斯菲尔德和默顿的功能观

拉扎斯菲尔德和默顿两位学者于1948年在《大众传播、大众鉴赏力和有组织的社会行动》中特别强调了大众传播的以下三种功能:

赋予社会地位——任何问题,只要得到大众传媒的广泛报道,都会成为社会瞩目的焦点,获得很高的知名度和社会地位。

强制社会规范——大众传媒通过将偏离社会规范和公共道德的行为公之于世,能够唤起普遍的社会谴责,将违反者置于强大的社会压力之下,从而起到强制遵守社会规范的作用。通常情况下,即使人们对违规行为有所察觉,也不会发生有组织的社会抵制行为,但只要被媒体公开化,一般公众都会感受到"制度性压力",从而积极加入到舆论制裁的行为中去。

麻醉作用——(负面功能)人们每天在媒体上花费大量时间和精力,从而降低了参与社会实践和群体活动的热情,过度沉迷于媒体提供的表层信息和通俗娱乐中,会不知不觉地失去社会行动力,而满足于"被动的知识积累"。

2. 数字媒介传播的一般功能

1) 监测环境

认知、了解周围环境,随时监测环境变化可能给自身带来的影响是人类自身生存的基本要求,包括认知、了解自然环境和社会环境。前媒介时代人类通过自身感知器官来监测,有了媒介之后人类通过各种传播媒介来监测。当媒介技术发展到数字时代,数字媒介也肩负起这一重要使命,成为人类了解外部事物、监测生存环境的重要渠道。

人类对外界环境的监测主要通过获取新闻信息来实现。数字媒介信息承载量大,文字、图片、声音、图像兼备,形象生动,尤其是信息更新及时,时效性强,已经成为数字媒介时代许多人获取新闻的首选媒介。当下许多数字媒介平台都实现了新闻实时发布功能,为人们了解世界动态提供了良好的渠道。门户网站的新闻频道是互联网的新闻集散中心,每天数以亿计的用户通过网络新闻的窗口了解全球和国内的新鲜事件,有的平台已实现每秒刷新;各种专业的数字报纸、数字杂志、数字报纸和数字广播电视更是给用户提供了内容丰富的综合性新闻大餐;3G智能手机终端上的新闻类应用每天数次定时向用户推送精选新闻内容;还有无数人通过数字社区间接获取信息,社交网络、即时通信工具、微博客、视频分享,无一不是新闻的通道。数字传播时代的全媒介网络,为人类提供了全方位认知、了解外部环境的信息"瞭望哨",人们可以更方便、更快捷、更全面地监测环境变化,以满足自身的生存发展需要。

2) 协调社会

协调社会包括联络、沟通、协调社会中的个人与个人、个人与群体、群体与群体、阶层与阶层、组织与组织之间的关系,主要指协调社会利益关系和协调社会矛盾关系。大众传播对社会的协调功能主要体现在:向社会成员传递社会规范和体制,以引导和协调社会成员的行为;对社会事件进行解释,激励和动员民众,提出对策,抵御有碍社会安定的各种威胁;防止因某些事件和敏感问题造成的过度刺激;将公众的注意力集中到某些事件上去,形成社会舆论等。传统大众媒介由于其权威性、主流性,在协调社会方面一贯具有先天的优势,容易在社会成员中形成较强的影响和号召力。

数字媒介则凭借其平民化、贴近性、强烈的交互性以及技术优势担负起协调社会的责任。当前许多地方政府通过数字媒介搭建了政务公开的平台,如政务门户网站、实名微博微信、BBS主题论坛、在线咨询工具等,使普通民众获得了参与社会公共事务的机会,极大地满足了民众的知晓权和话语权。可以说,数字媒介已经成为政府和民众沟通的重要桥梁,一定程度上缓解了社会矛盾,协调了政府与民众的关系。另外,数字媒介为社会交往开拓了全新的空间,无论是社交网络还是即时通信,人们按动鼠标或者拿起手机就可以交友、征婚、聊天、晒心情、写评论,开展各种人际交流活动。按照六度分隔理论,一个人可以和任何陌生人成为朋友,而数字媒介提供了这种可能,它大大拉近了人与人之间的距离,让人和人的沟通变得空前地容易、便利。此外,数字媒介在营造社会舆论、进行社会动员等方面同样具有巨大的作用,尤其是 Web 2.0 技术的应用使得数字媒介成为舆论的发源地,其庞大的受众人群、裂变式的传播方式更放大了它的威力,足以在全社会产生巨大的影响。总之,数字媒介在协调社会方面的作用比起传统媒介有后来居上的趋势。

3) 传承社会遗产

传承社会遗产主要指大众传播的教育功能及文化功能。大众传播的教育功能,首先表现为大众传播媒介拥有巨大的教育价值,可以在某些方面起到等同于学校的部分作用;其次,它可以创造一种重视教育、具有强烈教育意识的社会环境,使社会大众争相吸收和享用文化知识;同时,它能通过持续不断的信息传播逐步积聚知识和直接传播知识。传播的文化功能主要表现为:承接和传播文化——将传统文化中的精华继承下来、传播出去,使之世代相传并与其他文化相互作用;选择和创造文化——面对外来文化,依据一定的标准加以合理选择,并结合本土文化予以创造和发展;积淀和享用文化——传播使文化在历史长河中得以沉淀和堆积,文化传播的时间越久远,文化积淀就越深厚,而悠久深厚的文化,又为文化享用提供了丰富的内容。

数字媒介在传承社会遗产方面的作用是显而易见的。首先,数字媒介巨大的信息储存量和能长期保存信息并高度还原的特征,使得数字媒介成为文化传承的绝佳载体和介质,这个优势是传统媒介无法企及的;其次,数字媒介传播速度快、信息时效性强,有利于新知识、新文化的传播和普及;第三,数字媒介传播的全球性扩大了文化的传播范围,加速了不同亚文化之间的交流和文化融合;第四,数字媒介的多媒体特征,使数字媒介传播更加趣味化、智能化,更容易为人们接受和喜爱,从而成为良好的教育工具。总之,数字媒介传播延续了传统大众传播的教育文化功能,并利用自身的特性将这些功能加以放大,使传承社会遗产的功能得以彰显。

4) 娱乐功能

大众传播的娱乐功能是指大众传播具有满足人们的精神生活的共同需要、使人们产生精神上的愉悦的社会作用。有人认为大众传播的娱乐功能是文化功能的一种体现,是人对文化的一种享用。随着文化的发展和与外界环境的接触不断增多,人们越来越需要娱乐,电子媒介特别是电视的飞速发展,使娱乐的需求得到了满足。与此同时,娱乐消遣的负功能也引起了人们的重视,它可能会增加人们的被动性,降低他们的审美情趣,并可能助长厌世情绪,从而转移整个社会的注意力,限制人们的社会性行动。

数字媒介在提供娱乐方面绝对不逊色于传统媒介。随着宽带和流媒体技术的发展,传统大众传媒所能提供的各种娱乐形式都可以通过数字媒介获得。对于许多互联网用户来说,网络已成为他们主要的娱乐工具,通过网络在线下载、欣赏音乐,在线阅读文学作品,通过流媒体观看动漫、电视剧以及好莱坞大片。此外,其独特的交互功能还带来了全新的娱乐形式——网络游戏。《2005 年中国 5 城市互联网使用现状及影响调查报告》显示:对于 65.9% 的人来说,阅读网络新闻是互联网最主要的功能,其次是一般浏览,接下来被认为是"最常用"的三个功能均与娱乐有关——经常玩游戏的网民占 62.2%,经常下载音乐的网民占 56.5%,经常下载娱乐信息的网民占 53.5%。根据最新的中国互联网络发展状况统计报告显示,网络游戏、网络音乐和网络视频等娱乐性网络应用在应用排行榜中名列前茅。又如 3G 智能手机,更是一个集各种娱乐功能于一体的数字媒介终端,大容量储存,具有独立的操作系统,可以由用户自行安装软件、游戏等第三方服务商提供的程序,可以通过移动通信网络来实现无线网络接入,以 APP 客户端上网的方式进行社交、购物、旅游、阅读等,支持各种音频、视频文件播放,此外还可以根据自己的喜好不定期升级更新系统,加载应用。在未来,手机的娱乐功能还将进一步被开发,最终发展为个人多媒体智能终端。数字媒介强大的娱乐功能,加深了人们对其使用的依赖,也引发了人们对数字媒介负功能的担忧,即数字媒介依赖症,这也是媒介发展过程中一个无法避开也不可忽视的问题。

4.2.2 依托新媒介技术的传播功能

1. 信息聚合功能

数字媒介传播时代是一个巨量数据时代。美国互联网数据中心指出,互联网上的数据每年将增长 50%,每两年便将翻一番,此外,数据又并非单纯指人们在互联网上发布的信息,全世界的工业设备、汽车、电表上有着无数的数码传感器,随时测量和传递着有关位置、运动、震动、温度、湿度乃至空气中化学物质的变化,也产生了海量的数据信息。截至 2012 年,数据量已经从 TB(1024GB=1TB)级别跃升到 PB(1024TB=1PB)、EB(1024PB=1EB)乃至 ZB(1024EB=1ZB)级别。国际数据公司(IDC)的研究结果表明,2008 年全球产生的数据量为 0.49ZB,2009 年的数据量为 0.8ZB,2010 年增长为 1.2ZB,2011 年的数量更是高达 1.82ZB,相当于全球每人产生 200GB 以上的数据。而到 2012 年为止,人类生产的所有印刷材料的数据量是 200PB,全人类历史上说过的所有话的数据量大约是 5EB。IBM 的研究称,整个人类文明所获得的全部数据中,有 90% 是过去两年内产生的。而到 2020 年,全世界所产生的数据规模将达到今天的 44 倍。如何从巨量的数据中方便、快捷地获得有价值的信息,则成了大数据时代亟待解决的问题。

数字媒介传播所依托的计算机技术、互联网技术和其他数字技术正好可以有效地解决这个问题,从而成就了数字媒介传播最重要的一个功能——信息聚合功能。信息聚合指的是从大数据中萃取信息,利用最新的大数据技术,围绕某个主题,把极度分散、高度相关、前后依存的信息碎片,迅速、及时地整合成完整的、有参考价值的信息。通过信息聚合,可以有效过滤噪声数据的干扰,迅速获得有价值的信息。信息聚合的数据来源可以是互联网数据,也可以是物联网、云计算、移动互联网、车联网、手机、平板电脑、PC 以及遍布地球各个角落的各种各样的传感器数据,理论上所有连网的数据终端都可以是数据来源。

在数字媒介传播中,最能体现其信息聚合功能的有以下几种技术应用。

(1) 搜索引擎:搜索引擎是指根据一定的策略、运用特定的计算机程序从互联网上搜集信息,再对信息进行组织和处理后,为用户提供检索服务,将用户检索相关的信息展示给用户的系统。搜索引擎包括全文索引、目录索引、元搜索引擎、垂直搜索引擎、集合式搜索引擎、门户搜索引擎与免费链接列表等。搜索引擎可以根据用户指定的关键词把网络数据中与主题相关的、极度分散的信息迅速地聚拢,并按一定的顺序发送给用户,从而完成有效信息的聚合。

(2) RSS:Really Simple Syndication,英文缩写为 RSS 技术。RSS 是一种信息聚合的技术,是某一站点和其他站点之间共享内容的一种简易信息发布与传递的方式,它使一个网站可以方便地调用其他提供 RSS 订阅服务的网站内容,从而形成非常高效的信息聚合,让网站发布的内容在更大的范围内传播。RSS 是一种用于共享新闻和其他 Web 内容的数据交换规范,也是目前使用最广泛的一种扩展性标识语言。随着 RSS 的广泛使用,提供 RSS

Feeds 的网站越来越多,包括专业的新闻站点、电子商务站点、企业站点,甚至个人站点等。用户可以根据自己的喜好,订阅多个站点,通过一个 RSS 阅读器,获得多来源信息的"一站式"的个性化服务,完成高效的个性化主题信息聚合。

（3）网络百科：网络百科是一个创造性的网络平台,互联网所有用户均能平等地浏览、创造、完善内容的平台,被称为"内容开放、自由的网络百科全书"。网络百科强调用户的参与和奉献精神,充分调动互联网所有用户的力量,汇聚上亿用户的头脑智慧,积极交流和分享,同时实现与搜索引擎的完美结合,从各个不同层次上满足用户对信息的需求。网络百科聚集用户的力量,让知识在一定的技术规则和文化脉络下得以不断组合与拓展,并汇聚在一个开放、通用的平台上,充分地实现了信息的聚合。

（4）信息聚合应用平台：当前,各种信息聚合应用平台正在不断地被开发。ReadBurner：谷歌推出的信息聚合平台 ReadBurner,是一个聚集了谷歌阅读器(Google Reader)用户内容分享信息的网站,该网站可根据 RSS 新闻聚合条目分享的次数自动进行排名,其功能有点类似 Memetracker 分享信息追踪聚合器。Undrip：2012 年 9 月,一款 iOS 应用 Undrip 被开发问世,在统一的界面中整合了来自多个社交网络的信息,包括 Twitter、Facebook、Instagram、Path 和 Pinterest 等。不过该服务不会展示全部信息,而是会过滤掉 Facebook 状态更新、Foursquare 签到状态和 Farmville 游戏动态等无关紧要的内容。Undrip 的独特之处在于能跟踪用户的社交行为,并过滤掉对用户来说无用的"噪声"。Undrip 并不按主题来分类信息,而是按照对用户的相关性分类。通过 Undrip,用户可以进行 Facebook 上的"赞"和 Twitter 上的"转发"等功能,而使用方式与原生网站基本一致。玛撒网：一个基于 API 的多个微博平台及 SNS 而搭建的全新的微博聚合网站。通过玛撒网,用户可以绑定已注册的各个微博,实现一次消息同步、转发、评论、收藏各大平台微博。2013 年已经支持绑定的微博包括：新浪微博、腾讯微博、搜狐微博、网易微博、嘀咕、人民网微博、人间网、开心网、人人网等十多个微博及社交网络平台。Alternion：一站式社交网络信息聚合网站,可以将 Facebook,Twitter,YouTube,LinkedIn,Foursquare,Flickr,Picasa 等 220 多种社交网站上的内容更新汇合在一起,方便用户集中在同一页面下查看信息。Alternion 的信息管理功能强大到甚至可以将社交网站的联系人、私信、系统通知等信息聚合在一个类 Pinterest 的瀑布流界面里查看,方便、高效又快捷。

在数字媒介传播时代,人们面对信息爆炸不必再无所适从。只要充分利用数字媒介的信息聚合功能,就可以避开噪声干扰,在浩瀚的信息海洋中方便地撷取有价值的信息。

2. 社群动员功能

社会学意义上的社群,是指具有共同评价与情感、持续地进行相互作用与共同活动的个人有机集合体。社群内部有着稳定的群体结构和较一致的群体意识,成员有一致的行为规范、持续的互动关系,成员间分工协作,具有一致行动的能力。广义上的社群是指在某些边界线、地区或领域内发生作用的一切社会关系,它可以指实际的地理区域或是在某区域内发生的社会关系,或指存在于较抽象的、思想上的关系。动员,是指发动、鼓动人们参与某项活动或者行动。社群动员即针对特定的社群、通过一些渠道、采取具体的手段发动、鼓动社群内的人们参与某项活动或者行动。

传播的社会公共性使得其具有社群动员的能力,关于这点学界已经达成共识。传统媒介传播的社群动员功能基本从属于前面提到的协调社会的功能,不过,这一功能在数字媒介传播时代被赋予了新的内涵。如果说传统的大众传播社群动员的对象以实际社群为主的话，那么数字媒介传播动员的对象除了实际社群外，还包括大量的虚拟社群，尤其是网络社群。BBS论坛、新闻组、即时通信工具（MSN、QQ、飞信等）、博客/播客、社交网站、微博等，都为网络社群提供了虚拟空间，在这个虚拟空间里，网友结成各种群组、圈子，并实时互动。网络社群有些是基于现实中的人际网络而形成，有些是基于共同的兴趣、话题、活动而形成。网络社群中的成员有些具有现实的社会关系，而大多数则彼此完全陌生，只以一个网络符号存在。虚拟社群也是一个动态开放系统，成员结构可以随时变化，数量可以随时增加或者减少。不过，虚拟社群一旦形成，就会具有现实社群的一些特征，例如具有相同或者接近的情感倾向、评价标准和价值规范，持续地进行相互作用等。那么，这些虚拟社群所依附的数字媒介所传播的信息必然会对这些社群产生较大的群体影响力，其中就包括对虚拟社群的动员。

近年来，经由数字媒介发起的社群动员事件层出不穷。其中有充满正能量的动员，如多起由网络发起的民间救助动员、百度公益吧发起的各种公益活动动员等；有出于政治目的发动的集会动员，如2004年北京、上海地区的涉日集会游行就是由互联网发起的；有基于网民求真心理发起的一些动员，如2007年"华南虎照片事件"、2009年"云南躲猫猫事件"中寻找真相的动员；有出于或好奇或同情或愤怒的心理而发起的各种"人肉搜索"动员，如2006年"铜须门事件"和"虐猫事件"、2008年"死亡博客事件"；还有大量没有太多实际意义的恶作剧式"快闪行动"动员……这些经由数字媒介发动的社群动员有些是虚拟型行为动员，如"人肉搜索"，主要在互联网虚拟环境中展开，被动员对象一般不产生线下的实际行为；有些则是现实型行为动员，如集会动员、公益活动动员、快闪行动动员，被动员对象会根据动员的内容做出现实的反应及行为；还有些属于虚拟与现实并存型动员，被动员对象既会产生线上的行为，也会在现实中采取行动，如2007年"海艺门事件"中既有网民采取的线上行为如发帖谴责甚至谩骂，也发生了网民实际围堵涉事地点当面谴责当事人的行为。事实证明，数字媒介传播的社群动员威力是巨大的，参与人多，影响面广。这些动员一部分会产生正面积极的效应，如由百度公益吧发起的公益动员，据"贴吧公益"向外界公布的数据显示，贴吧中有超过200万公益帖，累计100万人参与，先后成功组织超过5万次公益活动，直接影响的人群过亿。但有些动员导致的行为则会侵害涉事人员和机构的合法权益，严重的甚至会上升为群体性事件，直接影响社会发展的稳定。

数字媒介传播之所以具有社群动员功能，主要是基于三方面原因：第一，数字媒介本身的媒介属性和特殊的传播机制。数字媒介依托技术的力量，传播速度快，信息量大，互动性强，受众面广，为社群动员提供了良好的媒介渠道和受众基础；数字媒介传播具有相对较高的自由度、强烈的隐蔽性，传播成本较低，受众卷入度高，具有较强的传播力。例如，微博是网络社群动员的主要阵地之一，其特殊的信息传播机制为社群动员提供了强大的动力。微博用户通过发布、关注、转发、评论、发私信等方式获取和传递信息，动员信息一旦被一个用户发布，信息便会呈爆炸式、裂变式传播，庞大的社会关系网携带着动员信息，瞬间就能吞没海量的受众。更重要的是，每一个微博账号和其跟随者的身后凝聚的是大量对发布者以及被发布的信息感兴趣或者彼此有社交关系的关注者，传播的信任度和说服力较高，社群动员容易达到目的。第二，数字媒介的受众有接受动员参与行动的内在心理需求。例如前面所举的一些例子中，受众要么出于寻求事件的真相而接受动员主动地参与行动，要么出于对事主的同情心而响应动员,要么为了抒发对事件的不满情绪、发泄愤怒而响应动员,甚至有的完全是觉得动员内容好玩、有趣或者单纯是想追求刺激、引人注意而参与。无论出于何种心理,受众都有某种出自内心的动力去自觉接受动员的内容而采取相应的行动。第三,现实社会中民众利益诉求渠道的缺失与社会保障机制的不健全。正因为在现实社会中缺少公平、有效的利益诉求通道,保障机制也不够健全,社会动员又往往面临各种实际的困难和阻滞而难以成行,人们才会把阵地转移到网络等数字媒介领域。

数字媒介传播的社群动员功能体现了数字媒介的社会性功能,它以虚拟空间为平台,向参与者发起号召以寻求资源和行动的支持,推动了社会资源的再分配,协调了不同社会阶层之间的关系,一定程度上缓解了社会矛盾,起到了"社会润滑剂"的作用。然而,也有学者对数字媒介传播的社群动员功能的负面效应提出了隐忧,认为在当前相关法律法规制度监管还不够完善的情况下,数字媒介会成为网络暴力的滋生地、恶性群体性事件的发源地,网络社群动员会成为影响社会安定团结的不良因素、幕后推手。诚然,由于数字媒介的开放性和匿名性,动员主体会失去在现实社会中的法制和道德约束感,可能会进行一些不负责任的动员,引诱、误导不明真相的人群盲目参与行动,一些商业机构、组织团体为了自身的商业利益或其他利益,也可能会利用数字媒介的社群动员功能在人群中进行别有用心的炒作煽动,罔顾大众利益只求达到自身的目的,再加上目前对网络等数字媒介的监管机制还不完善,有可能会产生负面效应。不过,相信这些负面效应会随着制度的健全以及民众理性的回归而得到缓解。只要加以合理的引导和利用,数字媒介传播的社群动员功能一定会朝着赋有积极意义的方向发展。

3. 环境拟态功能

所谓"拟态环境",就是通常所说的由大众传播活动形成的信息环境,它并不是客观环境的镜子式再现,而是大众传播媒介通过对新闻和信息的选择、加工和报道,重新加以结构化以后向人们所提示的环境。而传播媒介大多具有特定的倾向性,因而"拟态环境"并不是客观环境的再现,只是一种"象征性的环境",或者说"再构建的环境"。

"拟态环境"最早是由美国著名政论家李普曼提出的。1922 年,李普曼出版了《舆论学》一书,书中论及拟态环境问题并首次使用 Pseudo-environment 一词。李普曼认为,拟态环境有如下特点:一方面,拟态环境不是现实环境"镜子式"的摹写,不是"真"的客观环境,或多或少与现实环境存在偏离;另一方面,拟态环境并非与现实环境完全割裂,而是以现实环境为原始蓝本。在大众传播极为发达的现代社会,人们的行为与三种意义上的"现实"发生着密切的联系:一是实际存在着的不以人的意志为转移的"客观现实",二是传播媒介经过有选择地加工后提示的"象征性现实"即拟态环境,三是存在于人们意识中的"关于外部世界的图像",即"主观现实"。人们的"主观现实"是在他们对客观现实的认识的基础上形成的,而这种认识在很大程度上需要经过媒体搭建的"象征性现实"的中介。经过这种中介后形成的"主观现实",已经不可能是对客观现实"镜子式"的反映,而是产生了一定的偏移,成为了一种"拟态"的现实。人们往往意识不到这一点,而把这种拟态环境当成了真实的客观现实环境来加以接受,并据此作出行为反应。矛盾的关键在于,人们所接受的拟态环境虽然是模拟的,非绝对真实的,但他们所作出的行为反应却是现实的,绝对真实的。因此,拟态环境对人们的现实社会生活影响是巨大的。大众传播形成的拟态环境不仅制约人的认知和行为,而且通过制约人的认知和行为来对客观的现实环境产生影响。日本学者藤竹晓发展了拟态环境的理论,他提出"信息环境的环境化"概念,是拟态环境概念的延伸,也称作"拟态环境的环境化"。他指出,大众传播营造的"拟态环境"与现实环境之间差别很大,但由于人们长期根据媒介提供的信息来认识世界和改造世界,这些行为作用于现实环境,使现实环境越来越被赋予"拟态环境"的特点,以至于人们已经很难在两者之间作出明确的区分,拟态环境越来越有演化为现实环境的趋势。

经典传播学研究中有大量的学说支持李普曼关于"拟态环境"的观点,如大众传播效果研究的后期成果"议程设置"理论、"培养理论"等都来源于拟态环境的一些观点。它们都对大众传媒所传递的讯息的全面性、真实性作出了客观的定性。"议程设置"认为公众只对大众媒介报道的内容高度关注,媒介报道的内容决定了公众关注的内容以及重要性顺序,然而大众媒介报道的并非全部,所以人们也无法了解世界的全貌,只能了解媒介拟态的那一部分世界。"培养理论"中提到长期偏向性的报道会造成偏向性的认识,例如真实世界并不存在那么多的暴力事件,但是媒体的报道却为观众呈现"这是一个暴力社会"的"拟态环境"。因此,大众传播向人们提示的是拟态环境,而不是真实世界。

数字媒介传播的环境拟态功能主要通过两方面途径来实现:

第一,信息筛选。数字媒介传播中"把关人"相对弱化,信息的筛选也以独特的形式进行。其一,职业传者沿袭传统大众传播的方式进行信息采集、选取、加工、发布,完成信息筛选,并向受众提示拟态环境。如数字报纸、数字电视的生产者,门户网站等专业信息发布平台都是通过相关的数字媒介产品来实现这一功能。其二,大量的受传者 C/R 加入信息传播者的行列,或原创或转发,通过各种数字媒介平台以个性化的角度选择、发布信息。例如各类社交网站、微博、博客、即时通信工具、视频分享等,都是受传者活跃的平台,大量文字、图像、音频、视频信息被自由发布。经过筛选的信息,为特定的受众构建出拟态环境。

第二,意见汇集。数字媒介平台的开放性、自主性以及匿名参与,使其成为真正的"观点的自由市场",大量民众意见被表达、汇集,最终形成一定的舆论而营造出舆论环境。无论意见正确与否,都会在一定范围内对相关受众的认知、态度及行为产生影响,从而构建出拟态环境。网络论坛、社交网站、微博、博客,包括门户网站的评论区,都是意见的汇集地,也是数字媒介环境拟态的重要阵地。

数字媒介传播的环境拟态功能与传统的大众传播既有相似又有独特之处。相似之处在于,数字媒介传播也可以通过对信息的选择、加工、发布以及意见的提供,完成对现实社会的再构建,并将拟态的环境展示给其受众,整个的作用机理是相似的。然而,数字媒介的技术特征和特殊的传播模式又决定了其在环境拟态方面的独特性,主要体现在以下几个方面:

第一,拟态环境构建的主体呈现复杂化特征。传统大众传播的环境拟态由"把关人"来完成,也就是报社、电台、电视台等新闻传播媒体的记者、编辑、编导、导演等新闻从业者,由于新闻媒体所属阶级、政党、社会团体的固有倾向性,所拟态的环境也带有整体上的倾向性。而数字媒介传播的主体除了职业的传者以外,大量的传受者 C/R 也活跃其间,他们都是私人化、平民化、普泛化、自主化的个体,传播目的和手段各不相同,对信息的选择和加工也体现出强烈的个体差异,在这种情况下构建的拟态环境也打破了统一传播口径下的整体性,而呈现出多样化的特征。

第二,拟态环境的构建过程呈现多层级特征。传统媒介传播大多以单向度传播为主导,信息由传者到受众的流动一般能直接完成,较少经过中间传播环节,例如报纸、广播电视媒介的受众大部分是通过读报纸、听广播、看电视直接获取信息,而不是听他人转述,因此传统拟态环境的形成由"把关人"统一主导,具有整体性。数字媒介传播的过程则相对复杂,传受关系不再固化,在传播的过程中夹杂着大量的人际传播,信息在众多的 C/R 中间经过频繁的互动性传播,呈现出多层级多方向流动的特征。在这种传播模式下,信息每经过一次再传播都有可能会增加或减少信息量而改变其本来意义,那么每一个层级的传播过程所构建的拟态环境也会随着信息内涵的改变而改变。因此,数字媒介传播所构建的拟态环境一般不可能是统一的整体。例如社交网络中的信息传播,就是典型的多层级发散式传播,在这个过程中,不同层级的受者所接受的拟态环境也不一样。

需要强调的是,数字媒介传播构建的拟态环境由许多的微拟态环境构成。数字媒介平台所提供的虚拟社群关系对拟态环境的形成有很大影响,特定社群内部的交流传播会影响社群内成员的思想、态度及行为,从而在社群内形成微型的拟态环境。以网络论坛为例,网民可以在论坛中自由发帖、回帖、转帖,大量的意见在论坛中汇集,从而在论坛内营造出一个微型的拟态环境,由于每个论坛活跃的网民群体不同,即使同一个类型的主题,在不同的论坛中所形成的微拟态环境也不一样。例如,篱笆论坛和天涯社区都有房产类论坛,篱笆偏向于谈论买房过程中的具体操作环节如选房技巧、贷款咨询、交易流程攻略等,从而营造出一种买房需求旺盛、市场交易火暴的拟态环境;而天涯更倾向于谈论宏观经济环境、房产政策的调整、房市走向等,导致论坛气氛较为凝重,从而给受众营造出有价无市、买方观望的拟态环境。同样是房产论坛,所构建的微拟态环境却完全不一样。因此,数字媒介传播所构建的拟态环境不是统一的整体,而是多层级的、多样化的,各层级可能会形成各不相同的拟态微环境。

虽然数字媒介传播的环境拟态功能与传统大众传播有一定区别,但二者并不矛盾,而是相互印证、相互竞争的关系。只要对信息规范加强管理,杜绝数字媒介平台上虚假信息的发布和恶意舆论的炒作,加以适当的引导,数字媒介传播的拟态环境和传统大众传播的拟态环境就能相互融合、良性互动,真正实现媒介的社会功能和责任。

4. 舆论重建功能

关于舆论的界定,学术界并没有统一的、权威的定义。由于学者们从各自的学科领域出发,各自的侧重点不同,舆论的普遍特性还没有被揭示出来,其定义都具有狭隘性。有学者认为:舆论是指在一定社会范围内,消除个人意见差异,反映社会知觉和集合意识的、多数人的共同意见。也有的学者认为:舆论是在特定的时间和空间里,公众对特定的社会公共事务,公开表达的、基本一致的意见或态度。虽然舆论的核心是"意见"还是"态度"迄今为止学术界尚有争论,但在舆论的定义中,"议题"、"公众"和"共同意见"却是学者们提出的众多要素的交集。综合来说,舆论是社会中相当数量的人对于一个特定话题所表达的个人观点、态度和信念的集合体。而通常所说的社会舆论则是舆论的一种亚类型,特指针对特定的现实客体,一定范围内的"多数人"基于一定的需要和利益,通过言语、非言语形式公开表达的态度、意见、要求、情绪,通过一定的传播途径,进行交流、碰撞、感染,整合而成的具有强烈实践意向的表层集合意识,是"多数人"整体知觉和共同意志的外化。

经典传播学理论认为,大众传播具有舆论引导的功能。大众传播媒介,尤其是报纸、广播、电视等主流新闻媒介通过提供新闻信息和言论如新闻评论、来信、社会讨论、社会调查、民意检测等来实现舆论引导的功能。媒介的舆论引导有两种形式:一方面是无意识的,即通过大众传播媒介传递信息,在社会群体中引起舆论;一方面是有意识的,即媒介通过设置议程来形成舆论。大众媒介通过引导社会舆论影响民众的态度和意志,从而达到协调社会的目的。

在传统的大众传播模式下,由于媒介在信息采集与发布领域的主导性与权威性,其舆论引导的功能是十分强大的。随着媒介技术的发展,数字媒介开始演变成新的舆论平台,一个集信息、观点、民意为一身的舆论平台,普通大众借由这个开放的平台深度介入到舆论生成、演化、发展的过程中,开始改变以往的舆论格局。根据人民网舆情监测室对2009年77件影响力较大的社会热点事件的分析,77件焦点事件中由网络爆料而引发公众关注的有23件,约占全部事件的30%,发帖过万份的热点事件有5项,分别是:湖北巴东县邓玉娇案、重庆打黑风暴、云南晋宁县"躲猫猫"事件、上海交通管理部门"钓鱼执法"、网瘾标准与治疗。这些热点事件主要涉及公民权利保护、公共权力监督、公共秩序维护和公共道德伸张等一系列重大社会公共问题,体现了广大网民积极的社会参与意识。事实证明,数字媒介平台已经成为社会舆论新的发源地、发酵地,它打破了传统媒介主导社会舆论的格局,开拓了新的社会舆论表达通道,引入了新的舆论主体,相当程度上重建了社会舆论生成、演化、传播的发展过程与秩序。

数字媒介传播时代的社会舆论与以往相比有其新的特征,主要体现在以下几个方面。

第一,舆论主体的隐匿性催生了庞大的"新意见阶层"。数字媒介的用户大多无须实名,匿名存在的主体摆脱了现实社会中的身份束缚,脱离了"沉默的螺旋",任何人,只要愿意,都可以在虚拟的社区中自由发言,表达意见与观点,发表评论与见解。畅通的言论通道与开放型舆论环境给人们交流思想提供了极大的便利,大众的志愿表达意识和热情空前高涨,从而催生了庞大的"新意见阶层"——关注新闻时事、热衷于通过数字媒介平台发表个人观点和表明态度的群体,这些群体正成长为数字传播时代新的舆论主体。

第二,舆论传播渠道的广泛性和传播范围的无限性。数字媒介环境下的舆论传播渠道主要依托于互联网和移动通信的各种应用平台,如网络新闻评论、BBS论坛、博客、聚合新闻(RSS)、微博、即时通信工具、社交网络、智能手机APP等,其地域覆盖和人群覆盖面大,应用广泛,传播范围全球化、无限化。北京大学的学者谢新洲等人认为:"以微博为代表的微内容传播工具以极快的速度和极宽的覆盖被公众广泛接受,这种微内容、微型化的工具特别适合于舆论的传播,成为天然的社会舆论发酵场。同时,以手机为代表的移动媒体实现了人与人之间即时沟通与联络,还使信息获取和信息表达在移动中合一,视觉信息与听觉信息发送和接收合一,因而能够有效连接社会舆论主体,并承担传播信息的功能。在未来,公众可以通过无处不在的网络,用无所不能的移动化终端,获取各自所需要的服务,传递各自不同的意见。"

第三,舆论内容的自发性、及时性。传统媒介环境下的舆论以新闻传媒为主导,是按照"把关人"的意图自上而下引发的,带有一定的倾向性和宣传目的。而数字媒介传播中的舆论则是由用户自下而上主动发起的,舆论内容涉及的主题和事件均是大众高度关注的,意见的表达和传播是大众的自发行为,是大众主动参与的舆论传播行为。正因为数字媒介传播的舆论内容真正能反映大众关心的社会问题,表达大众的心声,所以参与者具有极高的积极主动性,舆论传播的时效性强,非常及时。以互联网舆论传播为例,当有事件发生时,人们可以立即通过网络或者移动网络进行信息发布、意见表达,甚至有些人利用数字设备进行现场拍照、录音、录像,然后迅速上传,这样,网民的个体意见可以迅速地传播出去,再经过 BBS、社交网络、即时通信工具等平台的多层级传播,大量关注者的转发、评论,短时间内就能将众多关注者的意见汇聚起来,形成强大的社会舆论。

第四,舆论倾向更多偏向消极面,情绪化、感性化色彩较明显。当互联网成为舆论集散地的同时,也成为了谣言、负面信息的放大器。网络舆论虽然也有正面、积极的方面,特别是关系到国家民族整体利益、重大社会自然灾害、社会救助爱心捐赠等方面,舆论大多倾向于积极呼吁、正面表达,但从总体比重上看更多的还是表达对负面新闻、负面事件的态度和意见,从而使舆论倾向总体倾向负面、消极。造成这种局面的原因主要有三:一,负面信息容易吸引大众的眼球,激发人们的好奇心,并诱使人们主动参与舆论的散播,因此一些信息发布者在选择新闻时也偏向发布负面的批评性的信息,人为增加了网络舆论的负面倾向;二,由于网络等数字媒介监管相对较松,一些人容易将网络当作表达个人不满与愤怒、宣泄情绪、满足某些私人目的的渠道,从而发表一些非理性的、情绪化的意见,再经过网络媒介的放大,从而形成负面的社会舆论;第三,网络舆论参与者、跟随者一般不经过事实调查和深度理性思考,只凭个人好恶和直觉发表意见,加上数字媒介传播中夹杂着大量基于实际人际关系的人际传播,更加导致了偏听偏信、人云亦云的行为,从而导致负面意见快速、大范围散播,最终形成负面舆论。

综上所述,数字媒介传播环境下重建的社会舆论是一柄双刃剑。一方面,数字媒介为大众提供了意见表达、参与社会公共事务的平等机会,代表不同利益群体的各种声音都可以在这里自由表达,实现利益诉求,因此一定程度上成为消解大众负面情绪、缓解社会矛盾与压力的解压阀,甚至对推进社会政治民主化也有积极的意义。另一方面,过度非理性的意见表达与情绪宣泄会营造不良的社会舆论,给社会稳定发展带来不安定因素。只有政府和相关组织机构、社会团体正视事实真相、及时公布相关信息,权威新闻媒体配合跟进,及时发布事件动态进展,同时尽快推进网络舆论预警机制的建立,加强数字媒介舆论监管与控制,注重对舆论参与者的合理引导,才能让真实的声音占据主流,从而营造正常的、健康的社会舆论,正确发挥媒介的舆论功能。

小　　结

数字媒介传播的结构与功能和经典传播学理论中的相关学术成果保持了相对的一致性,同时也很好地体现了数字媒介的特殊属性和传播特性。数字媒介传播的基本构成要素依照 5W 模式展开,但充分体现了其传播介质的技术化特征和传受双方地位的对等性;数字媒介既拥有监测环境、协调社会、传承社会遗产、提供娱乐等一般意义上的传播功能,同时也具有依托新媒介技术的特殊功能,如信息聚合、动员社群、拟态环境、重建舆论等。数字媒介传播没有脱离传统传播学理论的观照,同时也具有典型的时代技术特征,从另一个侧面印证了本书前面所提出的观点,即数字媒介传播从媒介运用和传播范围来看是一种以大众传播为主体,涵盖人际传播和组织传播的具有高度补偿性的传播,它具有一种先天的优势,可以同时实现多种不同层级的传播功能,并且可以实现它们相互间的顺畅转换,从而在时间感和空间上实现多元并存的传播。

思 考 题

4-1 谈谈你对 C/R 角色的类型和功能的理解。

4-2 数字媒介传播的舆论功能与传统媒介的舆论功能有何异同点？分组讨论并以 PPT 辅助进行课堂发言。

4-3 谈谈"议程设置"理论在数字媒介传播中的应用。

参 考 文 献

[1] 周丹.调查性报道：纸媒在新媒介环境中的起航之帆[J].新闻爱好者,2012,(10)：77-78.

[2] 周鸿铎.传播学教程[M].北京：中国书籍出版社,2010.

[3] 郭庆光.传播学教程[M].北京：中国人民大学出版社,1999.

[4] 维克托·迈尔-舍尔维恩,肯尼斯·库克耶.大数据时代[M].杭州：浙江人民出版社,2013.

[5] 人民网.大数据时代的大媒体[EB/OL].2013-01-17[2013-06-08].http://cpc.people.com.cn/n/2013/0117/c83083-20231637-3.html.

[6] 新华网.大数据时代的中国机遇[EB/OL].2013-04-30[2013-06-08].http://news.xinhuanet.com/fortune/2013-04/30/c_115597780.htm.

[7] 谢新洲,安静,杜智涛,张悦.新媒体时代：舆论引导的机遇和挑战[EB/OL].2012-03-27[2013-06-08].http://news.163.com/12/0327/10/7TJJDFRR00014AEE.html.

[8] 搜搜百科.数字信息资源[EB/OL].[2013-08-25].http://baike.soso.com/v 29254020.htm.

[9] 百度百科.数字媒体[EB/OL].[2013-08-25].http://baike.baidu.com/237696.htm.

第5章

数字媒介传播的理论基础与传播模式

数字媒介的出现与发展,正逐渐改变着媒介生态环境和信息传播特质,数字媒介传播也拓宽了人类对信息传播领域的研究视野,进一步丰富了信息传播理论的范畴。然而,数字媒介并不是对传统媒介的简单颠覆,而是传统媒介的延伸、拓展,是传统媒介的创新。无论是传统媒介还是数字媒介,其基本职能都是传递信息,是在人与人之间、人与社会之间进行信息传递、信息接收或信息反馈活动的中介物。只不过,数字媒介由于其与生俱来的技术特征,因而在讯息符号的属性上及传播的过程中被赋予了更多的技术性。有鉴于此,数字媒介传播的理论基础和传播模式,均是脱胎于传统媒介的传播理论与模式发展而来的。数字媒介传播既体现了传统媒介理论与传播模式的精髓,又融入了数字媒介技术化、智能化、复合化等特征,这必将为信息传播领域带来前所未有的变革与创新。

5.1 数字媒介传播的理论基础

本节将对传播学领域若干经典的传播理论进行梳理、归纳和总结,并结合数字媒介传播的特性,对相关理论进行全新的解读,以探求数字媒介传播的理论基础和思想渊源。在经典传播学理论中,能观照数字媒介传播的理论有:麦克卢汉的媒介理论、英尼斯的媒介理论、梅罗维茨的媒介情境理论、梅尔文·德弗勒的媒介依赖论、哈贝马斯的公共领域理论、两级传播理论与六度分隔理论、保罗·莱文森的数字媒介理论、尼葛洛庞帝的数字化生存理论、霍夫曼与纳瓦克的超媒体传播理论。

5.1.1 麦克卢汉的媒介理论

1. 概述

马歇尔·麦克卢汉(Marshall Mcluhan,1911—1982),加拿大著名学者,20世纪原创媒介理论家。20世纪60年代,麦克卢汉将自己对媒介的研究写成著作出版,这就是在世界范围内产生巨大影响的《理解媒介》。该书被认为是麦克卢汉媒介思想的集大成之作,它的问世犹如一场大地震,在整个西方乃至全世界引起了强烈的冲击波和余震,麦克卢汉也因此被称为"继弗洛伊德和爱因斯坦之后最伟大的思想家"。在《理解媒介》一书中,麦克卢汉提出了自己对媒介的理解,主要归纳为4个观点:媒介即讯息;媒介是人的延伸;冷媒介与热媒介;"地球村"的预言。

1) 媒介即讯息

媒介即信息,就是说,从长远来看,真正有意义的讯息并不是各个时代的媒介所提示给人们的内容,而是媒介本身。换句话说,人类只有在拥有了某种媒介之后才有可能从事与之相适应的传播和其他社会活动。媒介最重要的作用就是影响了我们理解和思考的习惯。因此,对于社会来说,真正有意义、有价值的"讯息"不是各个时代的媒体所传播的内容,而是这个时代所使用的传播工具的性质、它所开创的可能性以及带来的社会变革。

2) 媒介是人的延伸

媒介是人的感觉能力的延伸或扩展。印刷媒介是视觉的延伸,广播是听觉的延伸,电视则是视听觉的综合延伸。每种媒介的使用都会改变人的感觉平衡状态,产生不同的心理作用和对外部世界的认识和反应方式。这个观点说明,不同的媒介具有不同性质的社会影响,但它并不是严密的科学考察的结论,而是建立在"洞察"基础上的一种思辨性的推论。在麦克卢汉看来,任何媒介的发展都是人的感官或感觉的扩展,媒介和社会发展的同时也伴随着人的感官能力"统合"—"分化"—"再统合"的历史。

3) 热媒介与冷媒介

这是麦克卢汉在媒介分类方面提出的两个概念。"热媒介"的特点是信息具有"高清晰度"和"低参与度",其信息含量多而且清楚,接收者不必动用很多的感官和联想活动就能理解,比如书籍、报刊、广播、照片等;而"冷媒介"则正好相反,它传达的信息含量少而模糊,在理解时必须以更多的感官和丰富的想象活动来填补其信息量的不足,如漫画、电视、无声电影等。麦克卢汉理论的意义在于,它开拓了从媒介技术角度出发观察人类社会发展的视角,并且突出了媒介技术在社会历史中的巨大作用。然而,"冷媒介"和"热媒介"的提法流于直觉,缺少科学依据,与人们对媒介的实际感知状况有矛盾之处,这显示他对冷媒介和热媒介概念的模糊性,因此他下的这两个定义不具有科学性。

4) "地球村"的预言

在麦克卢汉看来,"地球村"的主要含义不是指发达的传媒使地球变小了,而是指人们的交往方式以及人的社会和文化形态的重大变化。交通工具的发达曾经使地球上的原有"村落"都市化,人与人的直接交往被迫中断,由直接的、口语化的交往变成了非直接的、文字化的交往。而电子媒介又实施着反都市化,即"重新村落化",消解城市的集权,使人在交往方式上重新回到个人对个人的交往。这种新兴的感知模式将人类带入了一种极其融洽的环境之中,消除了地域的界限和文化的差异,把人类大家庭结为一体,开创一种新的和谐与和平。旧的价值体系已经崩溃,新的体系正在建立,一个人人参与的新型的、整合的地球村即将产生。事实上,这种地球村已经产生。麦克卢汉的"地球村"理论,是全球化理论的萌芽,对后来研究全球化的学者产生了深远的影响。

2. 理论解读

历史上,麦克卢汉的媒介理论因其局限性和不足曾经受到其他学者的质疑,但随着数字媒介的崛起和数字时代的到来,"麦克卢汉理论复活了"! 确实,麦克卢汉的媒介理论对理解数字媒介传播有着极大的启发性。首先,数字媒介的出现,极大地拓展了人类交流、传播的范围,甚至改变了人类的沟通方式和生活方式,"数字化生存"在21世纪甚至成为一些人的常态化生活方式,整个社会机体的运行也因此发生了深刻的变化。这充分印证了"媒介即讯息"的核心思想——媒介搭载的内容是什么并不重要,重要的是媒介本身。第二,数字媒介的发展使人的延伸得到了全面的发展。人类对媒介的使用突破了传统的机械化、直线型的模式,转为智能化、复合化、交互型模式。通过数字媒介,人类对外部世界的感知已经超越了单纯的视觉、听觉、触觉等,而是集各种感知系统于一体综合延伸。如网络媒介,人们可以通过网络看视频、听音乐、交友、开会、购物、聊天等,几乎涵盖人类社会生活的全部,通过网络媒介,人的延伸发挥到极致。按照麦克卢汉的观点,一切延伸人类器官的工具、技术和活动都可能被当作媒介来研究,每种媒介的使用都会改变人的感觉平衡状态,产生不同的心理作用和对外部世界的认识和反应方式,数字媒介的发展正好印证了这一观点。第三,关于"地球村"的预言,在当今社会早已是无可争辩的事实。"地球村"的概念正确地指出了当今世界信息全球化发展的趋势。当前,以互联网为代表的新媒体,把全世界联结为一个密不可分的整体,各地的讯息可以在瞬息之间传遍世界,人们的时间和空间距离被大大缩减了。全球化借助全球性媒介,第一次在全世界范围内成为现实,信息时代的每个人、每个地区都成为彼此相连的有机整体,人们在信息网络中成为地球村落的居民,人类的命运空前地连在了一起。数字媒介传播时代,人与人的交流早已经突破了时间和空间的限制,人和人的关系更加紧密,地球村的形成是必然的结果。麦克卢汉提出的"没有一种媒介能够独立存在,一种媒介总是充当另一种媒介的内容。媒介之间只有进行相互作用才具有自身存在的意义,两种媒介杂交或交汇的时刻,是发现真理和给人启示的时刻",在数字媒介身上得到了完美的诠释。

5.1.2 英尼斯的媒介理论

1. 概述

哈罗德·英尼斯(Harold Innis)是加拿大著名媒介学者,是多伦多学派早期的代表人物,也是麦克卢汉的老师。英尼斯原本是一位经济史学家;后来则沉浸在从古到今的经济与传播关系的研究之中。他在世时,其传播研究并未受到传播学界的重视。他的学生麦克卢汉成为著名学者之后,人们才注意到星光照耀下的英尼斯,人们也在麦氏的著作中看到了英尼斯对这位学生的深刻影响。英尼斯的媒介观主要集中在以下两点。

1) 媒介决定论

媒介的产生会改变或影响文化的进程和历史的发展。一种新媒介的产生或媒介形态的改变,往往导致新的社会关系的形成,进而影响整个社会心态、社会文明的发展。

2) 媒介偏倚论

英尼斯认为媒介可以分为两大类:偏向时间的媒介和偏向空间的媒介。前者是质地较重、耐久性强的媒介,如黏土、石头和羊皮纸等,较适于克服时间的障碍,较能长久保存。后者是质地较轻、容易运送的媒介,如纸草纸、白报纸等,较适于克服空间的障碍。任何传播媒介若不具有长久保持的特性来控制时间,便会具有便于运送的特点来控制空间,二者必居其一。人类传播媒介演进史,是由质地较重向质地较轻、由偏倚时间向偏倚空间发展的历史,而且与人类文明进步阶梯相协调。基于媒介偏倚论,他进一步提出"偏向时间的媒介"有助于树立权威,从而有利于形成等级森严的社会体制;"偏向空间的媒介"则有助于远距离管理和广阔的贸易,有助于帝国的扩张,从而有利于形成中央集权但等级性不强的社会体制。

英尼斯认为,任何一种新的传播媒介的出现,能够改变社会体制的形态,常常转移权力中心。社会权力的竞争离不开寻求新的传播技术形式的竞争。于是,英尼斯就将控制媒介行为视为行使社会和政治权力的一种手段。英尼斯还探讨了媒介的时空偏向性两者之间对社会稳定的影响。他认为,一味地向时间倾斜或空间倾斜会造成社会不稳定,一个稳定的社会离不开维护时间倾向和空间倾向间平衡的机制。总的来说,英尼斯的理论和麦克卢汉的理论一脉相承,都属于媒介技术决定论一派。

2. 理论解读

数字媒介时代的到来一定程度上证明了英尼斯的部分理论。媒介决定论的真理性虽然还有待进一步证实,但数字媒介的出现对人类社会文化和人类文明的影响是有目共睹的。数字媒介以其特有的符号系统制约和改变人的认识能力和思维方式,进而影响到文化构成和特点,从此意义上说,媒介的决定是以一种潜移默化的方式实现的。至于媒介偏倚论中,英尼斯提出的"新的媒介能改变社会体制、转移权力中心"的观点则在数字媒介时代得到了很好的体现。随着网络媒介、手机媒介等新媒介的崛起,传统的传播秩序已经被打破,以传者为中心的时代一去不复返了,取而代之的是受众中心时代,以前处于被动接受地位的受众正在以前所未有的主动性参与到传播活动中。随着微博、微信等新的传播平台的应用,海量的信息被普罗大众自主地发布到新媒介中,微传播把受众也变成了传者,传统的传受关系完全被颠覆,新的传播秩序正在形成。在新的传播情境下,社会信息的流动方式、流动方向发生了很大的改变,话语权的归属也相应地发生了转移,而由此在社会政治、经济、文化等领域引发的相关变化是不可避免的。因此,说媒介的发展改变整个社会体制的形态是有理可循的,这在数字传播时代完全是有可能实现的。

5.1.3 梅罗维茨的媒介情境理论

1. 概述

20世纪80年代,美国传播学家梅罗维茨(Joshua Meyrowitz)出版了《消失的地域:电子媒介对社会行为的影响》一书,提出了他的媒介理论。梅罗维茨接受了英尼斯和麦克卢汉将传播媒介看成社会变化重要原因的观点,认为他们的理论提供了分析社会变化的一种角度,其中包括:①媒介并非仅仅是两个或者两个以上环境中的人们之间传播信息的工具。它们本身即是讯息。②传播形式的转变是对社会变化产生作用的极其重要的因素,但这一因素却普遍受到忽略。但是,梅罗维茨认为,这种理论对人们日常社会生活的结构和动力缺乏分析,他将此视为这一理论的重要缺陷。由于这一弱点的存在,它就无法解释和分析电子媒介对人们社会行为带来的各种影响。同时,梅罗维茨肯定了美国社会学家戈夫曼情境决定论的观点,肯定了这一理论在分析人们社会角色及行为规范中的可行性。但是,梅罗维茨同时批评这种观点忽视了人们通过媒介发生的相互作用,而把目光局限于人们面对面的交流,而且,梅罗维茨认为,戈夫曼使用的是静态的分析方法。

梅罗维茨理论的主要观点有三:其一,应把情境视为信息系统。他认为,由媒介造成的信息环境同人们表现自己行为时所处的自然(物质)环境(具体的地点如卧室、大礼堂、公园等)同样重要;在确定情境界限中,应把接触信息的机会考虑进去并当作关键因素。其二,每种独特的行为需要一种独特的情境。梅罗维茨认为,对于每一社会情境来说,人们都需要一种明确的界限,因为人们需要始终如一地扮演自己的角色;不同情境的分离使不同行为成为可能。他提醒说，人们在探讨情境的界限时，往往倾向于从"谁和什么处于某一特定情境之中"这方面去考虑问题。梅罗维茨在分析情境时说，当两种或两种以上不同的情境重叠时，这种情况会混淆不同的社会角色，令人们感到困惑、不知所措。其三，电子媒介促成了许多旧情境的合并。他指出，随着电子传播媒介的普及，由于传播代码的简单性，情境形式正在发生变化。长期以来，印刷媒介的传播要求受传者具有基本的读写技巧，电子传播媒介则与此大不相同。电视的电子记号展示日常生活的"视、听形象"，人们不必先会看简单的然后才能看复杂的电视节目。梅罗维茨最后得出结论说，由于电子传播媒介造成的社会情境形式的变化，人们的社会角色也在发生变化。以往界限分明的社会角色现在却都变得模糊和混淆不清了。

梅罗维茨的媒介理论把传播媒介看作社会环境的一部分，提出应该将它们与社会环境及其变化联系起来研究。他把受众的概念包括在情境的概念之中，从而指出了受众在媒介—受众—社会关系中的重要性。该理论认为，谁被包括进某一情境，谁被排斥在外，这是规定情境形式及与此相适应的行为形式的界限之关键因素。根据这一观点推理，受众的类型、人数多少和特征实际上影响着传播方式。与此同时，在通过媒介进行的传播活动中，应根据受众群的分离和结合形式设计媒介讯息。在承认受众重要性的同时，梅罗维茨的理论也承认媒介的强大影响力。媒介本身也是社会环境的一部分。

2. 理论解读

梅罗维茨的媒介情境理论对数字媒介传播提供了很好的理论支撑。媒介情境论认为，传播行为要受到受众的类型、人数的多少等特征制约，从而迫使传播媒介必须根据受众群的需求、特征以及分离、结合形式设计信息内容。这恰好指明了数字媒介的典型特征，数字媒介的出现重构了媒介情景，使得受众角色和行为都发生了新变化。以社交网络为例，用户把自己的衣食住行等私人信息发布在社交网络上供其他人评论，使得个体后台行为大规模暴露，以前不被别人知道的私人空间变成可供讨论的公共空间，这种把个人的"深后区"完全暴露出来的做法，就使公开和私下行为变得模糊，将个人场景融入公共场景之中，这就是梅罗维茨所说的"地域的消失"。社交网络用户通过评论、分享等形式和关注者交流互动，从而取代传统的面对面交流，这就导致新的沟通方式甚至生活方式的产生。可以说，社交网络的出现不仅产生了新的场景，受众的行为也发生了很大变化。此外，媒介情境的变化同时会带来新的群体身份变化。由于电子媒介引起了许多原来不同形式场景的融合，将对群体身份产生同化影响，这一点在社交网络上体现得更为突出。社交网络多对多的网状传播结构，使得每个人都具备了对某一问题发表看法的可能性，这就打破了受众较为被动的地位，每个人都可以成为信息的发布者和传播者，受众的身份发生了很大变化。

5.1.4 梅尔文·德弗勒的媒介依赖论

1. 概述

媒介依赖论是美国传播学家梅尔文·德弗勒和桑德拉·鲍尔洛基奇在《大众传播学绪论》一书中提出的一个理论。该理论认为，一个人越依赖于通过使用媒介来满足需求，媒介在这个人生活中所扮演的角色就越重要，而媒介对这个人的影响力也就越大。他们认为，人们必须"把社会看作有机的结构……把媒介系统设想为现代社会结构的一个重要部分，它与个人、群体、组织和其他社会系统具有关系"。这种关系表现在大众传播中就是媒介依赖关系,因此这意味着"生活在一个社会的部分意义就在于个人、群体和大型组织为了达到个人和集体目标,必须依赖其他的人、群体或系统控制的资源,反之亦然"。这里所说的个人、群体、媒介和社会系统之间的相互作用、相互影响和相互依赖的互动关系,其实就是一种媒介生态关系。这种生态关系既是信息传播和媒介运作的客观存在,也是用来描述及解释大众传播现象与规律的可靠途径。

媒介依赖论的主要观点主要有4点:①媒介效果的产生不是因为全能的媒介和信息,而是由于媒介在特定的社会中以特定的方式满足了特定受众的需求。②媒介效果的产生和形成取决于受众,取决于特定信息与受众的信仰、情感和行为等关键变量的相关程度,因此受众对媒介的使用决定了媒介的影响力。③当人们置身于越来越复杂的社会之中,不仅需要依赖媒介理解社会、认识社会,还需要依赖媒介作出选择和应对,以及帮助放松精神、减轻压力。当通过媒介来理解社会时,媒介也同时塑造了人们的期望甚至精神。④每个人受媒介的影响不尽相同,但是那些需求更多、因此也更依赖媒介的受众将受到更大的影响。

从社会信息资源的角度来说,随着社会信息化程度的提高,信息成为真正意义上的财富,人们为了自身生活、工作和交流的需要,不得不寻找大量的信息以达到满足。而即使在物质文明高度发达、交通运输极其便利的现在,人们有限的精力、财力也使得在数量繁杂的信息洪流中要亲自寻找出一条条自己所需要信息的努力成为一种空中楼阁。这样,大众传媒这一以传播信息为主要职能的工具就日益为人们所倚重,可以说社会化程度越高,信息的需求就越高,人们随之就会越依赖各种媒介。

2. 理论解读

在数字媒介时代,德弗勒的媒介依赖论得到了现实的放大,人们在通过强大的数字媒介网络享受海量信息带来便利的同时,也越来越依赖各种数字媒介,从新闻资讯、休闲娱乐、游戏购物到大众教育、政治选举甚至宗教布道等,都越来越多地依赖于媒介来实施。以网络媒介为例,网络把各传统媒体优势技术进行整合,实现了视、听、读、写、说一体化的服务,受众可以通过网络获取信息、发表言论、找寻娱乐,还可以通过网站便捷地购物,通过聊天软件进行社交活动。总之,生活中大部分需要与外界接触的事情都可以通过网络来解决或实现。许多网民宣称离开网络无法生存,"御宅族"、"网瘾族"、"鼠标土豆"应运而生。Alex S. Hall 和 Jeffrey Parsons 在 2001 年提出了一个新的概念"互联网行为依赖"。他们认为病态的互联网使用会削弱一个正常人的认知、行为和感情功能。在他们的定义中,互联网依赖的人应该具有以下症状:不能完成学习、工作和家庭中的基本任务,使用互联网越长得到的乐趣越少,无休止上网,性格敏感易怒,不上网时感到焦虑,尝试减少互联网使用但适得其反,不顾过度使用互联网的危害而坚持大量上网。又如手机媒介,手机作为人们必不可少的通信工具在发挥着它的作用,并已快速地融入了人们的生活。随着 3G 技术的应用以及各手机运营商与通信商不断开发手机上网及应用的功能,手机已经升级为掌上电脑,看新闻、通信、电子商务、导航、生活查询、学习辅助、休闲娱乐等功能一应俱全,而且携带方便,上网随时随地,成为当之无愧的"第五媒体"。手机媒体强大的功能和使用的便利性,进一步加剧了人们对它的依赖,许多人因此患上了"手机依赖症",甚至"手机焦虑症"。媒介依赖对于青少年来说表现更甚。2005 年 11 月公布的全国首份青少年网瘾调查报告表明,当时我国网瘾青少年约占青少年网民总数的 13.2%,另有约 13% 的青少年存在网瘾倾向。而几乎在同一时间,《文化一周》针对大学生进行的一项主题为"资讯产品依赖度"的调查统计数据显示,高达 65.3%的大学生会不分场合地一直注意未接来电；57.4%的大学生当手机离身时会感到惶恐不安。无疑，网络依赖、手机依赖等"数字媒介依赖症"已经在青少年中形成，且有蔓延扩大之势。

5.1.5 哈贝马斯的公共领域理论

1. 概述

尤尔根·哈贝马斯(Jürgen Habermas,1929 年 6 月 18 日—　)是德国当代最重要的哲学家之一，历任海德堡大学教授、法兰克福大学教授、法兰克福大学社会研究所所长以及德国马普协会生活世界研究所所长。他是西方马克思主义中法兰克福学派第二代的中坚人物。由于思想庞杂而深刻，体系宏大而完备，哈贝马斯被公认是"当代最有影响力的思想家"、"当代的黑格尔"和"后工业革命的最伟大的哲学家"，在西方学术界占有举足轻重的地位。1962 年，哈贝马斯出版了他的首部重要学术著作《公共领域的结构转型——论资产阶级社会的类型》，在书中他提出了"公共领域"的概念。

哈贝马斯所谓的公共领域，指的是一个国家和社会之间的公共空间，市民们假定可以在这个空间中自由言论，不受国家的干涉，指的是一种介于市民社会中日常生活的私人利益与国家权利领域之间的机构空间和时间，其中个体公民聚集在一起，共同讨论他们所关注的公共事务，形成某种接近于公众舆论的一致意见，并组织对抗武断的、压迫性的国家与公共权力形式，从而维护总体利益和公共福祉。通俗地说，就是指"政治权力之外，作为民主政治基本条件的公民自由讨论公共事务、参与政治的活动空间"。公共领域最关键的含义，是独立于政治建构之外的公共交往和公众舆论，它们对于政治权力是具有批判性的，同时又是政治合法性的基础。哈贝马斯研究公共领域结构时重点采用了民主理论的视角，强调了政治公共领域对实现民主的重要作用，崇尚公民公众拥有对公共事务自由发表意见、交流看法的空间和权利。公共领域存在的前提条件是，国家与社会之间存在一定的分离，并且在国家与社会之间能够形成一个既不依附于国家也不依附于社会的由公众组成的对公共事务进行话语交往的领域。

具体而言，公共领域的构成必须具备以下 3 个要素：①具有批判意识的公众。他们具有独立人格和批判精神，能够在理性基础上就公共利益问题展开讨论。②拥有自由交流、充分沟通的媒介。③能够形成共识和公共舆论。在公共领域中，公众能够就公共事务自由讨论、充分交流，并在理性批判基础上达成共识，形成公共舆论，从而影响公共事务的处理和解决。

2. 理论解读

按照这个论述，报纸、杂志、书籍等现代媒介也是公共领域的一部分，当代传播学者也经常借鉴哈贝马斯的公共领域理论来研究大众媒介。诚然，大众传播媒介在现代社会中已是联系政治领域和大众之间不可缺少的媒介，现代早期报业在言论自由抗争之中早已取得它作为舆论媒体(the press)的角色。但是传媒在当代社会中的角色并不仅到此为止，它所提供的信息包含着驳杂多样、大众化的知识与文化类型，它是现代社会横跨地域的公共空间。数字媒介的出现，则扩展了这种公共领域空间，将传统媒介构建的实际的公共领域扩大到虚拟公共领域空间。以网络媒介为例，随着互联网的扩展和人们对互联网的广泛使用，人与人之间的交流和沟通方式发生了很大的变化，人与人之间的交往部分转向虚拟空间，人类的公共空间得到了极大的延伸，这为批判精神的产生和公众舆论的生成提供了新的重要的空间和环境，从而为塑造一个全新的公共领域形态——网络公共领域创造了重要条件。哈贝马斯认为公共领域应该是"任何具有言说及行动能力的人都可以自由参加对话"以及"对别人的论点加以质疑"，网络媒体正具有这一特征。当前，网民参与网络公共空间的形式主要有电子邮件、各种聊天工具、BBS、博客、微博、社交网络等，任何人只要愿意，都可以参与到对公共事务的讨论中来，自由地发表自己的见解及与他人分享意见。互联网最大限度地扩大了参与者的来源，调动了参与者的积极性，并在沟通、交流与讨论过程中体现了最大限度的公平、公开、平等原则，在这个空间参与讨论的个人不存在地位的卑贱和等级的高低，不同的观点和意见在这里自由辩论、深入讨论。Web 2.0 的传播方式为网络沟通与交流建立了以开放个人为主体的意见表达机制、以开放动态互联网为技术平台的意见组织机制、以自组织的弱联结为主要联结方式的意见传播机制，从而使得网络表达变得更加开放多元、成熟理性和集中有序。当网络虚拟社群开始以公共意见表达的形式涉及公共事务，并具备引导政治实践的可能条件时，网络空间便随之产生了。同时，在网络空间中，网络论坛和网络"虚拟社团"组织起来更方便，几乎不受地域限制，成员也大多没有身份限制，从而极大地拓展了网民的交往空间。

5.1.6 两级传播理论与六度分隔理论

1. 两级传播理论概述及解读

两级传播理论是由美国著名社会学家拉扎斯菲尔德(Paul F. Lazarsfeld)提出的。该理论认为，信息从大众媒介到受众，经过了两个阶段，首先从大众传播到意见领袖，然后从意见领袖传到社会公众，这种"大众传播—意见领袖——一般受众"的传播被称为两级传播，这里的意见领袖(Opinion Leader)指的是那些对大众媒介保持较多接触，在特定领域能够对他人发挥个人影响的人。两级传播理论的目的在于揭示大众传播过程中的人际影响，强调大众传播的效果受到人际传播的制约。拉扎斯菲尔德于1940年主持的一项研究发现，在总统选举中选民们政治倾向的改变很少直接受大众传媒的影响，人们之间直接的面对面交流似乎对其政治态度的形成和转变更为关键。通常有关的信息和想法都是首先从某一个信息源(如某一个候选人)那里通过大众媒介达到所谓的"意见领袖"那里；然后再通过意见领袖把信息传播到普通民众那里。前者作为第一个阶段，主要是信息传达的过程，后者作为第二阶段，则主要是人际影响的扩散。该理论认为人际传播比大众传播在态度改变上更有效，因此是一种有限效果理论。

在历史上，两级传播理论由于其研究视野的局限曾受到许多学者的批判。然而在当代媒介环境下，特别是数字媒介传播时代，由于人际传播效应被网络等新媒介无限放大，两级传播理论的精髓被赋予了新的时代内涵。当互联网进入到 Web 2.0 时代，互联网已经从一种传播媒介转变成人际沟通交流的平台，网络中人与人之间交往的社会性得以充分体现，"意见的自由市场"渐渐形成，网络意见领袖便也在这样的话语环境之下应势而生。传统意见领袖的专业性、社会地位、领袖气质、人格魅力等要素被淡化，只要活跃于网络世界，普通人也可能成为意见领袖。BBS、博客、微博、微信、社交网络、即时通信，随处可见意见领袖活跃其间，大量的粉丝、关注者尾随其后，参与、围观、评论、转发，这些意见领袖成为不折不扣的信息集散中心，使两级传播甚至多级传播成为可能。

2. 六度分隔理论概述及解读

两级传播的信息多层流动特征，又引出了另一个与之相关的理论——六度分隔理论。六度分隔理论由美国心理学家米尔格兰姆(Stanley Milgram)于1967年提出，该理论认为："你和任何一个陌生人之间所隔的人不会超过六个，也就是说，最多通过六个人你就能够认识任何一个陌生人。"该理论的提出是基于一个实验。米尔格兰姆设计了一个连锁信件实验：把信随机发送给住在美国各城市的一部分居民，信中写有一个波士顿股票经纪人的名字，并要求每名收信人把这封信寄给自己认为是比较接近这名股票经纪人的朋友。这位朋友收到信后，再把信寄给他认为更接近这名股票经纪人的朋友。最终，大部分信件都寄到了这名股票经纪人手中，每封信平均经手6.2次到达。于是，米尔格兰姆提出六度分隔理论，认为在世界上任意两个人之间建立联系，最多只需要6个人。按照六度分隔理论，每个个体的社交圈都不断放大，最后成为一个大型传播网络。六度分隔理论阐述了人类社会的网状结构，增强了不同节点之间的联系和连接关系，在很大程度上让人们对信息时代的人类社会有了很深的理解与探索。

且不论六度分隔理论的真实性与科学性如何，在数字媒介传播环境下，六度分隔的概念已经得到了实际的应用。互联网这张"大网"把世界紧紧联系在了一起，我们每个人都是这张网上的一个节点。我们的人际关系通过与朋友以及朋友的朋友的不断连接，就像滚雪球一样越滚越大了。通过网络，人与人之间都可以构成弱纽带，通过弱纽带，人与人之间的距离变得非常"相近"，这在社会关系中发挥着非常强大的作用。社交网络的出现即是以六度分隔理论为依据的，认为通过社交网络能"认识熟人的熟人，认识更多的朋友，从而认识你想认识的人"。微博、微信的传播机制也充分演绎了六度分隔理论，都是基于用户关系来实现信息的获取、分享及传播，通过关注、评论、转发等传播方式建立和扩大朋友圈，实现信息的多级多层流动。有意思的是，六度分隔理论正随着技术的发展而发展。2011年，世界最大的社交网站Facebook宣布了它的最新研究成果：你和任何一个陌生人之间所间隔的人不会超过5个。Facebook联合米兰大学，通过米兰大学的最新算法分析，6个人已经跟不上社会发展，在Facebook这个全球社交网络上，他们已经确定任何两个独立的用户之间平均所间隔的人数为4.74，也就是只需通过5个人你就能认识到任何人——从某个角度来说，人与人之间的距离已被技术拉近。

5.1.7 保罗·莱文森的数字媒介理论

1. 概述

保罗·莱文森(Paul Levinson, 1947—　)，美国媒介理论家、科幻小说家、大学教授、教育公司总裁、音乐人，多才多艺，在文学和传播学两方面成就斐然，在音乐上也小有成就。曾任美国科幻小说研究会会长，屡获美国及世界级大奖和提名。他完美地实现了科学文化与文学文化、精英文化与大众文化的结合，被称作"数字时代的麦克卢汉"，"后麦克卢汉第一人"。莱文森的理论主要有：①媒介演化的"人性化趋势"理论：人类技术开发的历史说明，技术发展的趋势是越来越人性化，技术在模仿甚至是复制人体的某些功能，是在模仿或复制人的感知模式和认知模式。②"补偿性媒介"(Remedial Medium)理论：人在媒介演化过程中进行着理性选择：任何一种后继的媒介都是一种补救措施，都是对过去的某一种先天不足的功能的补救和补偿。换言之，人类的技术越来越完美。③"后麦克卢汉"主义：莱文森的技术乐观主义扬弃了麦克卢汉的"技术决定论",认为人可以对技术进行理性选择,人对技术具有控制的能力。

2. 理论解读

保罗·莱文森的媒介补偿理论深刻揭示了数字传播时代媒介进化的方向以及数字媒介与人及人类社会的关系。他认为,任何一种后继的媒介都是对过去的某一种媒介或某一种先天不足的功能的补救和补偿,书写、印刷、电报、录音等是对稍纵即逝的口头传播(思想和谈话)的补救和补偿;摄影、电影等满足了人们留住眼前图景的愿望;广播使即时性的远距离的传播成为可能;而电视以其音画同步的特点,为广播无法看到图像的遗憾提供了一种补偿;录像机弥补了迄今为止仍不受控制的电视的技术上的即时性;因特网则是"一个大写的补偿性媒介",补救了电视、书籍、报纸、教育、工作模式等的不足;手机使以前一切媒介的非移动性得到了补偿……在互联网时代,人们把许多媒介集中起来、结合起来,以解决过去媒介面对的各种问题。数字传播提升了人的理性把握,一切媒介都成为立竿见影的补偿媒介,人们凭借自己的判断来保留或抛弃某种媒介。保罗·莱文森的理论为媒介技术的进步提供了一种新的有说服力的解释,认为人类决定着媒介的进化方向,提出人类可以精化和控制媒介技术,保存和开发我们喜欢的媒介环境。他还描绘了数字地球村的美好图景,他在《数字麦克卢汉》一书的结尾部分写道:"在新的数字地球村里,是没有野蛮人的。作为新时代的公民,我们享有前所未有的——虽然不是无限的——权力去阻止不符合我们利益的逆转。至少,我们有权力迟滞这种逆转前进的步伐,以保存和开发我们喜欢的媒介环境。""在我们的数字时代,媒介的活力正在转换成为人的活力,这种活力是人类业已得到增强和提升的控制能力。"

5.1.8 尼葛洛庞帝的数字化生存理论

1. 概述

尼葛洛庞帝(Negroponte)是美国麻省理工学院教授及媒体实验室的创办人,同时也是《连线》杂志的专栏作家。西方媒体推崇他为计算机和传播科技领域最具影响力的大师之一,1996年7月被《时代》周刊列为当代最重要的未来学家之一。1995年,他将自己为《连线》杂志撰写的18篇文章集结成书出版,即被誉为"20世纪信息技术及理念发展的圣经"的 *Being Digital*(中文名《数字化生存》)一书。此书的流行和传播对20世纪信息时代的启蒙、发展产生了深远的影响,书中深入浅出地讲解了信息技术的基本概念、趋势和应用、巨大的价值和数字时代的宏伟蓝图,阐明了信息技术、互联网对时代和人们生活的影响和价值。从此,"数字化生存"的概念深入人心,并成为人们对信息时代人类生活方式最典型的描述。

该书共分三个部分:第一部分,比特的时代,从生活中的点滴入手,描述数字时代的到来为人类生活方式的变革带来的巨大影响;第二部分,人性化的世界,将数字时代变化带来的影响深入到人们之间的交往方式的变化,人们交往的变化使得人与人之间的关系变得"比特化";最后一部分,数字化生存,在前两部分的铺垫下,这一部分引出了整个书要讨论的主要议题"数字化环境下,我们的生存观"。作者通过对后信息时代便捷的联系、从游戏中学习、无所不在的万事通以及新电子保护主义等小节的描述,充分表现出他对数字化的生存方式的悄然到来是有所预料并持乐观积极应对态度的,同时也相信"每一种技术或科学的馈赠都有其黑暗面,数字化生存也不例外"。按照尼葛洛庞帝的解释,人类生存于一个虚拟的、数字化的生存活动空间,在这个空间里人们应用数字技术(信息技术)从事信息传播、交流、学习、工作等活动,这便是数字化生存。我们可以这样理解,数字化生存是一种社会生存状态,即以数字化形式显现的存在状态;是一种生存的方式,即应用数字技术,在数字空间工作、生活和学习的全新生存方式,是在数字化环境中所发生的行为的总和及其体验和感受。

2. 理论解读

"数字化生存"有4个特点:①分散权力。随着互联网技术的发展,数字世界逐渐摆脱传统的中央集权的生活观念,实现去中心化,达到权力分散。②全球化。当经济越来越全球化、互联网络也不断壮大时,数字化办公室将超越国界,不受地域、时间、空间的限制。③追求和谐。一种前所未见的共同语诞生了,人们因此跨越国界,互相了解,对同一个问题每个人都有机会从许多不同的角度来分析。④赋予权力:数字世界的主体是年轻的公民,在数字化、网络化时代,将赋予公民更多的权利。不难发现,尼葛洛庞帝的许多观点和麦克卢汉有相似之处。

在数字化生存环境中,人们的生产方式、生活方式、交往方式、思维方式、行为方式都呈现出全新的面貌。如生产力要素的数字化渗透、生产关系的数字化重构、经济活动走向全面数字化,使社会的物质生产方式被打上了浓重的数字化烙印,人们通过数字政务、数字商务等活动体现出全新的数字化政治和经济;通过网络学习、网聊、网络游戏、网络购物、网络就医等刻画出异样的学习、交往、生活方式。这种方式是对现实生存的模拟,更是对现实生存的延伸与超越。

5.1.9 霍夫曼与纳瓦克的超媒体传播理论

1. 概述

唐娜·霍夫曼(Donna Hoffman),著名电子商务研究员和分析家。她与范德堡大学的工商管理教授托马斯·纳瓦克(Thomas Novak)提出了"超媒体传播"的概念。霍夫曼和纳瓦克认为,传统的大众传播媒体是一对多的传播过程,由一个媒介出发到达大量的受众;而以计算机为媒介(Computer-mediated)的超媒体传播方式延伸成多人的互动沟通模式,传播者与消费者之间的信息传递是双向互动的、非线性的、多途径的过程。

2. 理论解读

超媒体一词是由超文本衍生而来的。但要弄清这一概念,还必须从超链接说起。超链接大量应用于Internet的万维网3W中,它是指在Web网页所显示的文件中,对有关词汇所作的索引链接能够指向另一个文件。3W使用链接方法能方便地从Internet上的一个文件访问另一个文件(即文件的链接),这些文件可以在同一个站点,也可在不同的站点。可见3W中的超链接能将若干文本组合起来形成超文本。同样道理,超链接也可将若干不同媒体、多媒体或流媒体文件链接起来,组合成为超媒体。超媒体不仅仅是一个技术词汇,它是新媒体意识与新商业思维的杂交,含有"你媒体"的意思,是Web 2.0与全球化3.0即个人全球化、媒体化的有机聚合。事实上,从现在个人最常用的E-mail、即时通信和博客,到像Autodesk那样专门为计算机设计师打造的交互设计平台,从比尔·盖茨"未来之路"宽带视频的"超级连路",到Google Earth的超市地球,都是不同层面、不同量级的超媒体产品。超媒体不仅可以包含文字,还可以包含图形、图像、声音、动画或影视片断等多种媒体来表示信息,这些媒体之间也是用超级链接组织的,而且它们之间的链接也是错综复杂的。超媒体可以为用户提供更高的人机交互能力,用户可以根据自己的兴趣与信息需要设定路径和速度,甚至修改内容或对内容加注解,可以任意从一个文本跳到另一个文本,并且激活一段声音,显示一个图形,甚至播放一段视频。因此,从本质上讲,超媒体是一种交互式多媒体,而交互式多媒体不一定都是超媒体。它不仅是一种人机交互技术,还涉及内部结构等多方面的整合改造。从应用上讲,超媒体更接近人的思维。通过超媒体,可以提供比超文本链接层次更高的响应,实现更为便利直观的双向交流。"超媒体"打破了传统的单一媒体界限和传统思维,将平面媒体、电波媒体、网络媒体整合,形成能够左右一个区域乃至整个国家的超级力量。

超媒体思想在实际领域的应用将十分广泛。超媒体的应用主要有以下一些方面:①多媒体信息管理。超媒体被许多人称为"天然"的多媒体信息管理技术,这是因为对于多媒体来说,超媒体的方式更易于反映出媒体之间的联系和关系。在多媒体信息应用领域,超媒体技术可以应用于百科全书、词典等工具书,也可以应用于各种各样的参考书、科技期刊等。利用超媒体技术,我们可以很容易地对浩如烟海的、分散在各处的各种书籍、图片、概念等进行有效的组织,使得用户使用起来更加方便。现在已经开发出许多这方面的产品,并且得到了广泛欢迎。超媒体用于多媒体信息管理还可以超媒体型多媒体数据库的形式出现。超媒体数据库不同于传统的数据库,也不同于一般的多媒体数据库,它利用超链接连接了各种信息,使得多媒体信息检索可以用多媒体浏览的方式进行,可以更好地反映出媒体之间的内容联系。②个人学习。超媒体技术在辅助个人学习方面非常有效。如果将学习的资料编成固定的形式,虽然可以协助个人的学习,但不能适应每个人的特点和想法。超媒体化的学习资料可以给我们一个过程的选择,随着学习的进行,我们可以随时要求解释和选择更恰当的学习路径。特别是对复杂的学习内容,超媒体学习系统不仅可以提供丰富的多媒体化的资料,可以用联机求助的方式得到帮助,而且还可以用搜索、参与的方式进行学习,大大地提高学习效率。③工作辅助。超媒体化的维修手册、技术文档、方针政策手册、年度报告等都可以大大提高工作效率。使用超媒体维修手册可以针对具体问题得到具体的答案,而不用逐页查找有关的数据和信息。现在几乎每一种计算机软件都配有超媒体方式的"求助"系统,特别是那些编程语言、工具等,这种求助系统发挥了巨大的作用,早期的那种靠一大本手册的工作方式已经看不见了。④商业展示和指南、娱乐和休闲。超媒体化的产品目录和广告、单位的形象介绍、展览会的展示、旅游和饭店指南、机场和车站的查询机等都为用户提供了一种很好的展示方式。这些随处可见的、用户可以任意操纵的超媒体工具,不仅有利于商业效益的提高,也大大方便了用户。

5.2 数字媒介传播模式

数字媒介的技术特性,使得数字媒介传播超越了经典传播学对传播类型的划分,其既包含了内向传播,也涵盖了人际传播和组织传播,在人群中的大规模应用更使其具备了大众传播的特点。无论是从传播的范围看,还是从传播中使用的媒介属性看,甚至从传播中主客体的关系和信息流动机制看,数字媒介传播都是一种全通道式的传播。研究其传播模式,应综合考虑各种传播类型的特点和过程,以提炼数字媒介传播过程的相关影响因素和结构要素。大众传播是传统传播类型中相对复杂、要素齐备的类型,因此也具有较大的参考价值。

5.2.1 大众传播的一般模式

1. 拉斯韦尔 5W 模式

拉斯韦尔模式又称 5W 模式,是由美国学者哈罗德·拉斯韦尔在 1948 年发表的一篇论文《传播在社会中的结构与功能》中提出来的。他提出了传播过程中的 5 种基本要素,并按照一定的结构顺序将它们进行了排列:

who 谁
says what 说了什么
in which channel 通过什么渠道
to whom 向谁说
with what effect 有什么效果

后来,英国传播学家丹尼斯·麦奎尔将这个模式转变为如图 5-1 所示:

图 5-1 5W 模式

在传播学史上,拉斯韦尔的 5W 模式具有重大的意义。该模式第一次比较详细、科学地分解了传播的过程,将人们的传播活动明确表述为由 5 个环节和要素构成的过程,为人们理解传播过程的结构和特性提供了出发点;第一次为传播学搭建了比较完整的理论构架,从而使传播学的最终确立成为可能;规定了传播学研究的 5 大研究领域(如图 5-1 所示),为后人分门别类地深入研究开辟了道路。不过,这个模式的缺陷也是显而易见的。首先,它是个直线模式,缺乏反馈渠道。这个模式虽然考虑到了受传者的反应(效果),但是并没有提供一条反馈渠道,因而没有揭示人类传播的双向和互动性。另外,这个模式没有涉及传播过程和社会大系统的联系,而任何传播都不可能脱离社会在真空中进行。

鉴于 5W 模式的种种缺陷,学者布雷多克在此基础上进行了补充,将 5W 模式发展为如图 5-2 所示的 7W 模式:

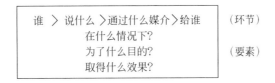

图 5-2 7W 模式

布雷多克这种改进增加了传递讯息的具体环境和传者意图,并将传播要素和环节区别开来,有一定的科学性。但是,也只对 5W 模式的孤立性有所改进,直线性则不变,这仍然是一个直线模式。

2. 申农-韦弗模式

申农(香农)是美国数学家,信息论的创始人。韦弗是他在美国贝尔电话实验室工作时的同事。他们在 1949 年共同发表了《传播的数学理论》,文中提出了著名的"申农-韦弗模式",如图 5-3 所示。

图 5-3　申农-韦弗模式

这个模式是一个典型的应用于自然科学领域、技术性的通信过程模式。由信源发出讯息,再由发射器将讯息转化为可以传送的信号,经过传输,由接收器把接收到的信号还原为讯息,最后传递给信宿。在这个过程中,讯息可能受到噪声的干扰,产生某些衰减或失真。将这个技术性的模式用于解释大众传播过程也是可行的。信源相当于传者,信宿则充当受传者,发射器、信道、接收器则相当于媒介。申农-韦弗模式的最大特点就在于,它导入了噪声的概念,表明了传播并不是在真空中进行的,过程内外的各种障碍因素都会对讯息产生干扰。此模式对技术和设备环节的分析参照自然科学的分析方法,如对讯息一分为二的方法,提高了人们对信息科技作用的认识,为文理结合的方法在传播学研究中的运用打下了基础。然而,这个模式仍然未能跳出线性传播的窠臼,还是缺乏反馈环节。当然,作为电子通信工程的传播模式,直线传播无可厚非。单向过程在电子通信中是存在的,如电视台与电视机之间的信号传输与接收,即使是双向过程,传达与反馈也可以通过同一条渠道完成,例如打电话。但是,一旦将这个模式运用到人类交流与大众传播的过程中就行不通了。

3. 奥斯古德-施拉姆模式

奥斯古德和施拉姆是最早对直线传播模式发起挑战的学者。奥斯古德是语言学、心理学大师,而施拉姆是著名传播学家,他们合作提出了以下这个著名的模式,如图 5-4 所示。

图 5-4　奥斯古德-施拉姆模式

在这个模式中,不存在传播者和受传者的区别,传播双方都是行为主体,通过讯息传授相互作用。该模式的重点不在于分析传播渠道中的各个环节,而在于解析双方的角色功能。双方交替扮演编码者(执行符号化和传达功能)、释码者(执行解释意义功能)、译码者(执行接收符号解读功能)的角色。这个模式的主要贡献是变直线、单向型模式为循环双向型模式,并引入了控制论的核心概念之一:反馈,强调社会传播的互动性。正如麦奎尔所说,它意味着"与传统的直线、单向型传播模式的绝然决裂"。这一模式最大的缺陷在于,将传播双方放在完全对等或平等的关系中,与现实不符合。在现实社会中,传播双方由于政治、经济、文化地位、传播资源、传播能力有差异,因此传授双方在传播中地位作用完全对等的情况是极少的。

施拉姆本人很快就意识到这一模式的缺陷,而且发现它不适用于大众传播过程。不久他就提出了另一模式,传播学中通常称之为"施拉姆的大众传播过程模式",如图 5-5 所示。

这个模式由 5 个部分构成:媒介组织是传者,各种类型的受众,相同的大量的信息,推测性的反馈,以及大量的信息来源。大众传播的传播者是以媒介组织的形式出现的,它包括了媒介组织和组织化的个人,如记者、编辑、主持人等。媒介组织从各种信息来源处获得信息,这时它是译码者的角色,经过把关、加工、解释之后,重新编码向外传递,这时媒介组织充

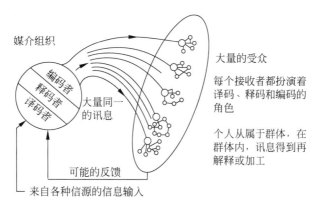

图 5-5 施拉姆的大众传播过程模式

当编码者的角色。受者是大众传播的受众,受众归属于不同的群体,其中每个群体中存在意见领袖,他会通过人际传播对群体中的受众产生影响。大众传播中的信息是大量的、形同的、复制的、广泛传播的。由于施拉姆提出这个模式时的媒体主要以报纸、广播、电视为主,这些媒体的共性是反馈延迟,所以这个模式中的反馈是媒介组织预先作出的推测性的反馈。

4. 德弗勒的互动过程模式

德弗勒的互动过程模式又称大众传播双循环模式(图 5-6),20 世纪 50 年代后期由美国社会学家 M. L. 德弗勒提出。在闭路循环传播系统中,受传者既是信息的接收者,也是信息的传送者,噪声可以出现于传播过程中的各个环节。此模式突出双向性,被认为是描绘大众传播过程的一个比较完整的模式。它的缺点是没有考虑外部因素的影响,噪声并不能说明外部条件和环境因素的全部复杂性,这个局限很快就被其他学者弥补了。

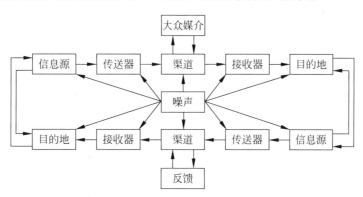

图 5-6 德弗勒的互动过程模式

5. 赖利夫妇的系统模式

J. 赖利和 M. 赖利是美国的一对社会学者夫妇。他们于 1959 年在《大众传播与社会系统》一文中,提出了著名的赖利夫妇的系统模式(图 5-7),从而率先将传播过程描述为社会过程,把它置于总社会过程中加以考察。赖利夫妇将传播过程看作庞杂的社会系统的一个子系统,同时对传播系统与社会系统之间的互动关系也进行了考察。他们的这种模式将大众传播研究带入了一个新的时代。

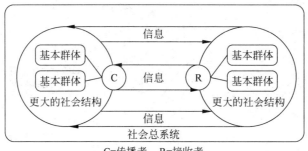

C=传播者　R=接收者

图 5-7　赖利夫妇的系统模式

该模式的基本观点是，传播过程是处于社会系统中并受其影响的一个子系统，所有的传播过程都可以看作一个系统的活动。传播系统既与社会中其他系统相联系，又具有自身相对的独立性。从这样的角度来看，传播过程中传授双方都是具有人内传播的个体系统；这些个体系统之间相互影响，构成人际传播；个体系统又不是独立存在，而是从属于各自的群体，这样，群体系统之间又形成群体传播；而个体、群体又都是社会的组成部分，他们总是在社会中运行，因而又与总的社会系统有着互动关系。

赖利夫妇这一模式的提出意义极为深远。对于以前的直线模式和循环模式来说，它们探讨的都是传播过程系统内部的微观环节和要素；而赖利夫妇的系统模式则开始着眼于传播过程的宏观环境，并更多地对社会系统的整体环境加以研究，将传播过程放到整个社会系统运行的大框架中去把握。因此，这一模式开启了大众传播研究的新面貌。

6. 马莱茨克的系统模式

德国学者马莱茨克于 1963 年在《大众传播心理学》一书中提出了自己的见解，从社会心理的角度阐释了传播过程（图 5-8）。该理论将大众传播看作包括社会心理因素在内的各种社会影响力交互作用的"场"，系统中的每个主要环节都是这些因素或影响力的集结点。马莱茨克认为，影响和制约大众传播的因素包括 4 个方面：①影响和制约传播者的因素，包括

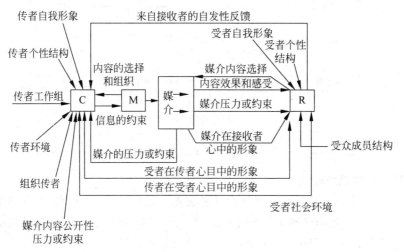

C=传播者　M=信息　R=接收者

图 5-8　马莱茨克的系统模式

传播者的自我印象、传播者的人格结构、传播者的同僚群体、传播者的社会环境、传播者所处的组织、媒介内容的公共性所产生的约束力、受众反馈产生的约束力、来自讯息本身以及媒介性质的压力或约束力等。②影响和制约受传者的因素,主要包括受传者的自我印象、受传者的人格结构、受众群体对个人的影响、受传者的社会环境、讯息内容的效果和影响、来自媒介的约束力等。③影响和制约媒介与讯息的因素,指传者对讯息内容的选择和加工,受传者对媒介内容的接触选择。④受传者对媒介的印象。

马莱茨克的系统模式说明,社会传播是一个极其复杂的过程,评价解释任何传播活动都要全面考虑各种因素,包括心理因素。

7. 韦斯特利-麦克莱恩模式

1957年,美国传播学者韦斯特利(B. H. Westley)和麦克莱恩(M. S. Maclean)整理当时已有的研究成果,提出了一个适合于大众传播研究的有系统的模式,如图5-9所示。

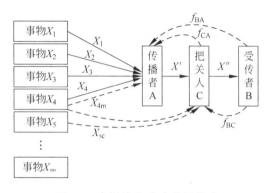

图 5-9 韦斯特利-麦克莱恩模式

韦斯特利-麦克莱恩模式中的诸要素表示如下意义:X代表社会环境中的任何事件或事物,传播这些事件或事物的信息要借助大众媒介。A代表有意图的传播者,如政治家、广告客户、新闻来源等,是"鼓吹者"角色。C指媒介组织或其中的个人,也称把关人,它们从A或X处选择信息,传播给B(受众)。B指受众或"行为"角色,可以是个人,也可以是群体,还可以是一个社会系统。X'指传播者为进入信息渠道而作出的选择。X''指媒介组织向受众传递的加工过的信息。X_{4m}指事件或信息的多种意义中的一种。X_{5c}指传播媒介对事件X直接观察所获取的信息。f_{BA}指受众(B)向原始信源(A)的反馈。f_{BC}指受众通过直接接触或受众的研究向传播组织的反馈。f_{CA}指传播者(C)流向鼓吹者(A)的反馈。这一模式分析了A、B、C三者之间的内在联系,并指出了传播过程的交互性,注重了反馈的重要性。

这个模式的特点是:①信息选择具有多样性。传播来源可以在各种事件中进行选择,大众传播媒介可以在各种信息来源中选择,同时大众媒介也可以在各种事件中直接进行选择。②传播系统具有自动调节性。社会上数量众多的大众媒介间存在着激烈的竞争,在这种竞争的过程中,它们也互相取长补短、自动调节,以适应社会优胜劣汰的发展机制。③信息反馈具有重要性。只有反馈才能真正保证传播过程中所有要素间关系的系统性。该传播模式的优点在于提出了传播可以有目的,也可以无目的;反馈可以有目的,也可以无目的,并提出了"守门员"这一新概念,囊括了大众传播。

8. 田中义久的"总过程模式"

日本学者田中义久根据"社会传播的总过程"研究的理论框架,在1970年提出了"大众传播过程图式",如图 5-10 所示。

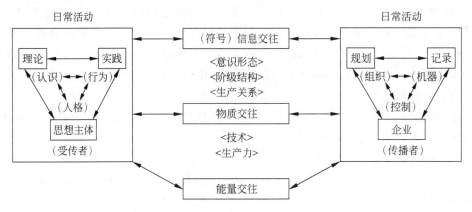

图 5-10　田中义久的总过程模式

田中义久从马克思和恩格斯的"交往"概念出发,把人类的交往分为三种类型:首先是与人的体能(生物学、物理学意义上的能量,包括作为人的体能之延伸的热能和电能)有关的"能量交往";其次是与人类社会的物质生产相联系的"物质交往";第三是与精神生产相联系的精神交往,即"符号(信息)交往"。其中,符号(信息)交往过程也就是传播过程,它是建立在前两者的基础之上的,与社会的生产力、科学技术、生产关系和意识形态保持着普遍联系和相互作用的关系。另一方面,作为特定传播过程的双方,如果属于人际传播,那么他们都作为有独立人格的思想主体从事着社会认识和社会实践活动,传播则是他们从事精神交往的纽带;如果属于大众传播,那么传播者便是作为组织的媒介企业,而受传者便是具有一定自我能动性的个人。传播的双方都有着一定的日常社会条件或环境的背景,而每一方传播活动都受到条件和环境的制约。田中义久的这个图式提出了传播学研究中的许多重大理论课题,尽管它还不完备,但可以说它是第一个基于唯物史观的系统模式。

5.2.2　数字媒介传播的特殊传播模式

通过对传统媒介传播模式的研究不难发现,传统的大众传播基本上是信源到信宿的单向传播,尽管有些传播模式多了反馈环节,但依然改变不了信息单向传播的基本属性,这是由传统大众媒介的传播属性决定的。在数字媒介时代,信息在计算机内部通过编码的方式以比特流的形式在网络上传播,比特流又通过译码后被另一台计算机接收。无论最终网络终端以何种形态出现,数字媒介时代的信息传播模式已经发生了根本的改变。

1. 国内学者关于"网络传播模式"的研究

在网络传播中,最常见的模式是多点传播模式:每一台计算机都具有信源与信宿的双重身份,可互为转换。每一台计算机都是浩瀚网络世界中的一个节点,它可以与其他节点计算机任意交流和互相传播信息,而且数字信息的表现能力不断加强和扩大,信息的传播在规模上、效率上,在广度上、深度上都得到了空前的发展。国内学者对数字媒介传播模式的研究主要以网络传播为对象,目前有以下几种有代表性的研究结果。

1) 王中义的网络传播模式

王中义等人认为网络传播的基本模式是网络模式。网络传播以计算机网络为传播媒介,可以是一点对一点,也可以是一点对多点或者多点对多点、多点对一点,呈网状分布。呈网状分布的网络传播是无中心的,没有边际,也就无所谓覆盖面的问题(图 5-11)。

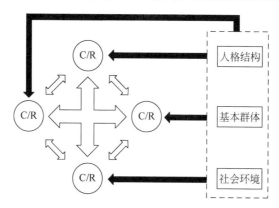

图 5-11 王中义的网络传播模式

在这个模式中,网络传播中每个传播主体既是传播者 C 又是接受者 R,同时每个传播主体又受到个体的人格结构、所处的基本群体和社会环境因素的制约。这一方面影响传播主体作为传播者时对媒介、内容的选择、加工;另一方面影响传播主体作为接收者时对媒介、内容的选择、接收。

2) 邵培仁的阳光模式和整体互动模式

(1) 阳光模式

邵培仁教授提出的"阳光模式"(图 5-12),是指以宏观的整体的眼光所抽象出来的,通过信息交换中心(如电信局或网站等)连接各个信息系统进行信息创造、分享、互动的结构形式。

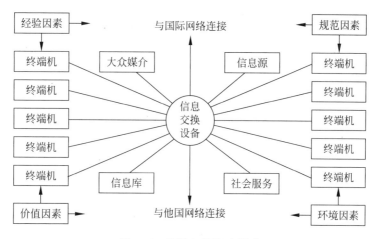

图 5-12 邵培仁的阳光模式

阳光模式包括 6 大要素和 4 项因素。6 大要素为:①终端机。理想配置应包括个人计算机(具有通话、通信、放音放像、录音录像、翻译、校对、编辑、搜寻等各种功能)、传真机、复印机、自动打印机等。②信息交换设备:这是网络传播的枢纽,要求容量大、性能高、线路多,以便与亿万只终端机之间以及与信息库、大众媒介、信息源之间任意联通和交流。③信息库。包括印刷资料库、声像资料库、档案资料库和各种科研资料库。④大众媒介。指计算机通过网络与各种传统媒体(报社、杂志社、出版社、电台、电视台等)相结合而发展成的新型大众媒介,如网络报刊、书籍、广播、电视、视频信息等。⑤信息源:如新华社新闻信息系统、路透社经济信息系统、中国经济电讯系统等,也包括电子产品和音像制品生产、制作中心和场所。⑥社会服务。如"三金"工程系统、计算机购物购票系统、社会咨询(股票行情、天气预报、健康与心理咨询)系统等。4项因素是指网络传播中的经验因素、环境因素、价值因素和规范因素。还有,连接成网络的电缆传输通道也很重要,但用无线取代光纤光缆将是一个趋势。

(2) 整体互动模式

如图5-13所示,整体互动模式中的认识对象既是整体的又是互动的。互动,一是指信息的相互沟通、相互交换和相互创造、相互分享;二是指各种传播要素(传者与受者、守门人与中介者、信息与媒介)之间的相互制约、相互影响和相互作用。整体互动模式抛弃了传播的单向性和被动性,突出强调了传播的双向性和能动性,昭示了传播的多向性和复杂性。在研究中,我们将整体看作互动因素的聚合与归并,将互动当作整体形态的链条与部件,将两者的有机统一视为对人类传播活动的全面而综合的呈现,也是为传播研究寻找一个辩证分析的模式和途径。整体互动模式包括三个系统,即人际传播系统、大众传播系统和网络传播系统。这三个系统不存在谁取代谁的问题,它们将协同并存、互动互进,共同绘制人类传播的三大风景。整体互动模式还包括构成传播活动的4大圈层因素,即核心要素、次级要素、边际因素和干扰因素。

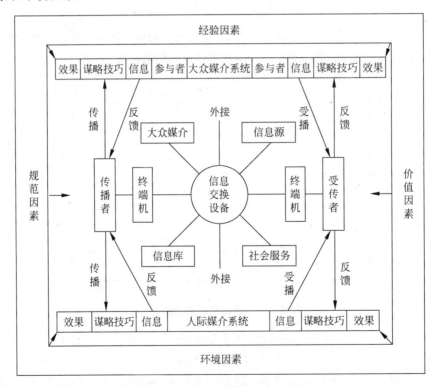

图 5-13 邵培仁的整体互动模式

整体互动模式具有4个特点:①它强调整体性和全面性。即它是对人类全部传播现象的整体反映,既包括大众传播,也包括人际传播和网络传播;既客观地再现了各个传播要素的活动特征,也真实地凸显了人类传播活动的基本过程和内外联系。②它强调辩证性和互动性。模式中的各要素并不是各自独立、不相往来的。它们是双向交流、多向沟通的,也是相互作用、相互制约、相互影响、共同发挥效应的。③它强调动态性和发展性。该模式往复循环、生生不息,富有动态性和发展性。它不是固定不变、不可更改的框架,它随着现实传播活动的变化而变化,随着人们认识的发展而发展。它也没有确定的不可变更的传者与受者、起点与终点。④它强调实用性和非秩序化。该模式密切关注现实,紧密联系实际,是从现实传播活动中抽取出来的,又为实践活动服务。不过,它虽从实用的角度勾画了传播活动的过程或步骤,但在实际执行中并不一定要以精确的顺序正规地执行模式标明的所有步骤,决策者和传播者也无须对所有步骤给予同样的重视,因为,他可以越过一个或几个要素将信息直送特定的受传者或实施者。

3)谢新洲的网络传播模式

北京大学的谢新洲教授将网络传播的基本要素——传播者、接收者、信息、媒介、噪声等进行概括,得到网络传播的一个基本模式,如图5-14所示。

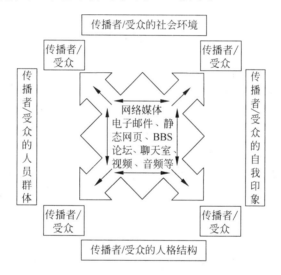

图 5-14　谢新洲的网络传播模式

该模式是对网络传播过程的一个粗略的概括。它虽然不能完全展示出网络传播的纷繁复杂,不能明确反映出各个阶段中不同的外在因素是如何作用于传播过程的,但是它通过一个简单的图例给我们展示了网络中信息是如何流动的,可以帮助理解网络传播的过程。鉴于网络传播的过程非常复杂,不可能对整个过程进行详细的概述,为了更好地理解网络传播的过程,他们提取网络传播中的一部分——从一个传播者到一个节点——来构造一个具体的模型。这一依托基本模式的子模式如图5-15所示,被称之为"相对于一个节点的传播模式"。

在信息传播的过程中,不管是信息的传播者还是受众,都受到一定的自我印象、人格结构、人员群体和社会环境的影响。这些因素对传播者选择信息、受众理解信息产生巨大的作用。网络传播者对信息进行选择和加工,根据信息的类型选择具体的网络信息传播模式,传播给受众。受众在接收信息后,在上述几个因素的作用下,对信息进行回应和反馈,并同样通过网络这个渠道,选择适当的网络传播方式,将自己的反馈和回应传递到传播者处。这个

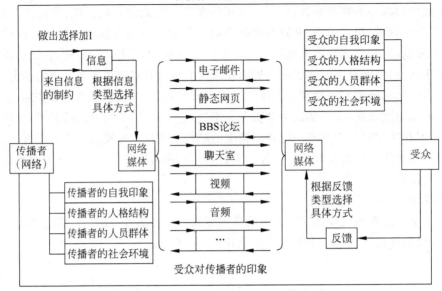

图 5-15 谢新洲的网络传播模式子模式

模式还有一个特点,就是明确指出在网络传播中,传播者和受众的信息传递都是通过同一个媒介——网络。传统的大众模式中,传播者和受众之间的交流较少,而且不太可能通过同一个渠道实现,效果较差。而这个模式反映出在网络传播中,传播者和受众可以通过同一个网络,实现彼此之间紧密、迅速的联系和交流。

2. 数字媒介传播的新模式——"全通道模式"

在数字传播时代,网络传播虽然具有典型性,但还不能涵盖所有的数字传播形式。由于数字传播涉及传播者、受众、媒介、技术、社会环境等多方面因素,尤其是整个传播过程的结构和角色发生了巨大的变化,因此,数字传播模式也与传统模式有根本的区别。综合经典的传播模式和各类网络传播模式的特点,结合数字媒介传播的特点,可用图 5-16 描述数字媒介传播模式。

在这个数字媒介传播模式中,数字媒介传播中的传播主体——传者和受众已经高度融合化,即传播中的个体既是受者同时也扮演着传者的角色,因此,在数字传播模式中将不再区别传者(C)和受者(R),而以 C/R 代之。马莱茨克模式中关于传播过程会受到传受者心理因素影响的观点,同样也适用于数字传播,因此在数字传播模式中会有传受者人格结构、自我印象、成员群体、社会环境等要素。信息传播过程在这个模式中不是一次完成,而是多次传播,社会中的个体在这个过程中均可担任传者和受者,并且进行过二次编码或解码。媒介不再单列为传播模式中的一个要素,而是贯穿于传播中的各层级(图中的箭头即为信息渠道和流动方向)。

综上,数字媒介传播的"全通道模式"具有以下几个特点。

(1) 整个数字媒介传播过程以参与传播的"个体"为核心。该个体既不是单纯的传者(C),也不是单纯的受者(R),而是兼具传者受者角色于一体(C/R)。在 Web 2.0 时代,传者与受者的界限被打破,每个人都能成为信息发布者,也可以随时接收各种渠道传递来的信

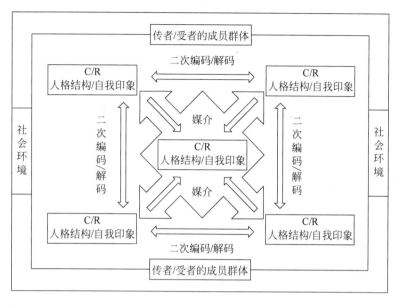

图 5-16 数字媒介传播的"全通道模式"

息,传受角色高度融合。

(2) 信息在所有参与传播的个体(C/R)之间通过数字媒介多层级双向流动,反馈频繁,信息在流动过程中可能被每个个体进行过二次编码或解码。数字媒介的网状化、互动性特征,使得信息呈全通道式流动,所有被卷入的个体都会随着信息的流动彼此之间产生或直接或间接的联系。如社交网络的传播就是典型的全通道模式,用户通过阅读、评论、转发、推送、加关注等行为传播信息的同时彼此之间产生联系,在传播的过程中可以通过评论、有选择复制等方式进行二次编码或解码。

(3) 参与传播的个体数量不受限制,根据C/R的多少可具体为点对点、点对群或群对点、群对群的传播,涵盖人际传播、组织传播、大众传播多种类型。例如,即时通信工具主要应用于人际传播和组织传播,参与人数相对较少;而数字电视、数字杂志参与者众多,则属于大众传播范围。

(4) 传播过程受到各种因素的影响。主要表现为C/R的人格结构、自我印象等因素,此为内因;还受到C/R所处的成员群体、社会组织的影响,此为外因;另外,还受到整个社会环境包括政治、经济、文化等因素的影响,此为宏观社会因素。这些因素一方面影响个体作为传者时对媒介、内容的选择、加工,另一方面影响个体作为受者时对媒介、内容的选择、接受。

(5) 媒介不再以单独的"传播要素"身份存在,而是作为信息流动渠道,成为连接所有C/R的中介物,贯穿于传播的各层级。

图 5-16 中心部分只列出了几个C/R,只展示了全通道模式中的一个局部区域,实际上每一个C/R周围可以通过媒介继续开拓新的信息通道,进行无限复制延伸。

总的来说,"全通道模式"能描述数字媒介传播的基本过程,展示数字媒介传播中的各种要素及要素之间的关系,并且能够涵盖实际传播中的各种传播类型。该模式保留了经典传统模式中不可或缺的元素,也综合借鉴了学者们对于网络传播的研究成果,通过这个模式,能够一览数字媒介传播的概貌。虽然在细节上，全通道模式还有不够详尽之处，其适用性和科学性也还有待进一步验证，权当抛砖引玉，以期为更全面、更完善的模式诞生提供一些思路。

小　　结

　　数字媒介传播虽然是时代发展和技术进步的产物，但其理论基础和思想渊源都来自于经典传播学。无论是上世纪的学者麦克卢汉、英尼斯、梅罗维茨、梅尔文·德弗勒、哈贝马斯提出的媒介理论，还是 21 世纪学者保罗·莱文森、尼葛洛庞帝、霍夫曼与纳瓦克等人提出的新媒介理论，都能对数字媒介传播作出很好的理论阐释。而对数字媒介传播模式的研究更是吸取了传统模式的精华，无论是国内学者提出的几种网络传播模式，还是本书提出的数字媒介传播的"全通道模式"，都保留了经典传播模式中不可或缺的元素。因此，只有在对传播学经典理论进行系统、深入学习的基础上，再结合新媒介技术的相关学习和实践，才能真正理解和把握数字媒介传播。

思　考　题

5-1　开展课堂讨论，主题为"数字化生存对人类自身发展的挑战"。
5-2　请结合数字媒介的传播特性，谈谈人-媒介-社会三者的关系。
5-3　数字媒介传播模式与传统大众传播模式的区别体现在哪些方面？

参 考 文 献

[1] [美]莱文森.数字麦克卢汉——信息化新纪元指南[M].何道宽，译.北京：社会科学文献出版社，2001.
[2] [加]麦克卢汉.理解媒介：论人的延伸[M].何道宽，译.北京：商务印书馆，2000.
[3] 易启洪，李文，黄维柳."数字化生存"与人的全面发展[J].桂海论丛，2006；(06)：60-62.
[4] [美]梅罗维茨.消失的地域：电子媒介对社会行为的影响[M].肖志军，译.北京：清华大学出版社，2002.
[5] 朱雪.社交网络媒介情景重构及对受众的影响[EB/OL].2013-08-12[2013-08-15].http://qnjz.dzwww.com/tk/201308/t20130812_8756023.htm.2013-08-12 15：32：00.
[6] 王中义，等.网络传播原理与实践[M].合肥：中国科技大学出版社，2001.
[7] 孟庆兰.网络信息传播模式研究[J].图书馆学刊，2008，(1)：133-137.
[8] 邵培仁.传播学[M].北京：高等教育出版社，2000.
[9] 谢新洲.网络传播理论与实践[M].北京：北京大学出版社，2004.
[10] 郭庆光.传播学教程[M].北京：中国人民大学出版社，1999.
[11] 百度百科.媒介即讯息[EB/OL].[2013-08-22].http://baike.baidu.com/view/460478.htm.
[12] 百度百科.地球村[EB/OL].[2013-08-22].http://baike.baidu.com/view/49256.htm.
[13] 百度百科.依赖论[EB/OL].[2013-08-15].http://baike.baidu.com/view/1174871.htm.
[14] 百度百科.数字化生存[EB/OL].[2013-08-25].http://baike.baidu.com/view/478121.htm.
[15] 百度百科.超媒体[EB/OL].[2013-08-15].http://baike.baidu.com/view/97038.htm.
[16] 贺雪晨.超媒体[EB/OL].[2013-08-25].http://blog.sina.com.cn/s/blog_624f70600100gugi.html.

第6章

数字媒介传播效果

在传播学众多的分支和研究对象中,传播效果的研究始终是一个核心话题,无论针对哪种媒介或哪种传播形态,效果的研究一直被看作隐藏于传播研究发展中的原动力。特别是在大众媒介研究领域,正如麦奎尔所指出的,"全部大众传播研究都建基于对媒介具有强大效果的推测上"。对效果问题的关注通常都与经营和利益相关。媒介工业化,作为媒介发展的必经阶段,促使媒介的目标几乎全部被限定在如何吸引受众的注意力上。为了达到这一目的,媒介规律性地挑战一些传统价值观,同时诱发树立某些新的价值观,也就是说,媒介的效果不仅只是出现在传播活动本身的反应环节上,更延展呈现在社会、政经及文化层面。因此,媒介效果研究的对象也远远不止于传播活动本身,而是关联到更广泛的领域,诸如将研究重点聚焦于媒介传播与暴力、性、道德、伦理等的关联性影响,也有研究长期关注媒介传播与特定社会群体如儿童、少数民族、女性等之间的关联性影响。另外,还有一个相当重大的效果研究分支,那就是不断挖掘媒介的商业传播效果,特别是广告效果,因为在很大程度上,以美国为代表的大部分媒介传播研究至今仍然建立在被媒介工业所资助的行政管理模式之上。媒介工业的目标,由于至少与谋求传播效能驱动内在相关,因此,不可否认商业传播效果研究成果在整个传播效果研究进程中具有重大意义。

6.1 媒介传播效果的研究历程

20世纪初,科学技术的进步,特别是电影、收音机的出现和第一次世界大战的爆发,触发了对媒介传播效果的有意识的较大规模的研究。这些研究均出于对新兴的大众媒介的影响力的敬畏。无论是1929—1932年佩恩基金会所支持的电影对儿童影响的研究,还是针对所谓"火星人入侵地球"广播节目效果的研究,都标示出这一时期的相关研究普遍指向媒介的强效果,形成了"刺激—反应"模式以及所谓"魔弹论"。

媒介研究的第二阶段则是以"媒介有限效果论"为主导理论,即:传播的信息要经过一些中介因素才能产生效果,比如个人价值取向、群体规范和意见领袖。也就是说,受众有选择地接收信息,所以媒介的影响也是有条件的、有限的。相较于前一阶段的主导理论,"有限效果论"更加注重传播过程及传播影响的多样性和复杂性,并且运用了更多更成熟的研究方法加以证实,这对于传播效果研究而言无疑是一次更有价值的进步。第二阶段的另一个突出表现就是"使用与满足"学说的萌芽,使用与满足研究完全通过个人主义的术语而不是通过社会语境的联系来理解传播的过程与效果,这种在初期备受诟病的学说在其后的效果研究中逐渐成为另一股主导力量。

到了 20 世纪 70 年代,"有限效果论"再一次在社会观念和传播技术的发展面前受到挑战,并得到进一步的发展,形成了诸多对媒介宏观效果的研究及其相关理论。媒介宏观效果研究重新肯定媒介的强大效果,但它更注重综合、长期、深层次的社会效果,并试图将媒介效果和媒介的外部制约机制结合在一起考虑。这一阶段形成的著名理论如"媒介培养"、"沉默的螺旋"、"知沟"、"议程设置"以及关注国际传播效果的"创新与扩散"等理论普遍不再将媒介传播看作孤立的现象,而是将效果研究与社会心理、受众研究、媒介控制、政治经济、国际关系等领域的研究相结合,应该说,这种对传播效果的认识更符合人类传播活动的本质和现实。80 年代,"使用与满足"学说进一步明确地将效果研究的中心从传播者劝说的目的转向受众的认知需求,甚至是体验满足需求,这种明确难免被质疑高估了受众的能力。与此同时,也有学者提出可以将议程设置和使用与满足学说协同起来,构建一种综合受众中心与媒介中心的新取向。在当今的数字媒介环境之下,传统媒介传者采用新媒介主导传播活动的同时,读者、观众或用户主动寻求信息、体验享受、群组化协商、思考及分享等媒介使用行为同时存在,并且相互联动产生综合传播效果已经成为不争的事实。

在这一系列研究变迁之中,还有不得不提的就是以麦克卢汉为代表的"媒介即信息"的所谓"技术决定论",这一理论流派认为影响受众的不是信息,而是媒介本身,受众在对新媒介的信息传递方式的不断适应和调整中,改变了对世界、对现实、对自己以及对三者关系的看法和应对方式。"技术决定论"对于媒介效果的认定是空前的,这种认定在几十年前难免令人费解,特别是由于麦克卢汉对媒介的研究完全没有遵循以往的研究手法,更多的是采用文学化的语言进行阐释,因此,更加重了观点的神秘主义色彩。但是,时至今日,由于媒介环境数字化进程的不断深入,麦氏的观点已经成为媒介传播效果的研究中不可忽略的存在。

6.2 媒介传播效果的研究方法与困境

纵观传播学研究的历史进程,不难看出,传播研究常用的方法包括以下两种取向,即结构化行为取向和人文取向。结构化行为取向的研究致力于建构明确的、可供操作的分析范畴,并且在理论的各个阶段尽量形成假设、观察、分析、解释并得出结论,同时力争实现理论各阶段之间的相互独立性。更典型的是,这种研究取向更加看重研究指标和框架的意义,而控制甚至忽略研究者对研究所产生的影响。但人文方法的研究则刚好相反,它认为在资料收集、分析和初步解释层面并无根本性的差别,但不同研究者出于不同的研究目的、研究语境以及研究角色而不同程度地参与甚至影响研究的结论,从而产生出不同主体间的富有意义的共识或者争议,在国际传播研究、使用与满足研究等成果中可见一斑。

但这两种取向之下常见的具体研究手段是基本相同的,即内容分析、实验室研究、田野调查、标准化问卷、参与式观察以及深度访谈等,区别主要在于前者在应用这些手段的时候更倾向于高度结构化和标准化的研究技巧,并且多数还会使用统计分析技术与工具对数据进行量化分析为主的解析;而后者看上去更加开放自然,结构化程度低,在解析数据的过程中更多使用人文观点而非数理方法。另外,仍旧不可忽略的是《理解媒介》一书的展开方式,作为当代最重要的媒介专著,其写作的方式至今仍难以描摹归类,有学者将其称为"非科学的方法",也有人将其界定为"文学化的写作",甚至批评其为"泛媒介的呓语"。但,不可否认的是麦克卢汉在媒介理论领域的重要价值,因此,无论是回顾传播研究的传统还是展望未来,交叉和融合的多元研究方法才是效果研究的最终出路。

1. 研究方法

本书将简单介绍几种常用的媒介传播效果研究方法,在介绍这些方法之前首先要说明的是,无论采用哪种研究方法,都需要另外两项重要技术的配合,那就是抽样和研究工具设计。

抽样是非普查性研究必不可少的重要环节。在传统媒介环境下,媒介传播效果研究无法覆盖全体媒介受众,这就要求必须采取科学有效的抽样方法从受众总体中提取需要的样本,然后通过对样本的研究实现对总体的推论。抽样的方法有很多,简单来说可以分为随机抽样和非随机抽样。随机抽样中常见的抽样技术包括:分层抽样、系统抽样、整群抽样、随机数字表抽样等;非随机抽样技术主要包括:便利抽样、配额抽样、滚雪球抽样等。针对不同的研究条件、研究方法、研究目的、研究对象属性应当使用不同的抽样技术,抽样技术的不同在某些传播研究领域具有决定性的价值,比如电视收视率监测的环节,采用怎样的抽样框,追求怎样的抽样精度,最终实现怎样的样本量,这些抽样技术执行上的细节都将对监测结果造成重大的影响。

工具设计主要是指研究中收集、记录、整理资讯的工具的设计制作,常用的工具包括问卷、日记册、绘图册、观察记录表、结构图等。其中最常用的就是问卷。问卷是为了达到调研目的和收集必要的数据而设计的一系列问题,它是标准化和统一化的询问工具。问卷一般分为封闭式结构和开放式结构两种,封闭式结构问卷需要配置问题答案选项,被访者只需根据要求在备选答案中进行选择即可,一般用于街头拦截访问、电话访问、网络访问等;而开放式结构问卷并不配置问题答案选项,而是由被访者自由表述,访问员记录,一般用于小组访谈、深度访谈、专业人士访谈等。一份好的问卷不仅要逻辑严密,用语适当,目的明确,还要全面照顾到访问员、被访者、数据库和分析应用环节。当前,大量数字媒介受众研究都依托网络进行,因此,调研工具的数字化程度也在不断提高,调研工具与数据库的对接更加紧密,同步率不断提升。研究工具中的另一种重要类型就是日记册。日记册是当前国内还在普遍使用的主流收视率采收工具,日记册以表单的形式要求研究对象每5～15分钟记录自己的收视选择,每周回收一次日记册进行统计分析。这种工具的先天缺陷很多,比如收视时间上进一步细化的空间很小,填写过程的准确性很难保证等,但是,当前我国正处在模拟电视向数字电视转型的阶段,日记册作为收视率采收工具最少在2015年前不可能被更加优越的工具全部取代,因此,还将广泛存在一段时间。

综合以上介绍,需要明确的是,以下研究方法,无论是否特别关注研究的结构化程度,都不可避免地要使用抽样和工具设计技术,并且要重视这两种技术与研究方法之间的关联以及对研究结果的影响。

1) 内容分析法

内容分析法是在大众传播内容研究领域广泛使用的一种研究方法,简单来说就是通过分类框架的设计,在抽样的基础之上,对媒介传播内容进行客观的、有系统的、定量的数据采收和分析,最终指导研究的方法。研究者运用内容分析的技术可以掌握传播内容的表现分类、重点、变化和趋向,进而分析探察传播意图和传播效果。

内容分析的基本步骤为:确定研究目的,提出假设→抽样→设计分类量表→收集内容信息→量化统计。内容分析法可以实现对传播内容的量化研究,从而用明确具体的数据验证假设。由于这一手法具有结构上的闭环优势,因此,常常作为议程设置研究的首选方法。

近年来,媒介数字化为内容分析这种研究手法提供了更多的思路,通过信息抓取技术、数据库技术和检索技术,对数字媒介传播内容进行内容分析相较于传统媒介研究中人为操作内容分析,复杂性大大降低,时效性和准确性大大提高,内容分析已经成为数字媒介环境下进行传播监测和效果评估的常规方法。

2) 访问法

访问法是社会研究中最常用的研究方法之一,并不仅限于进行传播研究,这种方法在传播研究领域最常使用在受众研究的环节,在传播媒介环境下有很多常见的表现形态。例如针对电影、电视广播观众所进行的街头拦截式访问、电话访问等;针对报纸、杂志、书籍读者所进行小组访问、邮寄访问等。传统上十分常用的固定样本邮寄调查,指的是事先抽取一个地区性或全国性的样本,样本中的家庭或个人都已同意参加某方面研究的定期的邮寄调查,然后由调查机构向这个固定样本中的成员定期邮寄调查问卷,样本成员将问卷按要求填写后及时寄回调查机构。固定样本邮寄调查通常用于电视收视率、报纸杂志阅读率的调查。伴随数字媒介的普及,即时通信技术、网络技术、计算机数据库相互结合,为访问法的运用开创了更为广阔的空间,在线问卷、社群访谈、数据即时反馈等都大大提高了访问的效率和准确性。另外,传统访问法针对媒介使用的研究将完全有可能被数字监测工具全面取代,简单来说就是,无须再向受众提问"你此刻是否在看电视?""你上个月有没有阅读过本杂志?""你昨天上网的时间大概有多长?",等等,取而代之的将是数字监测工具直接对媒介使用经历的及时监测和数据库管理。

3) 实验室研究

实验室研究是在人造的环境中进行实验的研究方法,包括仪器测试、环境拟态和控制反应等,研究人员可以进行比较严格的高水平的实验,得到数据和结论。实验室研究并非专指在实验室内进行的研究,也包括以实验室研究的思路、通过人工控制、在特定区域进行的实际环境研究。

实验室研究可以探索不明确的因果关系。通过实验设计,控制一个或几个因子,尽可能排除外来因素的影响,可以有效地研究各个因子及因子间交互作用对所感兴趣的因变量的效应,并有可能通过适当的统计分析方法找到效应最佳的组合。实验的结论有较强的说服力。在实验单位、实验变量、实验设计、实验环境和实验条件基本相同的情况下,不管在何时、何地、由谁来进行实验,结果都大致相同,因此其结论具有较强的说服力。

当前实验室研究中常用的仪器及研究方法包括:①视向测试,通过视向追踪进行受众对内容的浏览路径及规律的研究;②EDG测验,也就是所谓测谎,可以进行受众内心洞察;③使用瞬间显屏进行的雪林调查,可以实现受众认知以及记忆的研究;④传播光谱幅度形态测试,利用生物仪器对受众被传播所吸引的时间点和元素进行测评;⑤眼动仪:可以洞察受众在阅读时的关注焦点、阅读顺序和停留时间等。

2. 媒介传播效果研究的困难

评估媒介传播的效果,无论对于传播学研究历史上哪一个阶段的学者以及业者而言都是困难的。学者出于不同的研究主旨重点关注传播的某种效果并得出相应的结论,但就媒介传播本身而言,效果却是复杂、立体而又动态的。以下列举一些具有普遍性的传播效果评估实践中面临的难题。

(1) 传播的延迟效果使得难以限定传播效果测评的时间界限。传播活动是一个连续、动态的过程。传播的瞬时效果是受众看到信息后便马上对之作出的反应。但大多数受众从接收信息到受到影响甚至发生改变,当中有一个心理积累的过程,大多数传播效果需要比较长的时间才能作出评定。

(2) 传播效果会随着传播周期时段的不同而变化。每一次单一的传播效果会随着时间推移而衰减。传播初期的不断重复使受众对之熟悉而使传播效果增加,随着传播不断重复又使受众感到厌烦而使传播效果递减,连续的传播存在重叠增加效果和重叠衰减效果。而递增与递减又常常延迟效果而叠加发生,造成传播效果分析极其复杂。

(3) 传播效果是社会效果、心理效果甚至跨文化交流效果的统一。由于对传播过程的控制缺乏有效的机制,因此很难推断传播活动的最终效果就是传播活动本身的效果,最终效果是多重贡献的结果。

(4) 传播效果可能是间接性的。传播促进受众达成认识、理解或态度改变,而受众的这种改变又具有社会性,可能出现不同程度的相互影响,这就是传播效果的间接性的表现,直接性效果易于测量,但间接性效果就难以测量了。

以上4点是媒介传播效果研究中长期存在的困难,媒介的数字化进程是否有希望解决这些困难,现在还不能妄下定论,但是数字媒介的技术背景的确大大提升了解决这些困难的能力。下面将重点介绍数字媒介传播效果测评的各种指标,通过对指标的介绍,读者也可以一同思考如何实现媒介传播效果研究的提升。

6.3 数字媒介传播效果测评指标

目前,数字媒介传播效果测评使用的具体工具主要还是计算机技术和网络技术的副产品,无论这些工具的名称或界定有何区别,基本上都具备两种效果数据分析能力:流量分析能力和用户分析能力。

流量分析能力主要包括数字媒介平台上的流量总览和流量分布,当前常见指标包括UV、PV等。流量分析原本是在传统网络技术条件下即存在的基本能力,最初只有用户互联网协定地址数量(独立IP用户数)一个基本指标。独立IP用户数只记录访问站点或点击新闻的不同IP地址的数量,不仅无法呈现同一IP地址下多个用户的实际访问或点击,也无法呈现同一IP地址下同一用户的多次访问或点击,因此,该指标不能完全反映出网站的全面活动情况。由此就产生了PV这一指标。PV(Page View,访问量),即页面浏览量或点击量,用户每1次对网站中的每个网页访问均被记录1次。用户对同一页面的多次访问,访问量累计。现在大多数的统计工具只统计到IP和PV的层面上,因为在大多情况下IP与PV数相差不大。但由于校园网络、企业机关等一些部门的特殊性,IP已经很难真实地反映网站的实际情况,所以引入了更加精确的UV这一概念。UV是Unique Visitor的简写,是指不同的、通过互联网访问、浏览这个网页的自然人。对于使用真实IP上网的用户,UV和IP的数值是相同的。但是如果有通过"网络地址转换"(NAT)上网的用户,那么这两个值就是不同的。

图 6-1 所示的流量分析现在已不止于传统网络环境下的运用，已经成为数字广播电视、数字社区、依托移动互联网的个人智能终端等应用形态上都可以实现的一种分析能力。

◉ 按来源类型 ◎ 按来源网站 转化目标 全部页面目标

	来源类型	访问次数	访客数(UV)	新访客数	新访客比率	IP数	转化次数
1	直接访问	1,872	1,127	251	22.27%	1,129	86
⊞ 2	外部链接	1,206	662	584	88.22%	617	92
⊞ 3	搜索引擎	521	434	303	69.82%	441	23
	当页汇总	3,599	2,223	1,138	51.19%	2,187	201

图 6-1 常见的流量分析结果

会话数是指用户登录目标网站或启动目标数字装置后，打开界面的数量。一般来说，每个 IP 地址可以有多个用户的访问，每个用户又会产生多次网页浏览或数字电视浏览行为，所以它们的关系是：会话数≥用户浏览数≥IP 用户数。流量分布包含直接输入流量、站外有源流量。直接输入流量指直接输入信息的统一资源定位符 URL 产生的流量；站外有源流量指搜索引擎流量、直达产品流量和其他网站流量等。当前大多数字媒介皆可自主提供类似图 6-1 的流量分析图表及数据。流量分析是当前普遍使用的最简便的数字媒介传播效果分析手段。通过对比分析法，可以非常简便地发现和把握信息发布前后站外有源流量的变化。

用户分析能力。用户分析除了流量分析中的 IP 地址分析和站外有源流量分析外，目前还有通过对浏览用户 Cookie 的数据收集，来分析用户的地理信息、媒介使用习惯等私人信息。当前大多数字媒介亦可自主提供类似图 6-2 所示的用户分析图表及数据，以此实现用户描述。

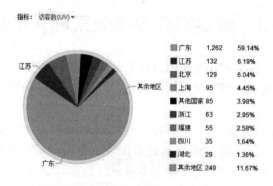

图 6-2 常见的用户分析结果

由于测评技术上的局限性，目前各大数字媒介尚不能完全实现实时公布其每天不同时段的日访问量(Daily Pageview)和日不重复访客数(Daily Unique User)。通常只能定期公布既往测评数据，更加细化和关键性的监测以及效果评估更多的还是来自第三方监测机构，而第三方监测机构最常使用的是来自 Google 的 Google Analysis 软件，其原理与一般 Cookie 技术类似，也是通过 URL 或者浏览器自带工具条进行跟踪记录。

根据第 3 章对数字媒介形态的分类，本节中数字媒介传播效果测评指标也将分为数字广播电视系列、数字出版及 APP 系列、数字游戏及社区系列 3 个部分对具体指标、测评技术及其发展变化进行介绍。

6.3.1 数字广播电视系列

1. 收视收听率

1) 定义

收视收听率,指在某个时段收看或收听某个节目的目标受众人数占总目标人群的比重,以百分比表示。一般由第三方数据调研公司,通过电话问卷调查、日记册、机顶盒或其他方式抽样调查统计得来。这一指标对于电视台、广播电台、广告主、广电管理部门的意义重大,在其他性质描述指标的通用性还不强的今天,可以被看作最重要的媒介指标。

2) 基本技术

传统上,收视收听率是开机率与节目视听众占有率两个指标的乘积。因为无论是依托问卷的访问还是依托日记册的记录,都可以看作按照"是否开着电视(或广播)?"和"正在看收听的节目是什么?"两条逻辑展开构成的。开机率是指在一天中的某一特定时间内,拥有电视机的家庭或者个人中收看节目的户数或个人占总户数或总人口的比例。随着电视普及率的提高,开机率已经从最初的家庭开机率(Homes Using TV,HUT)进化为个人开机率(People Using TV,PUT),换句话说,开机率这一指标已经从监测家庭收视收听行为进化为监测个人收视收听行为。开机率的高低,因季节、一天中的时段、地理区域和目标市场的不同而不同,这些变化反映了消费者的生活习惯和工作状态,如早晨因人们去工作而降低,傍晚人们回家升高,深夜人们入睡再降低。我国当前对收视收听率的监测主要依托监测记录仪和日记册两种基本技术,数字电视发展较快的城市也有一定数量的数字电视机顶盒监测样本。

3) 发展与变化

随着广电媒介的数字化,观看视频的终端不再限于电视机,收听音频的终端也不再限于收音机,数字广播电视节目的制作、传播、存储、共享的方式正发生重大转变,因此,传统的收视收听率统计方法也正随之升级。另一方面,基于新技术的收视收听率测量方法方兴未艾,新的收视收听率调查主体也纷纷在欧美日等国出现,收视收听率指标的变化正在上演。尼尔森是全球媒介监测领域最著名的第三方机构之一,过去几年尼尔森在应对媒介数字化上所做出的调整具有相当的代表性。

(1) 监测仪器的升级

数字广播监测相对简单,因此本书主要围绕数字电视监测展开。目前,尼尔森电视收视率的统计方式主要有3种。首先是"个人收视记录仪"(People Meter),它不仅能够记录哪些节目被观看,也能反映出住户中哪位成员在收看电视,该方法目前被尼尔森广泛用于美国各主要电视市场。其次是"电视收视记录仪"(Set Meter),它包括的信息较少,记录了电视开关、收看频道及转台的情况,多用于中型电视市场,而观众的个人信息则需要通过第三种方式日记卡(Diary)来提供,它目前被尼尔森用于美国的一些更小的电视市场,其在中国开展模拟电视监测业务时所使用的也是这种方式。

从监测技术角度说,在模拟电视时代,收视记录仪器基本是对频率进行监测,不同的频率对应不同的频道;但是,在数字的环境中,一个6MHz频宽可以播出4个标准数字节目频道,而且电视收视方式也在发生变化,开始节目点播、录制、回放,这些因素都要求监测仪器的升级。应对措施主要有 3 种。第一种是声音比对，即使用仪器将声音信号记录下来，与调查公司录下的所有频道的声音作对比。尼尔森在中国曾经使用的 UNIITAM（个人数字收视记录仪）就是采用这种技术。第二种是画面比对，这种技术与前者类似，但难度较大。第三种称为植入密码，即在节目或者广告里面植入一个数字密码，当样本户收看时，仪器会抓捕节目信号中植入的密码，通过与调查公司先期建立的数据库作对比，即可获得收视信息。这种方式对于辨识节目信号来源的准确性最高，但是需要整个产业的协同，在信号中进行编码。美国尼尔森采用的技术涉及了后两种。它在 2005 年正式启用了 A/P Meter（主动/被动记录仪），通过植入数字密码以及声音比对的方法测量。美国所有电视台和有线网络都采用了尼尔森编码技术，在电视的声音信号中进行了密码植入，并以无声的方式传输，各频道密码不同，通过比对即可获得用户的收视信息。A/P Meter 能够全天监测收视行为，并能显示出收视时是"直播"、"直播＋当天回顾"还是"直播＋7 天回放"等，这样，用户在通过电子节目单进行选择收看的过程中，所有选择、停留、快进、重复收看等媒介使用行为都可以被事先预埋的密码监测到，这就从根本上实现了媒介使用行为监测的全程性。

（2）监测范围的扩充

改变了受众收视方式的不只是数字电视。视频节目载体越来越多样化，而观看方式也呈现更大的多样性，传统的只对家庭内电视进行监测的方式已经不能满足业界需要。对此，尼尔森的主要对策是推出了 A2/M2 计划，把收视率调查扩展到互联网、手机及其他设备，甚至将餐馆、酒馆和俱乐部的收视情况考虑在内。这一重要举措包括了多项内容，比如开始提供对网络视频及手机视频的统计，并开发新的测度方法，测量观众在观看电视时的参与程度等。

随着网络视频的观众越来越多，更多电视内容被不同的公司推到网上，网络视频的统计更加重要。为此，尼尔森在 2008 年启动了视频测评服务（Video Census），其监测范围包括了美国提供视频的电视网站，可以从收看人数、视频流量、平均播放时间、用户地理分布等多个方面进行评测。之后，在去年年底，尼尔森开始在 7500 个电视样本家庭中安装网络测量装置，从而对用户在网上所观看的影视节目进行统计监测。尼尔森表示，将根据这些数据整理出覆盖上网计算机、电视机的收视率统计。

（3）数据产品的更新

在此基础上，尼尔森也相应推出了新的数据产品，比如提供涵盖了电视、计算机、手机三屏的完整收视数据。为实现这一目的，尼尔森表示首先会在更多的地区性电视市场使用新型的记录仪进行监测，而且使用从机顶盒获得的数据，以及从旅馆、酒吧等非家庭地点获得的收视数据来对基本数据进行补充。对于网络视频的监测如前所述，对于手机视频，尼尔森采用置入手机的记录设备进行监测，并且自主研发了软件，以便从手机用户的账单上获取有效数据。从三类终端获得收视数据之后，尼尔森将对这些数据进行分步处理，以获得所谓收视率的整体图景数据产品——"尼尔森数字节目收视率"（Nielsen Digital Program Ratings）。

（4）新的行业加入者出现

在美国，索福瑞市场研究公司（Taylor Nelson Sofres，TNS）在 2004 年底成为首个涉足机顶盒数据库领域的媒体调研公司，它与时代华纳建立了一个试验区，向当地有线网提供数据服务。到 2006 年，TNS 又和其他机顶盒数据公司成为合作伙伴，首次在业内提出了基于机顶盒数据的联合商业服务。机顶盒数据得到重视,除了改"抽查"为"普查"等原因外,还有重要的一点:美国尼尔森提供的常规收视率数据是以分钟为统计单位,对于不足 60 秒的节目或广告难以提供收视数据;而一些机顶盒收视统计提供了以秒为单位的数据,基于它,就可以得到具体广告的收视率,广告主可以将广告而不是节目作为广告议价基础。

还有其他公司在从事基于机顶盒的收视调查。比如,数字录像(DVR)服务提供商 TiVo,它是唯一一家自己制造机顶盒、自己设计系统来进行收视统计的公司。它提供的服务是 DVR,用户不分有线、卫星或是无线。Google 也从 Dish Network 公司的 400 多万个机顶盒获取数据,但是并不进行售卖,只是用于 Google 的网络广告系统。一些有线运营商也把从机顶盒获得的数据加以利用,比如时代华纳打算在获得收视数据库的基础上建立一种广告销售系统,广告主只要明确了其广告预算、期望的收视率及目标受众,这一系统就能回馈最为匹配的广告方案。2009 年下半年,美国一些媒体巨头和营销公司组建了"创新媒体监测联盟"(CIMM),意图单独推出更为合理的收视率统计。这一联盟包括了 ABC、CBS、NBC、FOX、时代华纳、维亚康姆、迪斯尼在内的电视台和媒体巨头,以及电视广告大客户宝洁公司、联合利华、AT&T 电信公司等。

4)价值与缺陷

收视收听率指标并非一个单一的指标,而是一系列指标的统称。以收视率为例,事实上在应用中还包括平均收视率、最高收视率、预期收视率等,这主要是因为电视媒介工业化发展以及商业运营手法变迁的结果。当前我国的电视业情况十分复杂,一方面从技术上正处在模拟电视向数字电视全面转型的攻坚阶段,但另一方面发展的极度不平衡又导致各种情况必将在相当长的时间里共存。但是不管处于什么发展水平的电视机构,当前都普遍采用以收视率作为主要参照的媒介评价以及经营模式。从广告经营的角度来看,收视率是核定广告时段价格的最重要的指标;从节目制作的角度来看,收视率是进行节目评价和制片人考核的最重要参照;从节目交易的角度来看,收视率是制播分离之下节目交易市场上的通用砝码。但是,不可否认的是,就我国当前的收视率数据产品质量而言,还存在诸多令人无法满意的地方。首先,第三方数据提供商一家独大的局面之下,数据质量难以保证;其次,在美欧日本等媒介发达国家已经开展多年的数字媒介监测系统探索在我国因为各种原因尚不能全面对接,这就导致我国的收视率监测在技术上相对落后,与我国数字媒介发展的现状不符。另外,收视率数据还存在一些根本性的缺陷,这些缺陷与数据品质无关,比如:①在标明家庭的整体情况上更具有说服力,而对个人化媒体接触的反应能力有限;②无法说明观众对节目的喜好或评价,收视率高有可能是因为观众特别喜爱,也有可能是出于猎奇或者审丑,这两者间就有着本质的区别了;③无法体现节目的卷入水平,不能单纯从收视率数据中就判断出收视率的贡献者是恰好看到的还是非看不可的;④不同节目属性的收视基本面的区别在收视率数据上无法体现;⑤收视率并不能完全与收视质量同步,更不能标明受众的消费能力;⑥习惯性收视行为对收视率存在重大影响。

2. 综合质量指标

由于收视收听率存在诸多先天缺陷,虽然它在测评技术上最为成熟,但近年来无论媒介经营者还是第三方监测机构以及学界都在试图开拓媒介传播效果评价的新标准。诸多用来描述综合质量的指标纷纷出现,力图填补收视收听率在媒介效果描述上的不足。这种类型指标包含众多,简单来说可分为两大类,即媒介综合质量指标和节目综合质量指标。

1) 媒介综合质量指标

包括媒介的权威性、可信性、美誉度、品牌价值等指标。不同的数据提供机构对其有不同的名称界定,但总体来说主要是通过问卷调查和访谈的形式,对媒介进行分类型的或分品牌的综合评价,一般以评分的形式进行,访谈过程中也进行态度和意见的记录汇总。

2) 节目综合质量指标

包括节目的美誉度、卷入度、节目价值、节目受众属性等指标。其中有关节目美誉度的测评以香港电台的"电视节目欣赏指数调查"为例,可以清晰地看出这一指标的价值和意义。香港电台(Radio Television Hong Kong)于1989年引进,1991年起正式在全港进行"电视节目欣赏指数调查"(TV Program Appreciation Index Survey)。该调查的经费主要由香港电台承担(注:香港电台是香港的广播电视管理机构),调查由香港的几家著名大学的相关研究机构轮流承担,顾问团成员包括传播学界、广告界和各广播电视机构代表。调查范围主要针对经常性的本地制作,不包括外购节目、赛马、六合彩、重播、政宣、非经常性的大型综合特备节目等。每年4次,通过系统抽样进行电话调查,主要以节目评分的形式进行,数据结论随后公示。这一指标是典型的节目美誉度指标,收视收听率无法反映出的节目美誉水平正好可以通过这一指标予以补充,当两套指标结合起来使用时,即可比较全面地评价受众收视收听的行为以及传播效果。另外,卷入度指标在有些测评机构被称为节目黏性指标,过去通常通过问卷调查采收,以文字描述不同的收视习惯以备受众选择。当前电视广播数字化程度较高的城市和地区,卷入度指标已经可以直接通过数字机顶盒采收,在数字节目单规定的时间(如48小时)之内回看,或者在分类节目单里点播,所有这些记录都可以整合成为卷入度指标,用来综合评价节目的受欢迎程度。

6.3.2 网络及数字社区系列

1. 浏览记录

1) 常见指标

(1) 信息曝光次数(Information Impression)

信息曝光次数是指网络信息所在的网页被访问的次数。但是信息曝光次数并不等于实际浏览信息人数。当浏览者多次登录网页看到信息时,曝光次数就大于实际浏览人数;当信息未显示完整前,浏览者就关闭了网页,曝光次数就小于实际浏览人数。

(2) 点击次数与点击率(Click & Click Through Rate)

浏览者点击网络信息的次数称为点击次数。点击次数除以信息曝光次数,就可得到点击率(CTR)。点击率是网络信息最基本的评价指标。不过随着点击率越来越低,现在更多的情况是浏览者没有通过点击信息的方式,就从其他渠道进一步了解了信息内容。因此,在某种程度上,单纯的点击率已经不能充分反映网络信息传播的真正效果。

(3) 转化次数与转化率(Conversion & Conversion Rate)

这一对指标常应用于网络广告效果的测评,由于网络广告的最终目的是促进产品销售,而点击次数与点击率指标并不能反映对产品销售情况的影响,于是引入了转化次数与转化率的指标。转化次数就是由于受网络广告影响所产生的购买、注册或者信息需求行为的次数,而转化次数除以信息曝光次数,即得到转化率。但是,目前网络广告测评在转化次数与转化率的监测操作中还有相当难度,因为转化次数与转化率可能是那些浏览而没有点击信息所产生的效果,所以出现转化率高于点击率的情况就不足为奇了,并且很难切实剥离多种原因对转化率的实际影响。但是,这一对指标的实际意义仍然值得关注,其价值可能远远大于广告领域的运用,因为当前网络产品日渐丰富,信息接触路径多样,如何认定信息传播效果的实际转化正是一个重大的技术问题。

2) 基本技术

Cookie,有时也用其复数形式 Cookies,指某些网站为了辨别用户身份、进行任务跟踪而存储在本地用户终端上的数据,通常是由服务器端生成的,发送给浏览器,浏览器会将 Cookie 的 key/value 保存到某个目录下的文本文件内,下次请求同一网站时就发送该 Cookie 给服务器(前提是浏览器设置为启用 Cookie),这样服务器可以知道该用户是否合法用户以及是否需要重新登录等,服务器可以设置或读取 Cookie 中包含的信息,借此维护用户跟服务器会话中的状态。服务器可以利用 Cookie 包含信息的任意性来筛选并经常性维护这些信息,以判断在 HTTP 传输中的状态。Cookie 最典型的应用是判定注册用户是否已经登录网站,用户可能会得到提示,是否在下一次进入此网站时保留用户信息以便简化登录手续,这些都是 Cookie 的功用。另一个重要应用场合是"购物车"之类处理。用户可能会在一段时间内在同一家网站的不同页面中选择不同的商品,这些信息都会写入 Cookie,以便在最后付款时提取信息。更重要的是,网站可以利用 Cookie 跟踪、统计用户访问该网站的习惯,比如什么时间访问,访问了哪些页面,在每个网页的停留时间等。利用这些信息,一方面可以为用户提供个性化的服务;另一方面,也可以作为了解所有用户行为的工具,对于网站经营策略的改进有一定参考价值。另外,统一资源定位符 URL 以及与之相仿的技术,通过浏览器或者网页内容预埋的方式也可实现浏览跟踪,对于大量的普通用户而言,网络使用的整个过程基本上都可以通过这些技术被监测到。

2. SNS 传播活性

当前,用户可以使用多种数字媒介终端接入网络,在留下大量页面浏览记录之外,还因为 SNS 环境的关系留下大量标明 SNS 传播活性的痕迹。这些痕迹已经成为 Web 2.0 以来更有价值的描述传播效果的数据,这类型数据涵盖 SNS 使用上的方方面面,本书将其首先分为两个大类,即社交兴趣取向及活性和社交关系网络及活性。

1) 社交兴趣取向及活性

当前,调研行业对数字媒介用户的媒介接触行为的追踪水平正不断提升,并且这种追踪绝不止于开机、关机、选择、放弃,随着近些年 SNS 的兴盛,数字媒介用户在使用数字电视、数字广播、网络、数字社区、数字游戏的过程中,有意或无意地表达了大量兴趣取向。有意的表达表现为在 Facebook 中使用 like 按钮或者在百度贴吧、新浪微博、豆瓣等上点"赞"或"喜欢"。除此之外,基于兴趣而成的小组、圈子等也可以帮助迅速区分标签人群。无意的表达表现在可以通过后台程序,对用户的每一次点击和交流,比如发言、话题参与、转帖、投票等的准确捕捉,然后通过语义分析等工具转换为可量化参考的数据,挖掘其兴趣所在。语义分析工具可以对每个用户的个性内容特征进行分析,并使用雷达图把内容分为多个类别,比如商务、科技、运动等,基于此雷达图,便可大致了解用户的社交兴趣取向。或者将这些内容以 Tag Cloud 的形式统计展示,将每个用户打上谈论主题的标签。如图 6-3 所示,这样可以一目了然地看出用户喜欢参与的话题所在。

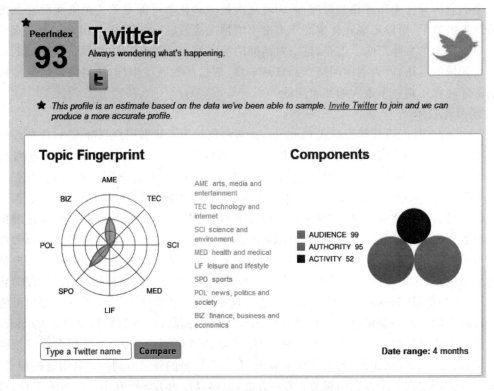

图 6-3　用以描述取向及活性的雷达图

另外,对用户参与话题的频次和内容共鸣、转帖、投票的次数及反应进行量化统计,可以分析用户在该兴趣点上的活跃程度。

2) 社交关系网络及活性

世界上的每个人平均只需要通过 6 个中间人就能与全世界任何一个人建立联系,这是著名的六度空间理论,也是社交网站建立之初的核心基础。关系的建立是社交网站的本质,而这种关系又可以按照强度分为强关系(偏现实)和弱关系(偏虚拟)。比如 SNS 网站 Facebook、人人、开心等,都是以同学、朋友为主要关系,是现实关系,又是双向对等的,所以是强关系为主,弱关系在这里没有被强力支持。Google＋、豆瓣、新浪微博等以及即时通信工具微信等以圈子来区分关系,强关系和弱关系可以并存,用户可以把不同关系放在不同的圈子中去管理。而私人社交网站 Path 内,只有强关系,并且它的好友是限定人数的,以此保证关系的强度。不同的社交网站,其内部的关系强度是有所不同并各有侧重的。从用户描述的角度来说,偏重强关系的媒介平台大部分用户的资料真实可信,可以从中知晓用户的年龄、性别、职业、地域等基本人口属性。偏重弱关系的媒介平台,在关系模式上和互相确认才能成为好友的双向对等模式有所不同。它可以是一种"单向请求",即无论对方是否同意,用户都可以去关注想要关注的对象,接收其发布的信息;也可以是融合了"单向指定"和"单向请求"的关系模式,即在单向请求的情况下可以看到对象发布的公开信息,而在单向指定的情况下才可看到全部信息,包括有限公开的部分。这样的模式实现了用户以个人为中心的对信息的合理分发与接收。正因为关系模式的不相同,弱关系媒介平台从另一方面弥补了强关系社交的局限性,在用户维持旧关系的同时,积极开拓了许多新关系,帮助用户扩大社交网。而只有依靠不同的关系强度和模式,才可以通过多元化的数据指标,把每个用户在一张大的关系网络上定位出来,并可同时衡量其影响力。

无论是强关系还是弱关系,这种重新的部落化格局完全实现了麦克卢汉对媒介生态圈升级之后传播关系的预测。在全新的部落关系里,由于独立用户活性的区别,将会造就一个动态的活性社交关系网络,基于这种关系网络的信息传播也必将形成全新的效果系统。

6.3.3 数字出版及APP系列

数字出版是建立在计算机技术、通信技术、网络技术、流媒体技术、存储技术、显示技术等高新技术基础上,融合并超越了传统出版内容而发展起来的新兴出版产业。数字化出版是在出版的整个过程中,将所有的信息都以统一的二进制代码的数字化形式存储、传输与接收。它强调内容的数字化,生产模式和运作流程的数字化,传播载体的数字化以及阅读消费、学习形态的数字化。

数字出版中基于传统网络的数字报纸和数字杂志,其在传播效果上的测评方法等同于网络测评;但是另外一部分以APP形式推广的出版物,其测评方式在原理上更接近于传统。传统印刷媒介的测评指标主要包含两个大类:发行量系列指标和综合品质系列指标。那么传统纸媒APP以及全APP出版物的传播效果测评也从这两个方面展开,另外亦需关注其下载安装之后的使用活性。

1) 下载量

相当于传统纸媒的发行量指标,可以由下载通道的后台记录下载次数,也可以由交易平台记录交易量。根据具体发行推送手法的不同,还可进一步细化为免费下载量、付费下载量、优惠期间下载量、下载安装量等相关指标。由于数字媒介在即时性和用户追踪上的优势,有关APP下载还可以进一步结合上架时间进行时间轴上的下载量变化以及结合接触区域进行空间关系上的下载量分布等统计分析。作为一款APP软件,对开发者、媒介来说最重要的即是此款APP的下载量,这个数据直接决定了这款APP程序在未来的传播影响力以及收益。

2) 综合品质

传统纸媒APP以及全APP出版物综合品质测评包含以下诸多指标角度:①用户属性,包括下载安装的用户的兴趣取向、人口特征、消费能力、社会层级、价值观等;②编辑风格,包括价值取向、关注重点、采编风格、图文比重等;③购买条件与程序,包括购买与支付的便利性、安装时间、卸载的便利性等。

3) 使用活性

相较于传统纸媒的购买方式,APP阅读器的购买下载及安装有其便利性,但其使用活性又较难维持。使用活性表现为许多指标,单期浏览时长、更新次数、更新积极性、话题参与度、分享与转发量等,都可表明用户使用上的活性。

6.4 数字媒介传播效果测评模型

传播学领域对效果的研究,从最初的针对传播事件的社会学视角到人工控制之下的实验室的心理学视角,从媒介量化监测的统计学视角到受众媒介接触和运用的行为学视角,始终在不断地寻找更加有效的方式，试图探寻传播效果测评的模型。这种企图的可行性究竟是否存在，测评系统的普适性能否达到预期，这些对于传播效果研究的主流学派而言似乎无须担心。

1. 基础认识

在《受众分析》一书中，麦奎尔也概括了3种研究传统——结构性研究、行为性研究和社会文化性研究。他表示这三者的区别不仅在于研究目的的不同和受众观的差异，还在于研究方法的不同。结构性和行为性受众研究主要采用调查统计和心理实验等定量研究方法，这种方法常常为主流的受众研究所采用。同样地，在传播学者伊恩·安看来，这一类研究感兴趣的往往是通过测量系统和测量技术，来证实受众的存在，以便更好地操纵和利用受众，这样的数据可以用来说服广告商或广告主，却永远无法把握真正"受众本体"的实质。社会文化性受众研究则主要采用民族志和定性的研究方法，试图在社会和文化的意义上全面、深入地把握受众，强调对"人"的再发现。对于这类观点，笔者还有进一步的认识，即结构性研究和行为性研究从操作上皆是源于媒介工业的需要，其目的是为了获得有关受众规模、媒介接触、到达率、流动情况、意见与态度等方面的量化信息，以此来解释媒介的影响，预测受众的行为，为传播决策提供参考，这些数据对于媒介广告经营来说是必不可少的，由此催生出一个与广告和媒介市场研究密切相关的庞大产业。结构性研究有助于区分受众类别，探讨社会背景、大众传媒系统与个人媒介使用之间的关系；行为性研究通过考察受众外在的表现、描述受众经验，推知其行为动机和传播效果。但是，结构性研究和行为性研究并非真正意义上以用户为对象的受众研究，更准确地说，结构性研究和行为性研究是以媒介传播光谱为对象的效果研究，受众只不过是提供光谱数据的供体。这一观点读者可以参照下文的传统传播效果模型来理解。

麦奎尔还提到，社会文化性受众研究内容广泛，广义上包括批判研究、文学批评、文化研究和接受分析在内，狭义上则主要指后者。它与结构性与行为性研究的不同在于，它抛弃了传播效果的刺激-反应模式，也不再遵从媒介文本或媒介讯息万能的观点，更扬弃了传统批判学派所谓受众臣服于传媒体系的观点，它认为受众具有主动性和选择性，受众的媒介使用是特定社会文化环境的一种反映，也是赋予文化产品和文化经验以意义的过程。接受分析还特别强调了受众在对媒介文本进行"解码"中的能动作用，受众对于大众媒介所提供的支配性和霸权性意义具有抵抗和颠覆的力量。这种观点自20世纪80年代起便广受重视，但是如何获得主流学派的认可似乎还需要测量系统和测量技术的支持，这在30年前似乎将这种更为先进的观点推进了死胡同，但是，在以计算机技术、网络技术和即时通信技术支撑的数字媒介时代，从受众出发的，或者更准确来说，从用户出发的效果研究似乎找到了新的路径，一种将三种研究传统相互结合的路径。

2. 传统模型

传统上有关传播效果测评的观点和模型本章不一一赘述，通过笔者对诸多传统测评办法的汇总，这里依托图6-4就传统模型进行简单介绍。

传统上有关传播效果的测评基本上是以线性模型为主。基于线性的效果测评的研究思路大致如下：①假设传播过程中确实存在某种链条或者框架，然后将传播过程按照某种有序的链条形式进行拆解和梳理；②假设传播效果可以被比较清晰地量化及等级化，然后设置对应的效果等级；③根据效果等级在不同的环节上设定测量指标和变量并采收需要的数

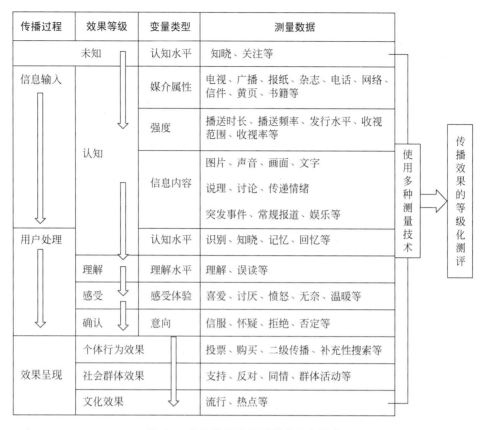

图 6-4 传统传播效果测评的基本模式

据,数据主要来源于受众的媒体接触行为,在这一过程中还要事先假设所有变量都有类似的性质,通常可以通过指数化来实现;④不断创新和沟通,力争测量技术和手段具有互认性;⑤通过统计技术形成测量结论,特别是实现从样本结论向总体结论的推断。简单来说就是如图 6-4 所示。

这种线性模式优势明显,各环节定量研究都已经具备接受度较高的手法和技术,因为可以在独立环节上获得想要的传播效果数据,因此获得了媒介经营者以及广告商的普遍青睐。但是,同样显而易见的是这种模式带有很强的"刺激—反应"的基本关系,从这种线性传播过程效果测评模型中很难呈现两个方面的新变化。首先是受众的主动选择,另外是社会因素的外围影响。麦奎尔在其《受众分析》一书中也反对这种将受众研究囿于传统的信息传播线性过程模式,他认为,在这一类研究中,受众的媒介接触行为被视为彼此无关的个体选择的总和,受众是暴露在媒介影响下、由孤立个体组成的大众,信息的"内容"和"影响"成为关注的重心,而几乎所有社会因素,都被视为需要隔离或剔除的"噪声"或干扰。麦奎尔认为,有计划的线性信息传输模式,只是一个抽象概念,它所描述的只是一个例外,不能反映大众传播活动的常态,也不能反映媒介业的真实情况;人们往往因为各种社会原因接触媒介,其媒介行为总是与特定的时间和空间、特定的社会和文化习俗相联系;社会因素在受众的媒介选择、媒介使用、受众赋予媒介重要性等几乎所有方面,都具有重要的甚至是决定性的影响。

另外,麦奎尔认为,媒介使用是人们在特定社会环境中完成的众多行为之一,或者说是由各种社会因素合力促成的一种行为。依照接受分析的观点,媒介使用是人们生活的一个基本组成部分,是一种普遍存在的正常的社会行为,不可避免的是,它已经融进我们的日常生活当中,而不是妨碍或替代其他活动。事实上,媒介的发展,常常要与人们的生活形态相联系、相协调,不能人为地将媒介使用从受众生活的社会环境中抽离出来。正是在这个意义上,今天的电视成为人们的生活背景之一,"看电视"往往比"看电视节目"更准确地描述了人们的日常生活形态;"去看电影"也总是更多地被视为一项社会交往活动,而不仅仅只是看电影。

本节多次提到麦奎尔的观点,旨在强调媒介传播效果研究需要探索新的、具有多元风格的研究方法,并以此为基点开创新的效果模型。以麦奎尔为代表的近30年涌现的传播学者普遍关注到传统认识上的不足和研究思路上的局限,也在不断寻求更有价值的方法和思路。特别是数字时代的来临,正在逐渐削弱形成大众受众的可能性和必要性,那么,基于大众受众的传播效果测评抽样研究就会越来越难以具备应有的代表性。从遥控器、录像机、有线电视、卫星电视,以及各种新的录制、存储和重放技术,到今天遍及全球的高速信息网络和数字媒介终端,传播技术的创新和应用,使传统的受众角色——被动的信息接收者、消费者、目标对象等必将终止,取而代之的是搜寻者、咨询者、浏览者、反馈者、对话者、交谈者等诸多角色中的任何一个。因此,新模式的探索就显得尤为紧迫。

3. 新模型探索

在媒介传播研究的过往历程中尚未出现哪一种具有普适性的模式图可以全面揭示或者描述传播过程的机制,也没有哪一种效果测评模型可以准确实现对传播过程的效果评估和预测。面对数字媒介的新时代,本书也无法给出基于正在发展中的认识水平和思考方法的完善的数字媒介传播效果模型。但是,笔者愿意抛砖引玉,借助一些探索者的经验,提供一些可能的思路。

心理学研究表明,人们将自身定义为个人关系与个人兴趣的结合体。基于某些复杂的社会关系、曾经的经验教训、自身的兴趣爱好以及将来的奋斗目标等因素,我们会作出日常生活中的大量决定,比如说去读什么书、去哪里吃饭、选择什么内容的传媒、思考怎样的人生等。同时,人也具有社会属性,会对社会有一种内在的依赖,这使得我们会从多角度来综合考量自己的定位以及与周遭环境的互动关系,做出决定。媒介使用不是一种独立于其他社会行为以外的行为,就从社会性上而言,它并没有什么特殊性。基于以上两点,同时结合数字媒介自身特性,那么,为每一个数字媒介用户勾勒个人图谱就成为一种可能。

在传统媒介环境下,个体的媒介使用行为难以追踪,更加不可能进行普遍的研究,只能通过抽样的方法,用样本结论对总体结论进行推断,这是一个将个体行为群体泛化的过程,这一过程不仅不能算是对受众的研究,事实上也存在泛化过程中必然存在的误差所带来的"失之毫厘,谬以千里"的可能性。那么是不是可能为每一个用户建立一份如图 6-5 所示的媒介传播过程中的个人图谱档案呢?在数字媒介的今天,答案是完全肯定的。

在数据库技术的支持下,对数字媒介用户的每一个个体进行个人多维动态图谱制作并非难事。在传播过程中,由不同维度上的关键词触发的个人多维动态图谱数据都可能提供这一个体在传播过程中的作用力,从而影响传播的进程和效果。

创业公司 Social Flow 和 Twitter 是合作伙伴,在大数据行业中生机勃勃。这家成立于 2009 年的公司在 2011 年说服了在微软研究大数据的专家 Gilad Lotan 从波士顿搬到纽约

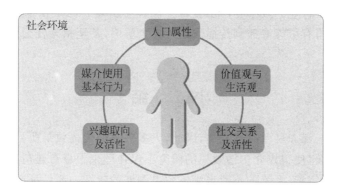

图 6-5　个人图谱示意图

来和他们一起创业。Lotan2008 年开始围绕伊朗大选做关于信息传播的模型,当时他还在微软工作,这些研究很快被用在了微软 Bing 搜索上,这是首个可以直接搜索社交媒体信息的搜索引擎。其后,他惊讶地发现,传播内容的产生数量巨大并且不是结构化的,这激发了他进一步研究社交网络以及数字媒介环境大数据的兴趣。同时,Lotan 喜欢将这些大量数据分析后的结果可视化,使得那些非技术人员也能轻易明白这些数据在表达什么。在本·拉登被射杀后,他所做的信息图谱(见图 6-6)可以让人们清晰地看出,在白宫发出官方消息前谁引爆了 Twitter 上的消息传播。

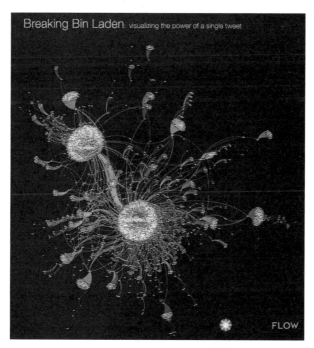

图 6-6　本·拉登被射杀信息传播图谱

现在,《经济学人》杂志正使用 Social Flow 的服务来分析自己的受众群,并且选择在什么时间来推送一条什么样的消息;而百事可乐则用这种服务比较不同的营销活动会得到什么样的传播效果。当前的情况似乎是除了广告,其他行业和研究领域还不知如何参与进来,那是因为数字化让广告业的效率和产出变得更加容易衡量。但是在未来,个人多维动态图谱以及大数据技术将有可能渗透到传播研究的各个层面,甚至指导社会生活、城市建设和地球维护。

小　　结

由于传播效果与媒介经营直接相关,因此,大多数媒介传播效果研究都具有坚实的经济基础和资金投入,这也使得媒介传播效果的研究不仅在理论上卓有建树,更体现为技术的不断升级、指标的不断完善、系统的不断丰满。效果测评的指标一经认证即可指导该种形态的媒介经营的整个流程,指导定价及其确立操作规范。本章介绍的正是当前普遍采用的有关数字媒介的传播效果研究的成果及其重大应用,同时也就未来发展的走向提出了展望。

思　考　题

6-1　针对数字户外媒体,有什么行之有效的传播效果测评技术和指标体系?
6-2　小组讨论,并绘制数字媒介传播效果新模型的指标系统框架。

参 考 文 献

[1] 格兰研究.2013中国机顶盒白皮书[R/OL].2013-10-22[2013-10-25].http://www.dvbcn.com/2013/10/22-104381.html.
[2] 北京日报.关于数字时代的美国收视率调查[EB/OL].2010-04-15[2013-10-25].http://info.broadcast.hc360.com/2010/04/150928205159.shtml.
[3] 第一财经周刊.Big Data[EB/OL].2012-05-14[2013-10-24].http://www.cbnweek.com/v/article?id=1497&m=622948b820aeaf3dfa68f27c61fa3d97.
[4] 麦奎尔.受众分析[M].刘燕南,等,译.北京:中国人民大学出版社,2006.
[5] 屈云波,郑宏.数据库营销[M].北京:企业管理出版社,1999.

第7章

数字媒介传播的控制与管理

传播活动不是孤立、自在进行的,它是一种社会行为,在影响社会的同时也受到信息源、政治、经济、文化等各种社会因素的制约。在传播研究的历程中,有关传播控制的研究也是一个重要的领域。有关媒介传播控制方面的研究常被界定为"控制分析",控制分析有宏观与微观之别,微观研究侧重于传播主题在具体传播活动中的特点、规律及方式,而宏观研究则侧重于传播主题与社会背景和文化传统二者之间的关联。同时涉足"控制",前者侧重表层与外在的控制,后者侧重深层与内在的控制;前者彰显具象的控制,后者揭示抽象的控制。

7.1 数字媒介传播控制

过去,国内传播学界将以定义了意识形态的传播控制分析作为学术主导,因此常见"资本主义的媒介控制理论"、"苏联共产主义理论"等分类方法,近年来,特别是伴随全球化数字媒介的普及以及国际信息格局的变化,有关传播控制分析的分类在意识形态上的界定相对淡化。回顾控制分析的主要学说,本章首先对普遍意义上的"控制理论"进行简要介绍。

1. 经典控制理论

一般认为,早期(即印刷时代)有关媒介传播的控制研究主要通过四部著作得以表述,即《报刊的四种理论》、《世界新闻多棱镜》、《权利的媒介》、《报刊与民主的衰落》。这四部著作主要的共同认识是提供了当前常用的传播控制理论体系,具体包括以下三种。

1) 集权主义理论

这是对最古老的大众媒介传播控制手段的认识,形成理论后又进一步指导媒介传播的集权管控,它是印刷发明之后不久的文艺复兴后期的集权主义气候的产物。集权主义理论认为,报刊必须为当权者负责,不得攻击占统治地位的道德和政治价值,新闻检查是合法的,违抗当权者是犯罪行为。在集权主义理论下,媒介不必为当权者所拥有,但必须为当权者服务。也有西方学者将苏联以及其他东方国家在特定历史时期的传播控制归于此类,或标注为集权之下的所谓"共产主义理论"。

集权主义理论被看作人类传播史上第一种也是最古老的传播制度理论。在马基亚维利的《君主论》中就曾说过:"国家安全高于一切,为保卫国家安全、维护国家利益,就必须严格制约自由讨论和信息的传播。"这一理论认为,报刊是国家的公刊,大众媒介必须统一步调,国家才能顺利地为公众的利益服务;在某些情况下(如在交战状态的国家里,军人统治下),集权原则甚至体现人民的意志,所以,对报刊应严加控制和审查,对违反有关规则的应加重处罚。比如给予那些经过选择的驯顺的人以经营报刊的权利,实行颁发出版许可证制度,法院对如叛乱罪、煽动罪、诽谤罪者提起公诉,加以处罚,等等。

2) 自由主义理论

自由主义理论认为,报刊不是政府的工具,人民对政府进行监督检查并提出他们对政府的主张是一种天赋的自由权利,报刊不应受到政府的控制与影响,为了让真理生存,必须倾听各种见解。自由主义理论主张思想与消息必须有"自由市场",在社会生活中,无论多数或少数,强者或弱者,都应该能够接触到报刊。报刊理应不接受第三者的事先检查,出版销售自由,抨击政府、官员合法,新闻的收集只要手段合法就不得限制,新闻传递自由。

这一理论兴起于资产阶级革命年代,本质上体现着自由资本主义时代的特征。代表人物主要是弥尔顿,代表性著作是《论出版自由》。该理论认为,不管观点是正确的还是错误的,都应该让它在报刊上出现,自由讨论,发表与出版的自由将带动有关真理的讨论,而讨论有可能令曾被压倒的真理重现光芒。另外,该理论还认为,多数人有可能压制少数人的不同意见,压制少数人的不同观点,这本身也是一种暴力。

自由主义理论的基本主张可以概括为 3 点:①个人权益高于一切,所谓国家归根到底应用来保护个人权益。而个人权益中最重要的就是"第一权利"。②之所以允许人们有言论自由,是因为人是具有理性的动物,拥有判断正误的能力。③真理只有在各种意见展开"自由而公正"的竞争中才能产生,才能发展。

自由论坚决反对对新闻活动实施任何形式的限制,倡导让新闻媒介随意报道任何事实,不受任何干预,畅所欲言,自由行事,为社会新闻受众提供尽可能广阔的选择空间和判断余地,从而使他们能够得出尽可能真切的结论。

3) 社会责任理论

社会责任理论的产生主要是因为媒介基于自由主义理论进行新闻采集以及新闻传播的行为对信息安全、社会稳定和政治管理产生了越来越多的负面影响。不仅是媒体人、传播学者、社会学家,更多的普通民众都开始质疑,当媒介无限制执行监督职能的同时,谁来监督媒介?社会责任理论认为,无限制的新闻自由是危险的,必须将其纳入有序的轨道。媒介要履行一定的义务,在履行义务时,要在法律的范围内进行自我约束,同时,媒介必须多元化,要允许各种见解的发表,社会和公众有权介入传播。

1947 年,美国新闻自由委员会发表了 T.B. 佩特森的报告《自由与负责的报刊》,该报告中首次阐述了社会责任理论的框架。这一理论是对自由主义理论的修正,也是在传统理论上一个新思想的嫁接。这一理论的核心内容,全部蕴含在美国新闻自由委员会的《自由和负责的报刊》和霍京的《新闻自由:原则的纲要》的著作之中。鉴于自由报刊对社会造成一定危害并招致许多批评的现状,社会责任论主张传媒(报刊)对社会有着种种义务,要不负公众的信任;报刊要"供给真实的、概括的、明智的关于当天事件的记述,它要能说明事件的意义";它应当成为"一个交换评论和批评的论坛";要能描绘出"社会各个成员集团的典型图画";要负责介绍和阐明社会的目标和美德;要使人们"便于获得当天的消息"。

作为真正的职业传播者,还应当遵循公认的道德准则和职业标准,不会为金钱而去做某些事,切实关心公众利益和国家利益。该理论的研究者彼得森在落笔时既肯定了社会责任论正在日益兴盛的前景,也看到了它还有不够成熟、有待完善的一面。这无疑是正确的理论建设态度。

2. 控制力元素

早期的理论中也表达出传播控制在实践层面上的外部元素,主要包括来自政治势力的控制、来自经济集团的控制以及来自文化环境的控制,另外的共识在于内部控制上所谓"把关人"理论,这些也是作为媒介控制分析特别需要说明的部分。

首先,有关外部控制元素,一个基本的认识就是所有媒介遇到的不同程度的控制就像是一个连续统一体,一端是来自外部元素的完全的控制,而另一端是完全不受外部元素的控制,所有的媒介体系都体现了他们所在国家的政治、经济与文化体系的价值取向。也就是说,无论基于怎样的评断,即便是自由主义理论同样也认定在传播过程中存在政治的、经济的、文化的多重控制力,重点在于媒介拥有摆脱这些控制力的天赋权限。另外,在不同的国家或地区,政治势力、经济集团以及文化社会环境对传播的控制力所占比重有所不同。在有些国家和地区,政治势力的控制力较强;在有些国家或地区,起决定作用的则可能是经济集团或者文化环境。

其次,外部因素的控制力表现形态各不相同。政治势力的控制可能表现为严格限制,比如设置政府准入机制;也可能表现为协助管理、服务以及借此征税,包括制定产业规划;当然也可能表现为积极参与、创办政府媒介等。经济集团的控制可以表现为广告业和媒介公关业的业务规范,由业务规范固化经济集团对传播的商业控制;也可能表现为通过广告活动或借助自身经济实力干扰和控制传播内容与进程,比如煽动消费或者在负面消息报道上向媒介施压;也可能表现为媒介为了应对博弈自主进行的媒介集团化等。文化社会环境的控制可能表现为对传播各个层面信任度的区分,比如长期对受众进行某些传播主体、某种传播内容和传播价值的信仰塑造;也可能表现为在传播互动过程中强势渗透影响社会群体性价值标准的内容以及伦理道德评判等。在传统控制分析的阶段,都强调所有这些外部控制力对传播过程的单向控制的有效性。

另外,还有一个重点就是"把关人",经典理论普遍认为传播者不可避免地会站在自己的立场和视角上,对信息进行筛选和过滤,这种对信息进行筛选和过滤的传播行为就叫把关(即守门),凡有这种传播行为的人就叫把关人(守门人)。在群体传播过程中存在着的这些把关人,只有符合群体规范或把关人价值标准的信息内容才能进入传播的管道。最初,把关人概念主要被应用于新闻研究,但是渐渐地,在整个传播通道中,任何一种内容的传播似乎都存在这样一种把关行为,无论是一条新闻还是一本小说,是一部电影还是一场服装秀。同时,"把关人"也不是单指某一个承担把关任务的个人,而是一种组织行为,构成组织行为主体的个体甚至可能不属于同一组织。

3. 数字媒介的挑战

当前,媒介传播环境的变化如此巨大,以上这些传播控制经典理论对复杂动态的数字媒介生态圈的解释力都显得有限,综合起来,在以下两个方面上表现尤为突出。

1) 数字媒介弱化了"把关人"的角色及能力

传统媒介的信息控制的确可以通过各个层级的把关人来完成,"把关人"在传统媒体中决定媒介内容的支配性地位确实存在。但是数字媒介生态圈中的诸多数字媒介传播渠道,却具有"去中心化"的技术属性,在这种技术支撑之下,数字化传播虽然尚未完全实现对传统媒介固定传播进程的颠覆,但是已经极大地改变了传统媒介传播上的固定通道以及传播路径。由于固化通道被打破,传者和受者的区别在减小,单向传播正被越来越多的多点双向传播所取代,因此传统媒介环境下的基于传者方的"把关人"正在失去操控信息传播内容和进程的特权,"把关人"这一传统角色在逐渐弱化。这种局面在数字社区生活中尤为明显。同时,数字媒介传播信息的迅捷性和无障碍性大大降低了"把关"的可行性。在绝大多数环境下,数字媒介用户可以自由地发布信息,导致无数个体化的传播主体可以在无数个信息发布点同时进行大量的传播活动。即便设置有把关人,不管是专业人员,还是具有把关功能的筛查系统,都有可能来不及作出及时的反应而使"把关"名存实亡。

2) 数字媒介巩固了传播的强效地位

最早的传播效果研究成果是所谓"魔弹论",魔弹论特别强调媒介传播活动的强势效果。其后的研究否定了媒介的强效果理论,取而代之的是媒介有限效果论,也正是在这一阶段,媒介传播控制分析特别强调外部环境因素和内部"把关人"对信息传播的控制。当然,传播活动作为一种社会行为,在影响社会的同时也受到信息源、政治、经济、文化等各种社会因素的制约,这是不争的事实。但是,即便是传统媒介理论,也认定传播会在受到控制之后仍旧反作用于外部控制环境,比如影响政治经济格局、影响文化等,但这种影响从未像今天这么鲜明而强烈,同时具有一种难以描摹的混沌感。这一方面源于数字媒介基础技术前所未有的信息处理能力,另一方面源于国家或区域间在数字媒介管理机制上意识形态化的区隔日渐弱化。相较于传统媒介,如报纸和电视,当前全球的媒介形态共通和内容共享的程度都是传统媒介环境下难以想象的,即便是在战乱地区或者人迹罕至的世界角落,用户也比以往任何时候都更有可能快速接入全球网络和数字社区实现信息传播。在这种条件下,传播的速度和力度大大加强,因此,其对政治、经济、文化的影响力也随之进一步强化。持"技术决定论"的学者对当前数字媒介对整个社会生态的影响的认识更加极端,尤其强调数字媒介传播的强效回归。

数字媒介的发展一日千里,从全球的整体情况来看,似乎很难见到完全任由传播自由流动的无政府状态的传播区域;而同时,纯粹意义上的集权控制也并不多见,大多数国家和地区的数字媒介传播行为皆遵循基本的社会责任。落实到实践层面,数字媒介的控制与管理也是各国、各地区当前传播管理的主要内容。

7.2 数字媒介传播管理

在科幻电影《少数派报告》中展现了一个场景,男主人公走进一家商场,电子广告牌立刻就识别出他的身份,喊出他的名字,向他展示眼花缭乱的广告,这看似简单的一幕背后是数字化生存的预期现实:数字化冰箱会通知超市面包快要吃完了、牛奶快要过期了,远程数字提醒功能会在用户下班走出电梯时提醒他去购物;数字电视十分贴心地向用户提供各种智能选择记录或者观看内容,一打开电视,用户收看的就是最令他满意的电视节目;数字手机掌握了用户的日程表和出行时间,数字终端运营商则会与出租车公司合作,提前把出租车部署在用户的周围;每一次网络浏览都会接收到最近在社交空间谈到过的那些产品或者服务,甚至是健身计划……这真的是数字媒介环境下用户想要的生活吗?无限制的数字媒介应用开发会不会造成这种结果？同样是在这部电影中，庞大的个人数据库采集各种个人数字信息，包括衣食住行传的方方面面，进行综合心理预期研究和行为分析，能够对不同程度的犯罪行为进行预判，从而防控罪案发生，这又真的是数字媒介环境下用户想要的安全吗？无限制的个人信息采集会不会造成这种结果？

如果读者觉得这些不过是科幻电影的桥段，与现实生活存在巨大差异，那么就用不久前被曝光的iPhone应用"Girls Around Me"来说明数字媒介监管的必要性。该款应用利用基于地理位置的社交网络Foursquare的公开信息，使得男性用户可以通过地图定位附近的女性，并借助Facebook查看这些女性用户的照片和Facebook资料。Foursquare本该是一款让用户在咖啡馆、酒吧和各种地方"签到"的服务，其目的是帮助用户通知可能身在附近的好友，并提供相关地理服务信息。而Girls Around Me则利用这一模式方便男用户了解附近的女性，甚至隐含色情服务的资讯，因此引发了轩然大波。

数字媒介形态多样，包括数字广播电影电视、数字出版、数字图书馆、数字社区、数字游戏等，如果单纯强调使用和经营上的自由，而罔顾基本规则的制定和合理监管，传媒环境的发展将走入无序和无德。目前各国在数字媒介传播管理上基本都是采用可以接轨的就按传统媒介管理办法进行，如内容分级制度、出版发表审核制度、媒介经营准入制度等。同时，由于数字媒介特有的技术背景以及所产生的新的传播问题，各国在数字媒介监管的方式上也各有特色，监管的深入程度也大不一样，但从关注的问题和防范的方向来看，有一定的共性，主要集中在以下几个方面。

7.2.1 数字媒介管理内容

1. 防范犯罪

网络是数字媒介最主要的技术依托，伴随网络应用的普及，各形各色的网络罪案层出不穷，防控犯罪也是世界各国在数字媒介传播管理上最大的共识。网络罪案中绝大多数是网络诈骗，另外，非法从事国际联网经营，非法侵犯他人知识产权，针对政府网站或商业竞争对手的黑客行为，利用网络进行贩毒、走私、色情等非法活动也屡见不鲜。数字媒介不能成为罪案泛滥的虚拟空间，这是世界各国的共同认识。

当前这方面的管理主要依托法律和执法机关。在我国，网络警察的执法依据主要包括《中华人民共和国刑法》、《中国人大常委会关于维护互联网安全的规定》、《中华人民共和国刑事诉讼法》、《中华人民共和国计算机信息系统安全保护条例》、《互联网上网服务营业场所管理办法》等，具体执法内容包括：对网民、网站和网络运营商进行必要的管理；指导、协调、检查、监督党政机关、金融、重点生产部门、通信等单位的计算机网络安全保护工作，切实加强本辖区内各部门的网上安全保卫工作，建立、健全管理制度并完善防范机制；对各部门、各机关的局域网和在Internet上的安全保卫进行管理；组织、指导对计算机病毒及计算机灾害事故的防范、处置工作；对有关公共信息网络安全的法律、法规的执行情况实施监督等。同时，网络警察还负有开发、检测计算机信息系统安全专用产品及其销售许可的任务。依法查处非法侵入计算机系统和破坏计算机信息系统的违法犯罪活动；掌握公共信息网络违法犯罪的发展动态，研究违法犯罪的特点和规律，提出防范和打击公共信息网络违法犯罪的对策同样也是网络警察的一项最重要的工作。另外，还负责为政保和刑警等部门提供相关的网络动态信息，及时、准确地收集网络上的敌情，并给决策者做好参谋和提供信息。

2. 限制不良内容的传播

经由数字媒介传播色情、暴力、种族和宗教歧视、极端主义等已成为各国政府和社会限制传播的主要内容,比如,德国国会制定的法律严禁借助数字媒介传播、鼓吹纳粹主义。当前,对于数字媒介环境中不良内容的界定正在成为内容管理上最重要的环节,有些内容具有十分典型的色情、暴力、种族和宗教歧视、极端主义等特征,这在通过关键字设定和人工内容分析中都比较便于处理,但是,还有大量的不良内容具有极强的伪装性,不易辨识。另外,还有相当多的内容在良与不良间摇摆。那么,针对不良内容就必须有一套行之有效并能够取得广泛共识的鉴别标准,从而实现限制传播过程中的统一化。

3. 保护隐私

数字媒介的使用隐私权是隐私权在数字媒介环境中的延伸,是指自然人在数字媒介环境中的私人生活安宁、私人信息、私人空间和私人活动依法受到保护,不被他人非法侵犯、知悉、搜集、复制、利用和公开的一种人格权;也指禁止在网上泄露某些个人相关的敏感信息,包括事实、图像以及诽谤的意见等。很多国家重视对用户个人隐私的保护,反对擅自公布他人的个人资料或动用跟踪技术监视用户的在线状况及浏览记录,欧盟明确将尊重隐私作为网络管制的重要原则。

1996年年底,美国政府发布《全球电子商务政策框架》一文,其中关于个人隐私保护方面的观点表示,只有当个人隐私和信息流动所带来的利益取得平衡时,全球信息基础设施上的商务活动才可能兴旺起来。"政府支持私人企业开发有意义、使用方法简单的隐私权自律机制。对于自律机制不能解决的问题,政府将与产业合作,共同研讨解决策略。"该文表明了美国政府对互联网商业活动中隐私权保护主要采取行业自律、减少法律限制的态度。美国之所以这样规定,是为了鼓励和促进互联网产业的发展,避免给网络服务商施加过多压力。而以欧盟为代表的立法规制模式则由国家通过立法从法律上确立网络隐私保护的各项基本原则与各项具体的法律规定、制度,并在此基础上建立相应的司法或者行政救济措施。如欧盟1995年10月通过的《个人数据保护指令》,要求欧盟各国根据该指令调整制定本国的个人数据保护法。除了以美国为代表的鼓励行业自律模式和以欧盟为代表的立法规制模式之外,第三种行之有效的隐私保护手法就是软件保护模式。这主要是采用技术的手段,由数字媒介用户自己选择、自我控制为主的模式。该模式是将保护隐私的行动置于用户自己手中,通过某些隐私保护的软件,来实现数字媒介用户个人隐私材料的自我保护,如加密、备份、使用付费隐私保护软件等。

从目前我国隐私权保护的立法来看,隐私权并未成为我国法律体系中一项独立的人格权。我国法律对隐私权的保护也没有形成一个完整的体系,其依据仅是《宪法》所确立的保护公民人身权的基本原则和《民法通则》中所规定的个别条款。最高人民法院于1988年颁布的《关于贯彻执行〈中华人民共和国民法通则〉若干问题的意见(试行)》第140条以及1993年颁布的《关于审理名誉权案件若干问题的解答》,虽然在一定程度上弥补了《民法通则》未直接规定隐私权的不足,但其所采用间接保护的方式明显不能全面保护个人隐私。2001年,最高人民法院颁布的《关于确定民事侵权精神损害赔偿责任若干问题的解释》中隐含关于隐私权保护的内容,这不失为一种立法的进步,但仍未从法律上明确隐私权作为一项独立民事权利的地位,这又不能不说是一种遗憾。关于我国网络隐私权的法律保护,

1997年12月8日国务院信息化工作领导小组审定通过的《计算机信息网络国际联网管理暂行规定实施办法》第18条规定:"不得在网络上散发恶意信息,冒用他人名义发出信息,侵犯他人隐私。"1997年12月30日公安部发布施行的《计算机信息网络国际联网安全保护管理办法》第7条规定:"用户的通信自由和通信秘密受法律保护。任何单位和个人不得违反法律规定,利用国际联网侵犯用户的通信自由和通信秘密。"2000年10月8日信息产业部第4次部务会议通过的《互联网电子公告服务管理办法》第12条规定:"电子公告服务提供者应当对上网用户的个人信息保密,未经上网用户同意不得向他人泄露,但法律另有规定的除外。"可见,在我国现阶段还没有关于网络隐私权比较成形的法律,仅在一些部门规章中有所涉及。因此,目前我国对网络隐私权的法律保护基本处于一种无法可依的状态。

4. 保护未成年人的媒介使用环境

如何在网络世界将成年人和未成年人区分开来,限制未成年人的上网权限,尤其受到政府的关注。互联网管理相对宽松的美国,从1996年起已通过了《儿童在线保护法》、《儿童网络隐私规则》和《儿童互联网保护法》等,从法律上严格禁止儿童在网上接触只有成人才能接触的内容。

未成年人自控力差,分辨力不强,特别容易陷入数字媒介技术依赖。当前,就我国的普遍情况来看,未成年人数字媒介终端的接触和长期使用非常普遍,特别是在城市生活当中。保护未成年人的媒介使用环境必须从三个方面着手。首先,要限制未成年人的数字媒介接触频率与时长,学校、家长必须为此承担起相应的责任,减少接触控制时长是最起码的保护手法;其次,对数字媒介传播内容进行分级,对不适合未成年人接触的数字媒介传播内容要通过技术手段实现接触权限的严格控制;第三,采取有效措施,创造性地寻求数字媒介与生活社交的有效交融,帮助未成年人多参与线下的真实社交,体验自然之美,感受实实在在的社会生活。

7.2.2 数字媒介管理技术

当前,我国政府对于数字媒介特别是互联网信息传播的内容与进程管理除去传统的通用手法外,主要是依赖所谓的舆情监测技术。舆情监测是通过对互联网用户对现实生活中某些热点、焦点问题所持的有较强影响力、倾向性的言论和观点的一种监控和预测行为。具体来说,舆情监测就是指整合数字网络信息采集技术及信息智能处理技术,通过对互联网海量信息自动抓取、自动分类聚类、主题检测、专题聚焦,实现网络舆情监测和新闻专题追踪等管控目标,并形成简报、报告、图表等分析结果,提供分析依据的过程。

当今,信息传播与意见交互空前迅捷,网络舆论的表达诉求也日益多元。对相关政府部门来说,如何加强对网络舆论的及时监测、有效引导,以及对网络舆论危机的积极化解,对维护社会稳定、促进国家发展具有极其重要的现实意义,也是创建和谐社会的应有内涵。同时,舆情监测还具有联动应急机制,指政府管理部门及其他相关职能机构,对网络舆情尤其是负面舆情的监测预警与控制,旨在有效化解网络谣言和舆论危机,包括监测、预警、应对三个环节。在监测环节,有关人员和系统对网络舆情的内容、走向等进行密切关注,将最新情况及时反映到有关部门;在预警环节,对内容进行判断和归纳,对这些正在形成、有可能产生更大范围影响的舆论进行筛选,为接下来可能发生的网络舆情走向做好各种应对准备;在应对环节,当网络舆情变为现实的网络舆论危机事件后,有关政府部门将采取积极行动,力求化解危机、消除不良影响。这三个环节有机组合,从整体上构成了当前我国网络舆情联动应急机制。

7.2.3 数字媒介管理思路

我国的媒介管理在过去的几十年间发生了重大变化,就当前阶段来看,形势依旧相当复杂。一方面,无论是国家发展的需要还是媒介技术的全球化,都在呼唤更为成熟的媒介管理思路和办法;另一方面,媒介生态圈正处在新旧交替的关键节点,还要求管理思路与办法具有足够的连贯性和平稳性。同时,媒介管理必须多管齐下,多方努力,政府在媒介管理上不能无所作为,经济集团在媒介管理上也不能唯利是图,数字媒介本身要强化自我约束,要开创用户监督的机制,同时还要加强媒介与文化环境的互动研究。

1. 政府监管层面

1) 加强产业指导和规划

我国正处于工业化加速发展的重要阶段,走新型工业化道路,推进信息化和工业化融合,推进高新技术与传统工业改造结合,促进工业由大变强,是当前和今后一个时期的重要任务。基于这样一个考虑,工业和信息化部于2008年6月成立,旨在加快我国走新型工业化道路的步伐。工信部的主要职能包括:拟定并组织实施工业行业规划、产业政策和标准;监测工业行业日常运行;推动重大技术装备发展和自主创新;管理通信业,指导推进信息化建设;协调维护国家信息安全等。从产业归属的层面来看,我国数字媒介的技术主体即被划归工信部进行统一指导和规划。工信部负责统筹推进国家信息化工作,组织制定相关政策并协调信息化建设中的重大问题,促进电信、广播电视和计算机网络融合,指导协调电子政务发展,推动跨行业、跨部门的互联互通和重要信息资源的开发利用、共享;统筹规划公用通信网、互联网、专用通信网,依法监督管理电信与信息服务市场,会同有关部门制定电信业务资费政策和标准并监督实施,负责通信资源的分配管理及国际协调,推进电信普遍服务,保障重要通信;承担通信网络安全及相关信息安全管理的责任,负责协调维护国家信息安全和国家信息安全保障体系建设,指导监督政府部门、重点行业的重要信息系统与基础信息网络的安全保障工作,协调处理网络与信息安全的重大事件;开展工业、通信业和信息化的对外合作与交流,代表国家参加相关国际组织。

2012年2月24日,为贯彻落实《工业转型升级规划(2011—2015年)》和《信息产业"十二五"发展规划》,促进电子信息制造业增强核心竞争力,提升发展质量效益,工业和信息化部制定了《电子信息制造业"十二五"发展规划》。《规划》包含《电子基础材料和关键元器件"十二五"规划》、《电子专用设备仪器"十二五"规划》和《数字电视与数字家庭产业"十二五"规划》3个子规划。特别需要关注的是《数字电视与数字家庭产业"十二五"规划》,其中,工信部特别对我国数字电视以及数字家庭产业在"十二五"期间的产业结构、产业规模、产业布局以及自主创新等进行了明确的发展目标界定。在主要任务与发展重点一部分中明确提出了突破核心关键技术、打造完整产业链条、推进应用模式创新、发展绿色优质产品、实施知识产权战略以及开拓国内国际市场等指导性任务要求。同时明确了"十二五"数字媒介发展重点,包括数字终端设备、数字电视广播前端设备、数字家庭设备、音响光盘设备、视频应用系统以及应用服务平台等。应该说,这是我国在发展数字媒介过程中从产业指导层面来看最为明确的一次全面规划和指导,必将为媒介数字化的技术层面发展提供明确的方向和目标。

2) 完善法律法规体系，注重执法方式和部门协调

近年来，我国政府在完善互联网信息管理的法规和细则方面做了不少工作。如颁布了《全国人民代表大会常务委员会关于维护互联网安全的决定》、《互联网信息服务管理办法》、《中华人民共和国电信条例》、《互联网站从事登载新闻业务管理暂行规定》、《突发事件应对法》等，这些法规的出台为规范传播行为，惩治恶意发布、传播谣言提供了法律依据。不过目前我国关于数字媒介安全、传播内容管理等方面的立法还存在诸多问题，主要是立法主体多、层次低，缺乏权威性、系统性和协调性。尤其是涉及黑客行为、保护数字版权以及传布网络谣言等的法律还不够完善，多头立法以及多头监管又造成了交叉和重叠监管，严重影响了执法效率。

2003 年，当时的国家广播电影电视总局曾下发第 15 号令，即《互联网等信息网络传播视听节目管理办法》，但是在执法过程中，执法机构往往只能对违法、违规行为直接作出判断，然后交由《刑法》和《治安管理处罚法》的相关条例进行惩处，缺乏配套的预防和治理措施，难以做到标本兼治，一旦疏于管理，情况就马上恶化。2006 年 12 月，为了贯彻落实中共中央办公厅、国务院办公厅关于进一步加强互联网管理工作的意见精神，切实做好互联网站管理工作，加强互联网管理相关部门之间协调配合，中共中央宣传部、信息产业部、国务院新闻办公室、教育部、文化部、卫生部、公安部、国家安全部、商务部、国家广播电影电视总局、新闻出版总署、国家保密局、国家工商行政管理总局、国家食品药品监督管理局、中国科学院、总参谋部通信部联合制定了互联网站管理协调工作方案，对互联网站展开联合监管，收效不可谓不显著，但这种管理成本根本无法维持一种长效管理的机制。

因此，应尽快对我国数字媒介传播立法问题作通盘考虑，借鉴国外先进的立法模式，在人大统一立法的前提下，授权各个部门制定一定的部门法并根据我国《立法法》来解决各法律部门之间的冲突问题。执法部门要严格执法，注重执法的方式和部门的协调，在严惩数字媒介传播不法行为的同时，建立与相关问题相配套的预防和治理机制，做到标本兼治。另外，在立法和执法的内容和范围上，重点应是公共信息传播，对于个人正常的信息使用，政府不应随便越界干涉。

3) 综合评断实名制，有步骤地进行推进

当前政府、学界、业界以及用户对于数字媒介实名制的看法存在一定差异。许多国家的经验都显示实名制是数字媒介治理的第一步，是实行有效执法的最基本条件。数字媒介实名制有利于减少政府数字媒介监管的成本和难度，有利于用户形成文明守法使用媒介的责任和意识，也有利于执法过程中的国际协调。但是针对实名制，用户民意普遍持抵触的情绪，担心个人信息泄露以及言路控制。业界对其也持谨慎态度，担心流量受损，用户活跃度降低。当前比较有效的推进办法是所谓"后台实名、前台匿名"的实名制手法，即注册环节采收真实个人信息后，用户仍可设置前台化名，同时降低实名制采收信息的维度，首先只采集最基本的个人实名信息，如姓名和邮箱，之后再通过追加信息要求不断完善实名信息数据库。事实上，推进数字媒介实名制的工作重点并不在于如何进行用户教育或者舆论引导，重要的是强化用户个人信息安全监管，给数字媒介用户以信心，要通过立法和技术手段保证个人信息不被非法披露、盗用，防止网络实名制成为不法分子从事不法行为的工具。另外，明确传播管理的具体内容与力度，确保不会干扰用户正常的信息接触和传播行为，也是消减用

户抵触情绪的重要途径。

4) 严格市场准入;指导内容分级

为了净化数字媒介环境,严格市场准入和对信息的内容和范围进行限制是完全必要的。从国际经验做法来看,限制手段主要有立法黑名单制度、分级制度和技术手段等,在具体的做法中,网络信息的限制程度应根据对象而定,对青少年应严格限制,对于其他民众,应以分级制度作为主要的限制手段,在对非法信息进行严格限制的同时,对不违法但可能引起民众反感的信息,应该通过标注等技术处理,由民众自行决定取舍。

5) 引导行业自律,审查垄断行为

行业自律是构建完善的监管体系的必要组成部分,但是就我国当前的行业局面来看,由行业自发推行的自律行动还相当少见。2003年12月,中国互联网新闻信息服务工作委员会正式成立,新华网、人民网、新浪网、搜狐网等30多家互联网新闻信息服务单位共同签署了《互联网新闻信息服务自律公约》,承诺自觉接受管理和公众监督,坚决抵制有害信息。这是最早的政府引导下的数字媒介内容行业自律公约。除此之外,当前我国数字媒介领域还有诸多平台供应商,如中国移动、中国电信等,它们在定价、服务标准、服务质量等方面要形成反垄断的自律条令或者公约还有明显的难度。这就要求政府牵头,引导行业自律规范的产生和维持,引导行业建立、健全行业法规和标准,提高服务质量和水平。同时,促进数字媒介行业内部的公平竞争,查处垄断经营。

6) 建立社会各界共同参与相互协调的监管体系

要建立社会各界共同参与相互协调的监管体系。特别是开设用户举报通道。我国已成立了互联网违法和不良信息举报中心、网络违法犯罪举报网站等投诉机构,但由于宣传力度和激励机制不够,这些机构的作用并没有充分显现,为此,应加强对该机构的宣传,尤其是网络宣传并加强对举报行为的激励。

7) 积极开展国际交流与合作

各国数字网络彼此相联,同时又分属不同主权范围,这决定了加强国际交流与合作的必要性。中国主张,各国在平等互利的基础上,积极开展数字互联网领域的交流与合作,共同承担维护全球数字互联网安全的责任,促进数字互联网健康有序发展,分享发展的机遇和成果。特别是在防范网络犯罪、维护数字媒介知识产权、保护个人数字信息上,开展多形式、多渠道、多层次的交流与合作。政府应支持数字媒介行业组织开展国际交流活动,鼓励数字媒介行业组织通过交流增进共识,共同解决数字媒介业界面临的问题。数字媒介的发展带来了一系列新的科学和伦理问题,应鼓励各国专家学者开展学术交流,分享研究成果。

需要说明的是,本书之所以将数字媒介监管几乎全部认定为政府层面的职责所在,是因为媒介经营机构在产业发展规划上的科学参与度比较有限,要想形成行之有效的自律规则,就需要顶层推动和监督。至于社会各界的参与和监督,也需要规范的通道和标准,不能各行其是,各执一词,否则也很难达到共同监督的效果。

2. 媒介控制层面

对传播内容和进程进行管理以及合理控制,也是媒介经营机构自身的管理职责。具体包括两个方面。

首先是传播内容的真实性甄别。这主要体现在新闻内容和商业内容的传播上。数字媒介复制方便,不断转发极易引发信息的爆炸式传播,因此,不实信息所造成的社会影响相较于传统媒介有过之而无不及。一条条虚假新闻、一则则虚假广告、一段段莫须有的谣传必将不断伤害数字媒介的传播价值和用户信赖。因此,媒介经营机构必须通过各种手段提高传播内容真实性的甄别能力,加强内容审核,通过关键字、词、位置埋点的技术进行传播进程的追踪和动态评估,在明确监管思路的同时完善技术手段,及时筛查虚假信息并通过常规渠道告知用户。

其次是用户信息保密。如今用户在数字媒介使用过程中留下的信息痕迹体量越来越大,有关数字媒介用户信息泄露的丑闻在全球各处频繁爆发,这在很大程度上造成了数字媒介不够安全的使用印象,也在很大程度上影响了数字媒介功能的进一步开发和推广。用户信息保密包含两个问题,一是认识问题,二是技术问题。媒介经营机构必须认清泄露用户个人信息属于违法行为,因此,用户信息保密并非可做可不做的事情,而是必须要做的事情。这首先要求政府尽快出台有关媒介用户信息保密与商业开发应用方面的法律法规,明确界定用户信息的内涵以及商业开发的广度、深度和严格禁止的界限。媒介经营机构应该主动执行用户信息保密,而不是寻找法律法规的空白,"打擦边球"以谋求非法利益。另外,提升对用户信息的保障水平也是媒介经营机构应该强化的"内功"。要想避免黑客攻击和非法窃取就需要提升自身的信息安全技术水准,从而确保媒介服务的质量。

3. 社会共建层面

在数字媒介生态圈中,传播主体的位置关系日趋平行,传统认识上的媒介层级、传者的权威性正在消解,这就要求媒介监管上的社会共建必须建立在公开、平等、互动的基础之上。政府宣传与社会组织引领相结合,官方用户与普通用户真诚沟通,首先推进和谐、善意、互信、互利的社会公共价值观,同时进一步加大信息公开和传播透明度,然后才能从根本上营造出科学、合理、健康、积极的媒介使用氛围,用户才有可能主动对低劣的商业企图、负面的社会情绪、无中生有的网络谣言、残忍无情的人肉搜索、冷漠凉薄的传播围观说不,否则传播控制与管理可能会事与愿违。

小 结

数字媒介传播控制是在任何一个国家都普遍存在的问题,世界上大多数国家的媒介传播控制都是基于社会责任理论的基本认识,所以,简言之,数字媒介传播生态圈的问题不是该不该管控的问题,而是如何进行管控的问题。本章主要对传播控制与管理的重点关照对象进行了梳理,进而对管控技术和管理思路进行了介绍,学习者应当结合当前全球数字媒介传播的整体现状和特别个案进行深入思考。

思 考 题

7-1 以小组为单位,自选当前国内与数字媒介传播管理相关的个案进行分析,并以PPT为辅助作课堂报告。

7-2 如何界定数字媒介环境中的"不良内容"?

参 考 文 献

[1] 罗静.国外互联网监管方式的比较[J].世界经济与政治论坛,2008,(6):117-120.
[2] [英]利奇.文化与交流[M].郭凡,邹和,译.上海:上海人民出版社,2000.
[3] [美]李普曼.公众舆论[M].阎克文,江红,译.上海:上海出版集团,2011.
[4] 鼎宏.详解 Facebook 隐私策略:开发者掘金用户数据[EB/OL].[2013-08-25].http://www.newhua.com/2012/0409/154159.shtml.

第8章

数字媒介传播应用

本书通篇都在强调数字媒介在技术特性支撑之下的传播形态创新,这种创新不仅体现在内容生产环节、信息传递环节、产生效果的环节以及有针对性地进行控制管理的环节,事实上更加卓著地表现在应用层面。理论研究往往基于应用上的初步经验以及应用效果的初步累积,因此,应用上的原始动力往往决定了早期研究的立足点,甚至会影响整体性研究的方向与路径。

数字技术一方面改造了传统媒介的表现形式,另一方面又塑造出更多样、更新颖的媒介形态。在形态创新的层面之上,数字技术对传播过程、传播目的、传播功能也实现了优化和补充。本章特别选取4个方向来分析数字媒介在口碑传播、互动传播、定向精准传播以及整合传播上的优越功能,也将综合前文几个章节进行综合分析。

8.1 口碑传播

口碑,在《辞海》中被解释为"比喻众人口头上的称颂"。这一定义包含口碑的4个基本特征,即,首先,源于群众。在传播活动的发展历程中,口碑流传曾是一种相当重要的传播形态,从最初的人与人之间的口口相传,到其后的广场宣讲,都能够鲜明地表现出所谓"一传十,十传百"的传播进程。在我国,自古以来口碑都是群众追求名誉、信用等社会价值认证的依据,这种众人口头上的称颂的对象可以是个人,也可以是商铺、货品甚至府衙。其次,口碑往往基于共识。没有共识作为基础,口碑通常难以形成,换句话说,口碑的传播内容要能够引起传播者的共同认可,大家确实都是这么觉得的,确实都有类似的体会和感受,基于此,口碑才能真正形成并流传。第三,口碑的流传多见于基层。口碑是民众口头上的称颂,它是以口口相传为基本形态的非文字的传播,古时难觅于庙堂史书,今时也与精英文化传播有着相当的距离。第四,口碑通常是对声名的正面评价,所谓"有口皆碑"是对人性真善美的推传,是对诚信、忠贞、正直、勇敢等正面价值呈现的称颂和传播。

伴随大众传播的兴盛,特别是现代传播媒介的发展和普及,流传于基层民众间的口碑渐渐地失去了原有的影响力。从积极的角度来看,大众传播媒介诸如报纸、电视、广播的出现的确空前提升了传播的容量,加快了传播的速度,但是由于大众传媒在传播角色上的强势地位,也加剧了基于大众媒介的传播与民间口碑传播之间的断层,诸多针对精英文化指导下的大众传播批判的出发点也是基于这种断层。数字媒介的产生与发展，特别是 Web 2.0 的应用技术与数字智能终端的普及，不仅在传播范畴强化出民间的声音，同时也为用户间的共识给出了新的分享平台。另外，媒介数字化也为弥合精英传播和民间口碑之间的这种断层提供了新的可能，以数字社区为基础的各种商业应用就是最初的探索者。

1. 营销传播领域的经验

在营销传播领域，营销人员最早意识到数字社区在构建品牌口碑上的重大意义。他们发现，家庭与朋友的影响、消费者直接的使用经验、大众媒介和企业的市场营销活动共同构成影响消费者态度的四大因素。这其中企业的市场营销企图是企业的基本需求，但是企业与消费者并不处于对等的沟通平台上，传统上依托大众媒介的广告公关活动似乎是唯一行之有效的沟通手法，经过这些年的发展也已经十分普及，消费者对于这种来自企业的单向的品牌宣介表现出缺乏信心和厌倦的态度，企业非常需要新的途径与消费者及其社交关系之间建立良性的互动。于是，营销人员开始尝试开发各种以数字社区为基础的应用，并引导数字媒介用户运用对传统口碑的理解有意识地参与品牌的口碑建设。在营销人员看来，数字媒介环境下的口碑传播已经表现为具有感知信息的非商业传播者和接收者关于一个产品、品牌、组织和服务的非正式的以正面评价为主要内容的人际传播。并且大多数营销人员都普遍认为，口碑传播是当今市场中最强大的隐形控制力之一。

营销人员基于扩大品牌沟通渠道这一出发点展开了许多有益的尝试，这些尝试也极大地丰富了生活者以及媒介用户的体验。于是，以下这样一幅日常图景就被描绘了出来。作为生活者的你我，平时依旧可以接触大量的传统广告以及企业的公关宣传，不过，现在与以往不同的是，我们作出消费决策之前还会在经常出入的数字社区中主动寻求与消费有关的口碑，可能是来自亲朋好友的评价和推荐，也可能是来自陌生人的友情提示和经验分享，其中评价基数越大就越可能影响决策，评价者与我们的关系越是密切也越可能影响决策。消费的过程前所未有地被分享，从走进餐厅到看到餐品到享用完毕都可能被拍成一张张照片上传数字社区，在分享了别人的体验之后，你我也更乐于分享自己的体验并作出评价。

营销人员试图通过各种手段提高口碑传播的效能，诸如确保产品和服务的品质，开设更为便利的分享平台，对参与传播特别是正面评价予以各种鼓励，当然更多的是将口碑传播的元素糅合进品牌的自产内容，如微电影、系列广告、音乐视频、主题图片、文字话题等，从而主动开创传播的契机。

2. 口碑传播的影响因素

从营销传播研究领域的经验来看，数字媒介口碑传播应用中存在许多影响因素，这些影响因素在传统口碑传播中并非不曾存在，只是表现得不像数字媒介环境下这么突出，具体包括以下4个方面。

1) 内容的形态与质量

数字媒介环境下信息传播的内容呈现碎片化的特征。从发展历程上看，数字媒介技术最初的上传、承载、下载能力有限，传播内容的体量规模必须遵照数字媒介平台对数字内容的容量要求，因此可以说，最初的碎片化是向技术的妥协。其后，技术不断创新，传播容量的限制越来越小，但是伴随数字媒介多点交互的特征日趋鲜明，最小的独立内容数据成为媒介和用户的共同选择，除了传统媒介的数字化升级，全新的数字媒介载体也多以传播小微内容为主体,小微内容的传播确保了传播的高效和新鲜,如今已经深刻地影响到用户的社会生活以及文化习惯。

口碑传播的效果相较于其他形态传播的效果,历来都表现为小微内容的多层次复杂结构大量传播的累积,从这一点来看,数字媒介环境下的口碑传播特别具有类似的特点。数字社区中每一个用户,无论身份和属性如何,无论传播的内容是一篇日志、一张照片、一条链接、一段音频视频,还是以上形态的组合,其形态上的广泛程度都远远超越了传统条件下口碑传播的表现,因此,数字口碑传播在传播内容的形态上具有很显著的优势。另外,传统口碑传播由于是一种非文字的传播,因此传播质量难以保证,相较而言,数字口碑传播在这一点上的优势也相当明显。

传播内容的形态与质量在基于数字社区的口碑传播中意义重大。对于不同的用户群组,传播内容的形式具有不同的吸引力,有些用户对视觉化的元素更感兴趣、更易产生共鸣,有些用户则更注重文字的详细记录,出于对不同形态的理解和反应,用户可能会表现出不同程度的参与热情,从而影响口碑传播应用的效果。

2) 搜索的路径和结果

数字媒介环境下,口碑作为减小评价及行动风险的重要来源所具有的更广泛的意义在于成为用户搜索的对象。用户搜索已有的口碑,参与传播或产生进一步的行为以扩充和传递口碑,已经成为当前数字媒介环境下口碑传播的常见形式。对于一个品牌、一个产品、一个人物、一个事件、一个艺术作品甚至一条新闻,用户都可以在不同的数字社区自主搜索广大用户对这一对象已有的口碑评判,经过对对象信息以及现有口碑的综合理解与评估,结合用户自身的经验与价值判断,用户将实现对信息的再处理,之后进一步形成信息传播。在这个过程中,对于大多数数字媒介用户而言,搜索的路径和结果将在很大程度上影响其信息的解码和再处理,搜索路径的多样性和搜索结果的多样性虽然可能增加搜索过程和决策过程的麻烦,但是也可能增强用户对已有口碑真实性的判定,唯一的路径和一边倒的好评都会影响口碑的真实感。

3) 用户关系强度

在当前的传播环境中,虚假信息和垃圾信息充塞,使得用户在信息的选择和共享上很难抉择并表明态度,数字媒介社交关系,无论是以真实社交关系为基础的关系网络还是以兴趣为基础、不强调真实社交关系的关系网络,都在不同程度上基于各自的关系系统呈现出信息真实性上的优势,用户亲自参与建立了一个值得信赖的社交网络关系,也更乐意在一个值得信赖的环境里分享信息。这种关系不仅为用户提供了信息交流的通道,更重要的是它可以承载更多基于兴趣、爱好、情感体验、价值判断之上的交流。有些口碑更仰赖于真实的社交关系,而有些口碑则更多的是在兴趣圈中传播,人与人的关系作为一种基本的影响力,会影响到数字媒介环境下口碑传播应用的效果。

4) 用户的专业属性

数字媒介应用门槛不高,用户具有前所未见的普遍性,在信息传播过程中,每一个用户由于属性上的差异也表现出不同的传播价值。其中一些用户在传播活动中具有天然的专业优势,比如电视台、杂志报纸、网站;一些用户在传播活动中具有从社会事务中延展出来的专业优势,比如企业家、律师、医生;还有一些用户的专业优势被泛化在数字媒介环境中,比如运动员、演员、歌手等。在营销传播领域,营销人员早已发现这些用户在口碑传播中的重大意义，因此，为了更有力地传达企业或品牌的正面口碑，主导舆论导向，形成良好效应，越来越多的企业积极地通过商业手段选择性地运用这些特殊用户，借助他们的传播价值塑造和推动口碑，影响用户的购买决策。特别是如果一个内行的传播者的口碑被搜寻到，那么，这个信息预期的影响力就更大。

同时，在数字媒介环境中，用户的位置关系更加趋于对等，虽然仍旧有意见领袖可能引领某种口碑，但同时其他用户的专业属性也更直接地对口碑传播的进程和效果产生影响，如果是同向的加持可能大大强化口碑的传播效果，如果是异向的争论则可能催生重大的话题。由于本书将口碑传播单纯地界定在正面评价的领域，因此在笔者看来，前者才是口碑传播要讨论的范畴，而后者已经是另外一个问题了。

3. 网络推手

就当前的数字媒介口碑传播而言，毋庸避讳的一点是，无论是品牌口碑还是服务口碑，是个人口碑还是国家、城市口碑，是媒体口碑还是其他口碑，都需要明辨这些口碑传播过程是自发生成的还是有目的的建设结果。有目的地进行口碑建设是当前许多个人、机构、企业甚至政府常用的沟通手段，重点在于口碑的真伪以及推动过程中所使用的手法。以真实为基础的口碑建设无可厚非，用真善美的手法进行推动也是无可挑剔的媒介使用方式。近些年，特别是在我国，伴随网络技术的发展和智能个人终端的普及，出现了一批通晓网络技术操作规则、熟悉数字传播特性、了解媒介用户心理、掌握多种媒介资源的推广者，由于他们当前主要是依托网络进行推广，因此被称为网络推手，与之同时出现的是所谓"水军"，即承担话题推进和进程控制的执行者。

本书认为，早期网络推手之所以会出现，是因为营销推广领域传统媒介应用手法缺乏变化，同时又价格昂贵，对于草根个人、中小企业、非主流社会声音而言，媒介应用成本过高。而使用网络进行推广不仅节约成本，更可以利用用户心理和媒介特质，形成一些新鲜有趣的沟通内容和交流形式，因此，网络推手应运而生，在精英媒介、领袖品牌和单向强势灌输的环境中，通过网络口碑推动塑造出一批源自基层的、流传于民间的、基于用户体验共识的个人和品牌。对这种积极的尝试完全应该给予正面评价。但是，当网络推手的操作方法被滥用在各种品牌推广、事件炒作和舆论引导上之后，特别是各种为求爆点不顾底线的个案连连发生之后，网络推手及其水军又被迅速地认定为借助数字网络兴风作浪、蒙骗公众、制谣传谣、牟取私利的群体。笔者认为，有关这种认定以及口碑传播的机制和各种元素间的相互关系，还需读者进一步深入研究和思考。

8.2 互动传播

如果说数字媒介环境下的口碑传播注重的是信息在基层用户间的流通和效果，那么本节所谈的互动传播就包含两层含义：一是传播过程中由于新技术的应用，双向传播模式甚至多点交互传播模式得以广泛应用，这当然是数字媒介互动传播的最主要表现，不过，需要明确的是，这并不是本节重点要探讨的话题。二是相对过去"传者本位"功能定位而提出来的特指传者通过媒介内容影响受者，而受者通过反馈意见积极参与，对传者的内容趋向产生影响，传受多方以平等用户的身份相互促进、相互推动传播进程的传播应用，这正是本节特别要关注的互动传播应用的重点。

1. 奥巴马团队的经验

从 2007 年宣布竞选美国总统起,奥巴马及其团队就已经开始利用数字社交媒介的影响力。在美国,候选人与选民间进行深度互动的方式有很多,如讲演、答辩、走访等,但是通过数字社区进行大规模互动还是第一次。用户更多地是出于好奇和兴趣参与互动,因为这种互动似乎区别于传统的"传者本位"的媒介功能定位。2008 年,奥巴马为竞选总统在网络上发出了 1300 万封邮件,400 万捐款者通过网上电子渠道捐款,其支持者网站 My.BarackObama.com 拥有 200 万个会员。社交网络对奥巴马瞄准草根阶层的竞选活动起到了前所未有的推波助澜的作用。这种势头在奥巴马上任之后延续了下来。在 9 月 6 日的民主党全国大会上,奥巴马接受竞选总统提名的演讲创下了 Twitter 每分钟发推 5.2 万条的纪录。奥巴马团队通过与普通草根用户的互动传播,实现的不仅是内容的高速大量传播,更重要的是这种传播手段还实现了对用户参与线下募款捐款的实际促进。近年来,国际上越来越多的政治家高调入驻主流数字社区,通过参与数字社区生活,实现与普通媒介用户的交流与沟通,同时促进理念的推广和普及。奥巴马团队在数字社区互动传播上的投入取得了许多经验,这些经验可能将为传统上难以实现平等沟通的用户之间创造新的契机。

1) 多方参与

奥巴马接受竞选总统提名的演讲创下了 Twitter 每分钟发推 5.2 万条的纪录,第一夫人米歇尔的演讲在 Twitter 上引发的讨论多达每分钟 2.8 万条,奥巴马 1880 万和第一夫人 150 万的粉丝数量都表现出他们在数字社区中的活跃性。虽然有媒体披露所有这些数据都存在水分,但是不可否认,这种互动传播的确区别于"传者本位"的传播功能定位,也不同于传统竞选中的电视或广场演说,它更好地实现了互动传播过程对用户的卷入;同时,传者也能够更直接地体会和发现受者的意见和态度,从而调整传播的内容和姿态。最终,互动传播效果就演变成多方参与的结果,是一个基于彼此认可和相互妥协的结果。这更加要求全面了解和把握传播的进程和每一个细节。

2) 尝试较新的平台

奥巴马团队曾在新闻聚合网站 Reddit 上发起"有问必答"(Ask Me Anything)活动,该活动甚至能够凭借自身影响力登上 Twitter 热门话题。奥巴马在 Reddit 上的实时聊天活动为 Reddit 带来了创纪录的流量。该活动不仅导致 Reddit 网站因拥堵而崩溃,期间页面浏览量更是超过 10 万次。换句话说,在坚守常规社交媒体网站的同时,打破常规去尝试新的用户群体和新的数字平台也不失为好想法。

3) 避免冲突

如何处理在数字社区中出现的批评,将最终决定政治家能否在社交媒体领域获得持续的成功。2012 年 8 月底,知名演员克林特·伊斯特伍德(Clint Eastwood)在民主党 2012 年全国大会上做了名为"看不见的奥巴马"的演讲,批评奥巴马未能遵守承诺。很快,奥巴马团队在 Twitter 作出回应,如图 8-1 所示,发表了一张奥巴马座位后面的照片,同时附上简短的"此座有人"(This seat's taken)几个字,传达出奥巴马仍在承担责任的信息。团队成员曾调侃说:"如果社会舆论走向不妙,或许正是需要你发出图片的时刻。"某种程度上也说明多元化传播元素对化解尴尬的价值。数字媒介社区的应用经验显示,时间一长,社交群组内部就会出现意见分化,社交群组之间则有可能发生较大规模的社交冲突。普通用户面对这种分化或冲突,采取激烈的对抗性交流似乎问题不大。但是,本节所讨论的互动传播的双方,在传统媒介环境下本来是难以实现平等对话的群体，当批评之声出现在数字社区之后，显然，一部分用户不能忽视自身特有的真实社会身份，放任自己像一个普通用户一样无所顾忌地对应批评。这时候，如何巧妙而不失准则地避免正面冲突，通过使用多元化的元素予以对应将直接影响其后数字互动传播应用的空间和效果。

图 8-1　奥巴马团队对伊斯特伍德的回应

4）坚持长期稳定的沟通

数字社区信息的制造和传播大量而又混沌，其中更是存在诸多传播上的噪声，在这样的环境中让互动参与者持续谈论的办法之一，是持续参与对话。2012 年的相关研究显示，在竞选期间，罗姆尼和奥巴马的竞选团队平均每日发推次数分别是 1 次和 29 次，同一时段里奥巴马团队的博客和 YouTube 视频数量是罗姆尼的两倍。"由于数字世界中存在非常多的噪声，因此需要有效地训练和调整自己的节奏，准备好参加马拉松式的社交媒体活动。"《是的，我们可以：揭秘社交媒体如何构建奥巴马品牌》一书的作者拉哈·哈佛西这样形容数字社区的互动传播经验。互动传播应用通过长期的、平稳的、力求对等的机制潜移默化地产生效果，如果抱着一种尝鲜、凑热闹的心态入驻数字社区，对于普通个人用户而言没有关系，但是对于企业、机关、政治家、官员等而言则是危险的尝试。

5）积极关注新型的移动数字媒介

2012 年选举过程中，奥巴马团队格外关注对新型的移动数字媒介的应用。为此，白宫更新了其苹果和 Android 应用，刚好赶上奥巴马的民主党大会演讲。这款应用允许用户流媒体直播总统大选事件，阅读博客文章，或者使用 iPad 最新的视网膜屏幕浏览高质量图片。过去两年间，移动用户访问量增长了三倍的白宫网站同样获得了更新，新版界面对智能手机和平板电脑更加友好。

2. 应用重点

在我国，继商业嗅觉灵敏的企业用户和具有一定影响力的个人用户之后，现在已有更多的社会组织、政府机构、学术团体甚至军政官员入驻数字社区，包括社交网站和即时通信工具，希望可以通过数字媒介开创更为立体化的及时的互动沟通，从而实现信息的有效交流，去伪存真。这是一种十分值得肯定的做法,也是当前全球传播环境下普遍的选择。这种互动传播的出发点正是看中了数字媒介社区平台区别于传统媒介的多点交互传播的特性。在参与传播的过程特别需要留意以下几个问题:①全面了解数字社区的使用规则和传播形态,例如用户权限的设置、信息公开的程度、传播数据的意义等,以免造成使用失当;②坚持长期平稳的活跃性,入驻的新鲜感消失之后就疏于维护,或者传播内容缺乏基本的统一感,以及带有过分轻浮的个人特征等,都很容易给普通用户造成负面印象;③积极地实现互动并参与讨论,应用数字社区进行互动传播不能再回到传统媒介环境下只发布不回复或者答非所问的局面,面对合理合法的尖锐问题或批评要保持风度,尽可能实现理性的交流;④遇到无理取闹或挑衅,应通过正常渠道和步骤予以解决,主动维护数字社区的公共规则。数字媒介互动传播应用得当,将会开创全社会全新的传播共建的良好氛围。

8.3 精准定向传播

精准定向传播,简言之就是一种根据用户的不同属性和需求,有针对性地进行有效信息的推送,从而提高传播效能的构想,这种传播构想可能深刻地改变当前的社会生活形态,实现如尼葛洛庞帝所描绘的数字化生存。就当前的数字媒介技术发展水平而言,在商业广告的领域已经可以看到精准定向传播的实际应用。之所以又是在营销传播领域中首先看到实际应用的探索,理由很简单,那就是商业驱动,商业驱动是传播应用升级最原始强劲的推动力。

1. 精准定向广告的尝试

精准定向广告一直是广告界孜孜不断的追求,从20世纪60年代底特律商人发出"我知道我有50%的广告费是浪费的,但我不知道是哪50%"的感慨直到今天,世界广告圈仍旧没有找到完全解决这个问题的具体办法。数字媒介的普及,特别是数字社交网络的深度开发,为广告行业提供了一种全新的思路,使得广告推送上实现精准定向成为可能。

根据ComScore Media Matrix 2012年年底发布的关于全球的数字社交报告中显示:数字社交网络近几年来持续增长,目前覆盖全球83%的网民,成为最为流行的线上活动,用户1/5的在线时长用在了社交网络上。这种趋势在任何一个国家都在高速增长,2011年,人们用在社交网络上的时间同比增长了35%,2012年同比增长也超过30%。如今,使用社交网络已经俨然成为一种普遍习惯,人们通过社交平台可以分享、交流最新社会热点和新闻,随时和亲朋好友分享每时每刻的心情故事,建立自己的圈子无障碍沟通和交流,经由社交网络转往电子商务网站并分享消费心得更是十分常见之举,社交网络已逐渐改变了现代人类消费、生活和交流的方式。社交网络用户人群的高覆盖、高关注、高使用黏度,无疑会产生大量的用户行为数据,为广告主提供了一个绝佳的数据渠道,去发现、了解消费者,找到自己想要传递广告信息的人群。社交网络用户分析多是以Cookies来区分和标注群组。这种手法显然比传统媒体计划采购上的技术要更为先进,甚至也比单纯依靠点击量、浏览次数等指标购买的网络硬广告投放方式要精准。特别是,当用户标签能够更为准确地标注为注册身份的时候,就可以排除多个终端数据无法统一的问题,这样,结合当下不少社交网站实名注册和基于真实关系的社交关系网,在人群属性的描述定位上就可以更加科学化和精准化。

数字社交网络用户数据如今已经更加开放。起初,社交网络上所有的内容都是在自有平台上发布的,但如今,通过分享按钮,将站外的内容分享至自己常用的社交网络,已经成为许多社交用户的常见网络行为,这进一步提升了数字社区的综合价值和用户数据体量规模。虽然说这种"分享"行为的初衷只是各个平台间的双赢考虑——分享至社交网站的内容,可以为其他网站带来许多额外的用户流量;社交网站也可以在产生更多网站内容的同时,提升用户的使用黏度。但是,从数据的采集分析技术上来看,多个平台的打通,确实有利于收集更多用户行为,帮助广告从业者精准细分人群。国内现在较为主流的分享工具供应商是JiaThis、bShare等,它们提供了网站网页地址收藏、分享及发送等按钮工具,网络用户可以将电商平台消费行为、LBS签到信息、视频浏览经历方便地分享到人人网、开心网、QQ空间、新浪微博等一系列社交网络终点。由此,当前的一个社交化趋势就是:当你在视频网站上看到一个有趣的视频,可以一键分享到社交网络;当你买了一件称心的衣服,可以一键分享到社交网络;当你读到一篇喜欢的文章,也可以一键分享到社交网站……目前使用这些分享按钮服务的网站数量非常可观,网站类型涵盖门户类网站、视频网站、各类垂直网站(女性、财经、科技、教育、旅游等)、电子商务类网站和其他社区博客等。除了以上提到的网站类别吸纳了社交分享按钮外,最值得注意的是,连搜索引擎也开始融入此类社交分享按钮。比如社交化分享工具JiaThis已与腾讯旗下搜索引擎SOSO合作,成功地将JiaThis分享数据植入搜索引擎。在SOSO的搜索结果页面可以看到,网页内容摘要和地址之间已经插入"已被×××个网友分享"的字样,分享累计次数可以间接说明该页面内容受欢迎的程度,鼠标悬停还会出现分享到各网站的详细数据。

从中国互联网发展状况调查统计报告近年来提供的数据可知,除了即时通信之外,社交网络数据采集的触角几乎已经伸向了绝大多数的网络使用行为,包含搜索引擎、网络音乐、网络新闻、视频、博客个人空间、微博、电邮、团购、网文、网银、网上支付等。可以更加明确地看出当前社交网络用户数据的开放程度与传统大众媒体研究环境已经有了天壤之别。在此基础上,便可通过对用户资料以及各种社交行为的分析,建立起一个庞大的人群属性数据库。在数据库中,每一个用户有自己的个性化图谱,附着着具有强大特征性质的标签和因子,广告主可以通过这些方便地找到自己想要定向的人群,然后结合不同的广告定向推送手段,有的放矢地传递广告信息。利用数字社交网络的互动性,广告投放后可收集到更多用户数据,通过软件分析,可以总结、调整和优化策略,调整目标人群的各种参数,进行人群的重定向,实现更精准的投放。

2. 精准定向传播的普及化应用

广告行业探索新的广告投放技术的决心相当坚定而明确,事实上,精准定向传播的应用在很多其他媒介形态上都在积极尝试新的可能,比如数字电视提供的智能节目表单,不仅可以记忆用户的收视经验,还在试图提供关联性收视内容;电商平台通过对用户消费经验信息的收集和分析,通过自有平台或合作的数字社区分享渠道,主动推送消费者可能感兴趣的产品或服务;即时通信工具借助数字个人终端有选择地推送新闻或消费信息;接入移动互联网,基于地址的服务可以提供空间定向消费服务信息;以及数字检索过程中出现的智能联想资讯呈现等。

综合来看,数字媒介在实现精确定向传播应用上都在积极地进行有益的尝试。就现阶段的发展水平来看,精准定向传播应用应实现如下要求:①内容匹配。数字媒介技术对于抓取用户媒介传播内容选择和接触深度已经拥有相当的能力,根据用户在内容选择上的习惯进行数字内容匹配已经成为可能,进一步的发展将着重关注智能化的发展以及语义分析系统的完善,从而提升内容匹配的精确性。②行为匹配。用户的生活习惯和媒介使用习惯会直接影响到信息传播的有效性,精准定向传播必须深度研究用户作为生活者的行为习惯,特别是媒介使用与生活形态的相互结合,用户在什么时间、基于什么原由、用什么媒介、有否空间位置上的移动等,都将提升信息传播与行为间的匹配程度,从而提高传播效能。③设备匹配。用户收看数字电影究竟是在影院还是在家中电视机前,接触数字音乐是通过数字播放器还是手机,阅读数字图书杂志是借助数字阅读器还是计算机,看网络视频是使用平板还是笔记本,浏览电商网站是通过计算机还是智能手机,是通过 3G 网络接入还是无线网络接入,设备和网络通道不同,收视收听阅读界面就会不同,精确定向传播的格式、视觉布局、容量等也应可以顺畅地实现匹配,才能确保减少流失,确保信息的渗透性。

8.4　跨屏整合传播

数字媒介终端形态日趋多样,越来越多的用户开始置身数字化生活,上班、回家、休闲、学习、锻炼、交际,不同的生活内容中经常变换使用多种数字终端,如可移动的智能手机、平板计算机、数字播放器和阅读器、导航设备等,固定位置的计算机、电视机、音响等。不仅屏幕多了,而且不同屏幕上还可以查找、使用相同的传播内容,可能是一部电影、一本书或一集综艺节目,也可以是一条搜索、一场数字社区聚会或一次电商交易。因此,我们可以将当前这种数字传播环境形象地描述为"多屏时代"。

如今用户当然可以实现在多个数字终端上接触信息、参与传播,可是如何才能解决数字多屏间无缝跨越的问题呢?比如说,紧急场景转换时,如下班或去开会时,用户在个人计算机上没看完的网页能否实时同步到手机上继续浏览?手机上看到的一部非常不错的短片,能否放到大厅的电视上与家人分享?在平板电脑上玩到一半的游戏能否同步到手机或数字电视上接着玩?所有这些使用需求就催生出多种不同的技术解决之道。

1. 支撑技术及相关产品

综合来看,当前数字媒介领域支撑跨屏传播的常见技术有以下几种。

1) 云端传输及相关跨屏软件

腾讯是目前中国最大的互联网综合服务提供商之一,可以提供互联网增值服务、移动及电信增值服务和网络广告服务。腾讯通过即时通信 QQ、腾讯网、腾讯游戏、QQ 空间、腾讯微博、搜搜、拍拍、财付通等平台吸附大量用户,同时拥有中国最大的网络社区,可以满足互联网用户沟通、资讯、娱乐和电子商务等方面的需求。2013 年 6 月,腾讯发布 QQ 新版浏览器,包括手机 QQ 浏览器 4.3 版本和 PC 版 7.3.2 版本,这两个版本都添加了所谓"跨屏穿越"功能,如图 8-2 所示,可以满足网页在个人不同设备间(手机、PC、Pad 等)的自由传递,用户通过使用该功能,可以将当前浏览的页面在另一设备中快速开启,一键直达。只要用户每个设备上都安装有跨屏穿越功能的 QQ 浏览器,登录后点击浏览器右上角的分享按钮,在弹出的菜单中选择"跨屏穿越"功能,就可以看到自己所有的设备了;点击任意设备的名称,便可以将当前浏览的页面发送到另一设备上。跨屏穿越功能通过统一账号绑定进行 PC 和移动终端之间的跨平台同步,直接穿越到其他移动设备上,增强了用户的阅读衔接性,有效串联了用户的碎片时间,完整了用户的阅读体验,给用户一个快、简、阅的全面体验。

图 8-2　QQ 浏览器跨屏功能展示

　　QQ 浏览器的这种跨屏功能实际上是基于产品上的应用程序层面,利用个人账号在不同的设备间同步数据或者状态,支撑性技术就是云端传输。任何一个互联网公司或设备供应商都可能涉及云端传输,这时只要为用户准备一个账户,并且在不同的平台都准备了客户端,或者针对不同平台作了相关优化,就可以帮助用户实现从任何一个设备打开并且无缝对接之前设备上的浏览和应用进度。相关的产品很多,如谷歌的多项个人服务,都可以应用云端传输实现邮件、联系人、日记等的即时同步,谷歌的 Google Drive 甚至可以解决企业级别的跨屏协作问题。苹果的 iCloud、iTunes 在一定程度上也能够解决不同设备间的同步问题,至少在音乐、联系人、邮件、日历和软件方面可以迅速同步。云端传输是跨屏同步的最佳解决办法,但云端传输及存储当前还受网络连接质量的制约,响应速度和稳定性都还有较大的不确定性,因此还存在其他不依赖网络的跨屏方式。

　　2) 蓝牙与近场通信技术

　　蓝牙与近场通信技术都属于无线技术,可以不依赖互联网进行终端设备间的跨屏数据传输与共享。蓝牙技术是一种短距离无线通信技术,利用蓝牙技术,能够有效地简化平板电脑、笔记本电脑和移动智能手机等数字终端设备之间的信息传输,也能够成功地简化以上这些设备与 Internet 之间的信息传输,从而使这些终端设备与互联网之间的数据传输变得更加迅速高效,为无线通信拓宽道路。

　　近场通信,又称近距离无线通信,是一种短距离的高频无线通信技术,允许终端设备之间进行非接触式点对点数据传输(在 10cm 内)交换数据。这个技术由免接触式射频识别演变而来,并向下兼容 RFID,最早由 Sony 和 Philips 各自开发成功,主要用于手机等手持设备中提供多机间的通信。由于近场通信具有天然的安全性,因此,NFC 技术被认为在手机支付等领域具有很大的应用前景。NFC 还可以作为一种短程技术,当几部设备离得非常近的时候，文件和其他内容就可以在这些设备中传递。这项功能对于需要协作的场所非常有用，如需要分享文件或多个玩家进行游戏的时候。比如三星在 2012 年 5 月推出的具有 NFC 功能的 Galaxy S Ⅲ，即可通过 NFC 在几部兼容设备间传递数据。安卓虚拟扑克游戏 Zynga 也是利用基于 NFC 的 Android Beam 功能，让用户将智能手机或设备互相接触，实现多玩家在线游戏。

3）移动终端高清影音标准接口

移动终端高清影音标准接口，也就是所谓的 MHL，它是一种多种数字媒介终端的影音标准接口。MHL 仅使用一条信号电缆，通过标准 HDMI 输入接口即可呈现于高清电视上。它运用了现有的 Micro USB 接口，不论是手机、数码相机、数字摄影机，还是便携式多媒体播放器，皆可将完整的媒体内容直接传输到电视上，且不损伤影片高分辨率的效果。

4）复合型产品

基于以上几种常用技术，目前还出现了将多种技术整合于一体的跨屏数字产品。这些产品与同品牌其他数字媒介终端共同构成闭合的跨媒介整合传播平台，希图将用户的媒介使用行为圈定在同一品牌的多种产品范围之内。更有甚者，还具备网站、电视台等实体传媒，这种发展思路更值得关注。比如以小米盒子为代表的高清互联网电视盒，用户可通过小米盒子在电视上免费观看网络电影、电视剧，同时能将小米手机、iPhone、iPad、计算机内的照片和视频通过 WIFI 投射到电视上。小米盒子拥有丰富的内容资源及应用，系统软件每周更新。另外是以乐视电视为代表的数字智能电视，该类产品已经普遍具有本地视频的多字幕、多音轨、多格式支持，时间轴式的播放记录管理，边下载边播放，宽带上网，云端传输与下载，外接设备的即插即用管理，二维码登录，本地播放器的独立尺寸调节等功能，简单来说，就是已经可以实现基于以上三种常见技术中的任何一种与其他数字终端实现跨屏传播的可能。

2. 跨屏传播中的关注重点

既然数字多屏已经可以从技术和产品上实现跨屏传播，那么有关跨屏传播的关注重点就应该尽快转移到内容生产和传播管理上。数字媒介生态圈的跨屏传播一旦普及，将会对数字内容的生产和传输环节提出新的要求。以数字影视节目生产领域为例，《爱情公寓》的导演就表示该剧从第三季开始就更加重视网络用户的口味和偏好；世界著名动画公司皮克斯动画工厂也曾考虑将制作完成的《汽车总动员 2》直接制成蓝光 DVD，放弃影院上映的传统手法，因为他们预计观众更多地将采用购买 DVD 或者通过高清数字渠道付费收看的方式收看本片；2013 年年初的电视音乐节目《我是歌手》的最终场实现了跨屏直播，除了模拟信号电视之外，参与数字高清信号直播的媒介包括电视、网站、智能手机甚至影院，这意味着对节目制作和传输的要求又登上了新的台阶。同样，数字跨屏传播也为数字媒介传播管理提出了全新的课题，信息流动渠道的多变必然会加大舆情监测的难度，同时也呼唤一部门、一揽子管理机制尽早出台。

本节所谈的跨屏整合传播专指数字媒介生态圈内部的跨媒介传播活动。谈及跨媒介，还有一点不得不提的就是数字媒介与传统媒介之间的跨媒介整合传播。媒介数字化是当前的发展趋势，但这种发展趋势却并不能明确标示出媒介全数字化的具体时间表，有一些传统媒介还将以固有形态继续存在，这种存在可能是源于技术过渡，也可能是源于受众习惯，就如同电波媒介没有全面取代印刷媒介一样，数字媒介也不可能完全令传统媒介消失。因此，同时运用多种媒介实现传播目的就成为必然。但考虑到这种整合传播通常并非以数字媒介传播原理为基础,传播策略与进程也并非由数字媒介来主导,因此,本节就不展开讨论了。

小　　结

本书从数字媒介的技术发端展开,首先对数字媒介传播的概念及特性进行了界定,其后分章对数字媒介技术类型、表现形态、传播结构与功能、基础理论与传播模式、传播效果、传播监测与控制等几个重大理论层面进行了梳理和阐述。全书以数字媒介为重心,采用传播学研究框架,不仅聚焦于数字媒介各种表现形态的传播机理和传播价值及其效能测评的依据,更重视传统传播理论在数字媒介环境下的升级与应用,并对数字媒介专属传播模式进行了有益的探索。本章正是出于应用的思考,选取了精准定向传播、互动传播、口碑传播、跨屏传播等既具有普遍意义,又蕴含商业价值的方向进行了应用上的探讨,以期抛砖引玉,引发行业更广泛的关注和开发。

思　考　题

分组讨论,当前数字媒介环境中还有哪些规模和价值兼具的传播应用?

参 考 文 献

[1] 莱文森.数字麦克卢汉——信息化纪元指南[M].何道宽,译.北京:社会科学文献出版社,2000.
[2] 李倩玲.转向:无界限传播你做主[M].北京:中信出版社,2011.
[3] 电通跨媒体沟通项目组.打破界限——电通式跨媒体沟通策略[M].苏友友,译.北京:中信出版社,2011.
[4] 张和.奥巴马:第一个"真正社交"的总统[EB/OL].2012-09-09[2013-06-08].http://tech.qq.com/a/20120909/000032.htm.
[5] 百度百科.口碑[EB/OL].[2013-08-25].http://baike.baidu.com/subview/717432/11175193.htm.
[6] 百度百科.网络推手[EB/OL].[2013-08-22].http://baike.baidu.com/view/186895.htm.
[7] 百度百科.跨屏穿越[EB/OL].[2013-08-22].http://baike.baidu.com/view/10663271.htm.
[8] 百度百科.近场通信技术[EB/OL].[2013-08-12].http://baike.baidu.com/view/4859302.htm.